教育部人文社会科学重点研究基地
辽宁大学转型国家经济政治研究中心
转型国家经济政治丛书

中国与转型国家在"一带一路"框架下的合作

COOPERATION BETWEEN
CHINA AND TRANSITION COUNTRIES
UNDER THE FRAMEWORK
OF "THE BELT AND ROAD"

曲文轶　崔　铮　主编

社会科学文献出版社
SOCIAL SCIENCES ACADEMIC PRESS (CHINA)

摘　要

　　本书由辽宁大学转型国家经济政治研究中心组织编撰。作为教育部人文社会科学重点研究基地，推进对欧亚等转型国家的经济政治问题以及中国与转型国家关系的研究是我们的工作宗旨。为此，我们规划了 2017 年的研究项目"中国与转型国家在'一带一路'框架下的合作"，由曲文轶教授设计研究框架，定向邀请国内外专家学者参与转型中心于 2017 年夏季举办的三场国际学术会议，就研究议题发表自己的研究成果并进行了学术讨论。本书就是这些工作的结晶。本书由曲文轶教授和崔铮副教授主编，作者是国内以及欧亚国家著名高校和研究机构的知名专家学者，其中，参与编写的中国学者 11 位，俄罗斯学者 6 位（含由于篇幅限制未收录文章作者），哈萨克斯坦学者 4 位，白俄罗斯学者 1 位。外方作者论文的中文翻译工作由辽宁大学俄语系教师承担，他们是谢云才、张杰、郝慧敏、刘艳春、彭龙梅、穆重怀、张嵘、刘波八位老师。

　　本书由以下三部分组成："欧亚地区的经济与政治"、"'一带一路'与'欧亚经济联盟'的对接"和"'一带一路'框架下的经济合作"。第一部分主要是对欧亚国家和地区发展状况的研究，包括俄罗斯在西方经济制裁后的经济形势及其前景，以及"丝绸之路经济带"沿线国家的物流、贸易和旅游业发展状况。第二部分是对"一带一路"倡议与俄罗斯主导的"欧亚经济联盟"对接的研究，包括从全球战略、对接风险和认知角度进行的多方位考察，从重要沿线国家哈萨克斯坦视角对于"丝绸之路经济带"建设的利益和前景的分析，以及对于"欧亚经济联盟"发展现状和前景的研究。第三部分重点是对中国与欧亚国家在"丝绸之路经济带"框架下的经济合作进行研究，包括中国与沿线国家的贸易以及对于沿线国家的经济溢出效应的实证分析，中俄不同层面的经济合作及其影响，中国与白俄罗斯的金融合作，中国与哈萨克斯坦的产业合作，以及"一带一路"框架下的欧亚空间运输体系建设的研究。

作者从多学科、多视角出发，结合定性分析与定量分析方法对中国与欧亚国家在"一带一路"框架下的合作进行了研究，议题涵盖了政策沟通、设施联通、贸易畅通、资金融通、民心相通五个方面。尽管视角方法各异，但作者基本上形成共识："一带一路"建设有利于推动沿线国家尤其是欧亚国家的发展，尽管建设过程中也会面临各种各样的问题乃至风险，因此，客观冷静的学术研究以及学者的国际交流至关重要。

本书有助于读者了解"丝绸之路经济带"穿越的重要区域——欧亚国家的内部发展，中国与欧亚国家在带盟对接和建设上的问题，以及中国与欧亚国家在"一带一路"框架下的经济合作进展及其相关问题，对于相关部门的政策制定也具有重要的参考价值。

Abstract

This book is compiled by Research Center for the Economies and Politics of Transition Countries of Liaoning University. As the key research base of humanities and social science and a domestic research platform approved and supported by Ministry of Education of the People's Republic of China, the center takes the purpose to promote the research on the economic and political issues of transition countries in Eurasia, as well as the relationship between China and transition countries. For that reason, we planned a research project in 2017 named Cooperation between China and Transition Countries under the Framework of the "One Belt One Road". Professor Qu Wenyi designed the research framework. The center invited domestic and foreign experts and scholars to participate in three international academic conferences held in the summer of 2017, discussing academically and publishing their research outcomes about the theme. This book is the crystallization of these works. Professor Qu Wenyi and associate professor Cui Zheng edit the book. The authors are outstanding experts and scholars coming from the famous universities and research institutes in China and Eurasia. Among them, there are eleven Chinese scholars, six Russian scholars, four Kazakhstan scholars, and one Belarus scholars. Eight teachers in the Russian Department of Liaoning University, including Xie Yuncai, Zhang Jie, Hao Huimin, Liu Yanchun, Peng Longmei, Mu Zhonghuai, Zhang Rong and Liu Bo, undertake the

Chinese translation of foreign authors' papers.

This book consists of three parts that are "Economy and politics in Eurasian", "Docking between One Belt One Road and Eurasian Economic Union", as well as "Economic cooperation under the framework of One Belt One Road". The first part is mainly about the research on the development of Eurasian countries and regions, including the economic situation and prospect of Russia after western economic sanctions, as well as the development of logistics, trade and tourism of countries along the Silk Road Economic Belt. The second part is the docking study between "One Belt One Road" initiative and Russia led "Eurasian Economic Union" including the comprehensive study from the angles of global strategy, docking risk and cognitive perspective, the analysis of interests and prospects the construction of Silk Road Economic Belt from the perspective of Kazakhstan which is one of important countries along the line, as well as the research on the status quo and prospects of "Eurasian Economic Union" development. The third part focuses on the economic cooperation between China and Eurasian countries under the framework of "Silk Road Economic Belt", including the trade between China and countries along the line and the empirical analysis of economic spillover effects, the Sino Russian economic cooperation at different levels and the influence, the financial cooperation between China and Belarus, the industrial cooperation between China and Kazakhstan, as well as the study of construction of the Eurasian space transportation system under the framework of "One Belt One Road".

Starting from multiple disciplines and perspectives, combining qualitative analysis with quantitative analysis method, the authors study the cooperation between China and Eurasian countries under the framework of "One Belt One Road", topics of which cover five aspects those are policy communication, facilities connection, trade flow, capital circulation and interlink of people hearts. Despite different perspectives and methods, the authors have basically reached a consensus that the construction of "One Belt One Road" is conducive to promoting the development of countries along the line and Eurasian countries especially although the construction process will also face a variety of problems and risks. Therefore, the objective and dispassionate academic research and the international exchange of the scholars are very important.

This book helps readers to understand the important internal development of Eurasian countries through which the "Silk Road Economic Belt" pass, the Belt and Union docking and construction between China and Eurasian countries, as well as China and Eurasian countries economic cooperation progress and related problems under the framework of "One Belt One Road", which also has an important reference value to the relevant departments' policy making.

目　录

第一章　欧亚地区经济与政治

第二章　"一带一路"与"欧亚经济联盟"的对接

第三章　"一带一路"框架下的经济合作

Contents

CHAPTER 1   ECONOMY AND POLITICS OF THE EURASIAN REGION

CHAPTER 2   DOCKING OF "THE BELT AND ROAD" AND "EURASIAN ECONOMIC UNION"

CHAPTER 3   ECONOMIC COOPERATION UNDER "One Belt One Road" FRAMEWORK

第一章
欧亚地区经济与政治

普京化解西方国家经济制裁及其成效

曲文轶[*]

　　自乌克兰危机发酵开始，俄罗斯与西方国家就进行了针锋相对的较量。2014年3月克里米亚入俄后，以美国为首的西方国家旋即发起了数轮针对俄罗斯的经济制裁并延续至今，期冀在避免军事战争的前提下改变俄罗斯的对外政策，或者，通过经济压力迫使俄罗斯国内政治出现改变，以削弱普京政权的威望，间接达到惩戒俄罗斯的目的。

　　截至目前，经济制裁已持续了三年，但显然西方国家难以达到目的。俄罗斯不仅没有归还克里米亚，而且进一步在乌克兰东部扩张了自己的影响力；普京的统治不仅未被削弱，相反其支持率却大幅攀升至历史最高水平；俄罗斯经济尽管在制裁初期陷入动荡，但在经历两年危机后也开始企稳回升；而发动制裁的主角——美国却看似在从强硬立场上后退，特朗普在竞选期间就频频向俄罗斯示好，正式当选后有关俄美关系即将重启的声音更是一度高涨。总之，在克里米亚入俄和经济制裁三周年之际，普京治下的俄罗斯看似成功挺过了西方国家的围堵。那么，普京缘何能够挺过迄今为止的经济

＊　曲文轶，辽宁大学转型国家经济政治研究中心和国际关系学院教授。作者感谢以下基金支持：教育部人文社会科学重点研究基地辽宁大学转型国家经济政治研究中心项目（ZX2011YB000）与辽宁省教育厅项目（ZJ2014007）。

制裁？普京政府采取了哪些政策措施化解制裁带来的挑战？这些应对措施又给俄罗斯带来了怎样的影响？这场经济战争又将走向何方？

挺过制裁

自 2013 年底乌克兰协商加入欧盟东部伙伴计划时起，俄罗斯为争夺乌克兰就开始了与西方针锋相对的较量。在基辅独立广场事件后，俄罗斯闪电般地通过公投形式将克里米亚并入俄罗斯版图，从而事实上改变了苏联解体后俄罗斯与前加盟共和国的领土边界，并实质上挑战了美国主导的后冷战世界秩序。面对俄罗斯的挑战，美国因忌惮其核武器从一开始就排除了军事选项[①]，这样就只能通过制裁来惩戒俄罗斯并捍卫自己的国际声望。制裁声称将给俄罗斯带来"难以承受的后果"，除非俄罗斯公开认错并归还克里米亚。但正如学者们指出的，历史上通过制裁来改变外交政策的成功案例很少，因此，经济制裁的另外一个目的，就是希望经济对抗具有持久影响，可以作用于国内政治和绝大多数民众的生活，借此达到影响俄罗斯国内进程，甚至推翻普京政权的目的。[②]

制裁在初期阶段确如预期给俄罗斯经济造成了严重冲击（例如金融市场剧烈动荡以及从 2015 年第一季度开始出现的经济危机），但却未能使普京屈服，相反，2015 年秋天俄罗斯甚至强势出兵叙利亚，在与西方大打经济战的同时，又开辟了叙利亚战场与美国正面相对。三年后的今天，形势更是今非昔比，俄罗斯已从经济围剿中成功突围，而西方的制裁目标则看似遥遥无期。

---

① The Washington Post. March 26. 2014. http：//www. washingtonpost. com/world/transcript － president － obama － gives － speech － addressing － europe － russia － on － march － 26/2014/03/ 26/07ae80ae － b 503 － 11e3 － b899 － 20667de76985_ story. html.

② S·赫德兰：《在乌克兰问题上制裁俄罗斯有无意义及效用？》，《俄罗斯研究》2015 年第 1 期。

（一）普京政府并未改变对外政策

西方国家发动制裁时宣称要迫使俄罗斯改变对外政策并将克里米亚归还乌克兰，但这一直接目标如果尚不能说全无实现的可能，基本上也是希望渺茫。2017 年 3 月 18 日克里米亚公投三周年纪念日，俄罗斯高调举行了盛大庆典活动，据传普京政府甚至有意把明年的总统大选也定在克里米亚公投日，以宣誓对于克里米亚主权的坚守。普京政府对于领土的强硬态度也获得了广泛的民意支持。全俄舆情中心 2016 年 6 月 5 日的调查数据显示，绝大多数俄罗斯民众认为不应该通过放弃领土来换取制裁的解除。[①] 因此，至少在可见的将来，俄罗斯不可能从克里米亚立场上后退，相反，俄罗斯在对外政策领域甚至可能采取更加积极的行动以扩张自己的影响力，例如 2017 年 2 月普京就不顾西方反对，签署命令承认乌克兰东部顿涅茨克和卢甘斯克州颁发的护照等文件。

（二）生产下滑势头止住，经济开始企稳回升

当西方国家采取制裁措施，尤其是因 2014 年 7 月马航 MH17 航班事件引发制裁蔓延至银行和能源领域后，俄罗斯金融市场开始出现剧烈动荡，卢布大幅贬值，资本外流加剧，生产也随之下滑，从 2015 年第一季度起俄罗斯经济开始陷入危机并持续了 7 个季度。[②] 但从 2016 年初开始生产下滑的势头开始放缓，到年底生产下滑的势头基本止住，2017 年开始俄罗斯经济甚至出现了微弱

---

① 调查结果参见：https：//wciom. ru/database/baza_ rezultatov_ oprosa_ s_ 1992_ goda/?id = 275&search = 1&prevSql = KGB6aF9xX3ZgLmBuYW1lYCBMSUtFIClx8DPwMTAJScp&text = запад&logic = AND&in_ q = on&day_ f1 = &month_ f1 = &year_ f1 = &day_ t3 = &month_ t3 = &year_ t3 = &ds = 2&day_ f2 = 1&month_ f2 = 1&year_ f2 = 2016&day_ t2 = 29&month_ t2 = 5&year_ t2 = 2017。
② 关于制裁以来俄罗斯经济形势的介绍，参见殷红、崔铮《西方制裁下的俄罗斯经济形势与政策》，《国际经济评论》2017 年第 3 期。

增长。根据俄罗斯国家统计局的数据，2017 年第一季度俄罗斯 GDP 增长了 0.3%。

国际组织也预测俄罗斯经济将从 2017 年起出现增长，国际评级机构相应提高了对于俄罗斯主权信用的评级。[1] 在出现两年衰退之后，俄罗斯经济开始慢慢摆脱西方制裁的影响。俄罗斯央行行长认为，前两年的经济衰退部分与西方制裁有关，但她认为这一效果被夸大了，现在其实际上已经降为零，而且俄罗斯"已经适应了制裁条件下的生活，并已建立起了必要的基础设施"。[2]

（三）社会稳定，普京声望不降反升

制裁三年来，俄罗斯国内并未出现混乱，相反，即使在经济危机期间社会也保持着高度稳定，甚至连反对派的街头运动也销声匿迹。反观欧洲，却频频遭遇恐怖袭击并面临严重的移民危机。此外，西方原本寄希望于经济制裁带来其国内政治压力，逼迫普京就范甚或改变政权，但结果却事与愿违。普京政权非但未倒，其威望反倒攀升至历史最高点——原本在 2012 年重返克里姆林宫期间普京的民意支持率已经下滑到 65% 左右，但克里米亚事件后普京的支持率飙升，迄今为止一直维持在 80% 以上；2016 年议会选举中统俄党大获全胜也彰显了俄罗斯国内政治的稳定以及民众对于普京的广泛支持[3]。

更为重要的是，制裁三年之后俄罗斯民众的预期和情绪也出现了显著改善。2016 年 12 月全俄舆情中心的调查显示，认为困难时期已经过去的受访者比例较 2016 年初明显上升（从 19% 升至

---

① 2015 年三大国际信用评级机构中的两家首次将俄罗斯主权信用评级调至投资级以下，但到了 2017 年 2 月和 3 月，穆迪和标普先后上调了俄罗斯主权信用评级。

② 《俄央行：俄罗斯经济近两年已适应目前油价》，俄罗斯卫星网，http://sputniknews.cn/economics/20170609102282909093/。

③ 参见庞大鹏《俄罗斯的政治稳定：社会基础与制度保障》，《俄罗斯东欧中亚研究》2017 年第 1 期。

25%），而认为困难还在前头的则大幅下降（从 52% 降至 42%）。另一家独立舆情机构列瓦达中心的调查也证实俄罗斯社会情绪出现了积极变化：认为自己的物质状况在恶化的受访者比例从 2016 年初的 50% 下降至年底的 40%。[1]

普京的应对

克里米亚入俄三周年之际，俄罗斯似乎走出了制裁阴霾，经济企稳回升，社会政治也保持高度稳定。那么，西方经济制裁缘何未能压垮俄罗斯？

有专家强调西方的软弱，不敢采取军事手段，甚至经济对抗也不敢全力出招（例如实施经济核弹，即完全的金融封闭，或者禁止石油和天然气交易），而只是限定在特定领域，因而影响有限。[2] 作为对抗的主角之一，普京政府的纵横捭阖也发挥了重要作用。事实上，美国之所以放弃军事选项，很大程度上也是因为普京故意"恫吓"甚至以发动核战争相威胁。[3] David（2016）也认为，俄罗斯的反制措施是导致西方制裁成效甚微的原因之一。[4] 这里我们聚焦于普京的应对与反制，分析这些政策措施是如何作用于俄罗斯国内政治经济进程，从而化解了来自西方的经济打压并保持了社会稳定。

---

[1] 参见列瓦达中心的分析报告："Россияне притерпелись к экономическому кризису". 13. 01. 2017. 15：18. Левада-Центр//www. levada. ru。

[2] S. 赫德兰：《在乌克兰问题上制裁俄罗斯有无意义及效用？》，《俄罗斯研究》2015 年第 1 期。

[3] 普京自己承认，在乌克兰危机期间，为了防止美军从黑海干预克里米亚局势，俄方在克里米亚部署了 k - 300p 型"堡垒"式反舰导弹，而且"故意"暴露导弹阵地，使侦察卫星能够发现，从而威慑美军。为防"最坏事态"，俄方甚至准备命令核武器部队进入备战状态。参见环球网：http：//world. huanqiu. com/hot/2015 - 03/5938645. html。

[4] Christopher Mark Davis，"The Ukraine conflict, economic-military power balances and economic sanctions"，*Post-Communist Economies* 28（2），2016，pp167 - 198.

(一) 国内政治防御与信息管理

西方国家旨在通过经济制裁向俄罗斯国内施加痛苦，期望利益受损的人民能够起来反对普京及其对外扩张政策。普京为此调动一切资源预防政治反对派的产生，并且成功激发了民族主义而将痛苦引向了国外。

第一，从宣传上将西方的打压与国家利益对立起来。关于乌克兰危机和克里米亚归属问题，普京强调俄罗斯民族的利益以及苏联时期从俄罗斯把克里米亚划拨给乌克兰的历史①，并且直斥以美国为首的西方国家长期奉行对于俄罗斯的制裁和打压政策，拉拢乌克兰即为蚕食俄罗斯的生存空间，而并入克里米亚则是俄罗斯的被迫反击。② 俄罗斯官媒还通过强化爱国主义宣传和教育成功塑造了民众的观念。俄罗斯列瓦达中心 2015 年 4 月的民调结果显示，近 70% 的民众肯定在当下国家面临威胁之际爱国主义教育的必要性。③ 针对经济危机，则号召居民勒紧裤腰带，降低民众预期，并将罪过转移到美国身上。总之，通过"蓝屏管理"，普京政府大打宣传战与信息战，从而将国内困难的根源转移至国外和西方。④

① "要想知道为什么要进行公决，只需要了解一下克里米亚的历史。……在克里米亚人民的心里，在他们的记忆里，他们曾经是，也始终是俄罗斯不可分割的一部分。"参见 2014 年 3 月 19 日普京针对克里米亚入俄发表的讲话，http://www.guancha.cn/europe/2014_03_19_214922.shtml。

② "在实际政治运作中，以美利坚合众国为首的西方国家并不喜欢国际法，它们倾向于推行强权主义。"并且长期以来对俄罗斯实施"高压政治"，"在乌克兰事件上我们的西方伙伴们玩过火了，表现得十分粗俗、不负责任，且很不专业。……俄罗斯现在退到了无路可退的边缘，就像一根弹簧被压到底，它是会猛烈地弹起来的。"资料来源同①。

③ 参见列瓦达中心的调查报告："Патриотизм и государство"，http://www.levada.ru/29-04-2015/patriotizm-i-gosudarstvo. 2015-04-29。

④ 所谓"蓝屏管理"，指的是俄罗斯政府通过在电视上宣传官方立场和政策来影响居民对于事态的理解。俄专家认为，这是在危机条件下俄罗斯人仍能保持乐观的重要原因。参见列瓦达中心："Россияне притерпелись к экономическому кризису"，13.01.2017. 15：18. Левада-Центр//www.levada.ru。

　　第二，严格管控大众传媒，打压国内不同政见并严防外国渗透。乌克兰危机后，普京政府加大了对大众传媒的控制，使大众传媒成为俄罗斯政府处理国际关系、对抗西方制裁的有效手段。2014年10月俄罗斯对《大众传媒法》进行修订，将外资在大众传媒的上限从2001年的50%大幅下调至20%，同时将限制范围从广播和电视媒体扩展到报刊和网络等所有大众传媒。在对该法进行解释时，俄罗斯官员直言不讳地提道"谁拥有信息谁就拥有世界"，立法调整是缘于对"乌克兰事件的报道"并与西方开展"信息战"，避免"外国媒体影响人们的思想和社会舆论"并"改变该国局势"。还进一步扩张官方媒体以展开宣传战。2014年11月国有媒体"今日俄罗斯"通讯社创建面向外国受众的新品牌"卫星（Sputnik）"新闻通讯社，将在34个国家用30种语言进行网站宣传和广播。普京总统直言，这些官媒的使命在于塑造"俄罗斯形象"。在政府的支持下，俄罗斯国有大众传媒实力和影响力不断增强。俄罗斯社会舆论基金会2015年4月19日的民调数据显示，70%的民众更信任国有大众传媒，仅有11%的民众信任非国有大众传媒；而2014年3月23日进行的同样调查的结果则分别为62%和16%。① 此外，还特别强化对网络空间的控制。网络信息安全一直是俄罗斯政府极为重视的问题，乌克兰危机后出台了《博主法》和《卢戈沃伊法》，为预防俄罗斯发生乌克兰式的街头暴乱，快速封锁煽动民众参加群体性事件信息，维护社会稳定发挥了重要作用。② 总之，通过这些政治外交和信息手段，普京政府成功塑造了国民信念，使国内反对普京政策的声音基本上销声匿迹。

---

① 参见俄罗斯公共舆论基金调查报告："Доверие россиĭским СМИ"．http：//fom. ru/ SMI－i－internet/12140。

② 有关俄罗斯政府对于信息舆论的管控举措，参见刘春杰《大众传媒立法视域下的俄罗斯政治精英治国理念变迁》,《俄罗斯研究》2016年第1期。

（二）以进口替代为导向大力扶持国内生产

早在乌克兰危机前，俄罗斯经济就已经陷入停滞，西方国家对于俄罗斯资金和技术的封锁无疑会使原本低迷的俄罗斯经济雪上加霜。为稳定供应、避免出现大量破产倒闭乃至更严重的经济后果，亟须扶持国内生产。为了与西方对抗，俄罗斯也有必要利用经济手段给对手以还击并确保自己的国家安全。此外，俄政府还将反制与经济结构优化以及长期发展目标结合起来。长期以来，俄罗斯经济始终未摆脱原料化特征。全球金融危机使俄罗斯经济遭遇重创，俄罗斯政府认识到了结构创新的必要性，提出要大力推进经济多元化并实现创新发展，以摆脱对于外国市场和商品的依赖，但受制于全球经济放缓，其结构调整目标并未取得实质性进展，能源油气产业在经济和财政以及出口中的主导地位始终无法改变。为此，降低对原材料尤其是对油气产业的依赖，发展加工业尤其是高技术和高附加值的机器设备生产成为经济现代化的首要目标。[1] 西方国家经济制裁为俄罗斯提供了契机，俄政府顺势推出进口替代政策，动员内部资源以扶持国内产业发展。普京公开表态，俄罗斯实施进口替代是对西方国家经济制裁的反制，目的在于确保国家安全和独立，并实现国家发展的长期优先方向。[2]

首先是限制食品进口。2014 年 7 月，针对马航事件，西方国家将经济制裁扩大至能源与金融领域。作为对西方国家资金与技术限制的反制，俄罗斯从 2014 年 8 月 7 日起对从欧盟国家、美国、澳大利亚、加拿大和挪威进口的牛肉、猪肉、水果、禽类、奶酪和

---

[1] 关于俄罗斯经济结构问题以及普京重返克里姆林宫后的经济政策选择，参见曲文轶《普京新政与俄罗斯经济政策走向》，《国际经济评论》2012 年第 3 期。

[2] 普京有关进口替代的讲话，参见俄罗斯共青团真理报："Путин об импортозамещении: мы абсолютно все можем сделать сами"，https://www.ural.kp.ru/daily/26261.5/3139969/，以及俄罗斯塔斯社："Путин: разумное импортозамещение-наш долгосрочной приоритет"，http://tass.ru/ekonomika/1622714。

乳制品实施了限制，并且针对西方制裁延期也相应地将食品禁令延期并将一直延续至 2017 年底。俄罗斯是欧洲水果和蔬菜的最大进口国，也是美国家禽的第二大进口国，食品禁令将使欧美失去巨大的食品市场，总值高达 90 亿美元。为避免食品禁令冲击国内食品供应，俄罗斯政府要求农业部、工业和贸易部等相关部门合作，以提高农产品供应能力并防止农产品、原材料和食品价格上涨。

其次是在非原料领域大力推行进口替代，即用国产商品和服务替代外国商品和服务，以创造工作岗位并扩大国内的生产能力，包括中小企业的生产能力。在与西方激烈对抗且可能引发军事冲突的背景下，俄罗斯首先需要确保自己的国家安全，在传统的武器供应国乌克兰倒向西方后，实现武器生产的国产化并确保国防军事供应就变得愈加紧迫。2013 年 12 月底俄颁布了《关于禁止和限制在国防和国家安全订货中采购外国产品和服务的规定》，要求俄罗斯国防产品要做到完全自给自足。在食品和武器生产之外，为促进经济多元化和创新发展，俄罗斯政府还在更广泛的领域提出进口替代目标，仅 2013 年底和 2014 年进口替代政策就涵盖了 19 个产业的短期规划，包含了农业、高技术产业以及基础设施产业。① 金融领域事实上也加速了摆脱西方的进程。2014 年 7 月俄罗斯国家银行卡支付系统公司成立，由俄罗斯央行全权控股。2015 年俄罗斯全面启动了自己的银行卡系统，以 Mir 卡替代 Visa 和 MasterCard。至 2016 年 11 月初，Mir 卡发行约 150 万张，2017 年俄央行计划至少发行 4000 万张。② 俄罗斯政府还从组织和制度上确保进口替代的实施。成立了由总理负责的"政府进口替代委员会"，并借助经济和行政杠杆来扶持国内生产，包括关税壁垒、配额和许可证、行业补贴，

---

① 关于俄罗斯实施进口替代政策的介绍，参见 Д. А. Журавлев. О. И. Клевцов，"Импортозамещение как основной механизм развития российской экономики в условиях санкции"，*Социально-Гуманитарные Знания*，Том 5，2016，C: 301 – 307。

② 参见俄罗斯卫星网：http://sputniknews.cn/economics/201612231021471592/。

以及向国内厂商倾斜的政府采购等。另一个重要的国家扶持措施是设立了工业发展基金(Фонда развития промышленности)向实施进口替代计划的项目提供融资。基金向工业企业提供为期 5~7 年、年利 5% 的优惠贷款。

由于限制进口并大力扶持国内生产,加上卢布贬值效应,制裁背景下俄罗斯尽管出现了经济危机,但生产并未出现灾难性下滑,2015 年和 2016 年 GDP 分别下降了 2.8% 和 0.2%,相比全球受金融危机的影响(2009 年 GDP 下降了 7.8%),制裁所带来的冲击有限。此外,这次危机持续时间也不长,只用两年经济就恢复了增长,而在 20 世纪 90 年代的激进转型期俄罗斯经济则陷入了长期衰退。农业和食品加工成为发展最为稳定的产业,不仅未出现下降,相反保持了较快速度的增长,2016 年比 2013 年分别增长了 11.3% 和 7.1%。加工业只在 2015 年出现衰退(-5.4%),2016 年就止住了下滑(+0.1%)。国内生产尤其是农业和食品生产保持稳定确保了居民生活不致受到太大冲击,企业破产倒闭也很少,失业并未大幅上升,即使 2015 年第四季度情况最糟糕时失业率也仅为 5.7%,比 2013 年第四季度的失业率仅高了 0.2 个百分点。截至 2017 年 3 月底,失业人口回落至 410 万人,失业率为 5.4%。[①] 反观欧盟,2017 年 3 月失业率为 8%,而这已经是自 2009 年 1 月以来的最低水平。[②]

总之,为开展经济战争、稳定国内生产和扶持就业并促进经济结构调整,普京政府限制从西方进口食品,并重点扶持国内的非原料化工业,从而将国际斗争、稳定社会与结构优化目标结合起来并取得了一定成效。正如俄学者指出的,尽管制裁会带来困难,但"制裁也会成为动员内部资源并发展俄罗斯工业的激励"。[③]

---

① 数据来源:俄罗斯联邦统计局。

② 欧洲统计局数据,转引自中国商务部《2017 年 3 月欧盟和欧元区失业率分别为 8% 和 9.5%》。http://www.mofcom.gov.cn/article/i/jyjl/m/201705/20170502568652.shtml。

③ Елена Сидорова, " Энергетика России под санкциями запада", *Международные процессы*. No 1. Том 14, 2016, С. 143 – 155.

（三）借助新兴市场突围经济封锁

历史地看，俄罗斯与西方的经济战争并不鲜见，但这次有一个实质不同，即并非全部（或绝大部分）的世界经济均参与其中。相反，几乎与参与制裁的西方经济体量等量齐观的新兴市场经济并未加入对俄罗斯的经济制裁当中①，这为普京政府的辗转腾挪提供了空间。因此，当面向西方的技术和金融受阻时，俄罗斯转向新兴市场，并利用自己的资源租金和军事技术来解难纾困。这其中，亚太国家，尤其是中国扮演了最为关键的角色。

从地理结构上看，制裁期间俄罗斯对外经济关系向东转向明显。亚太国家在俄罗斯外贸中的份额上升，从 2013 年的 25% 上升至 2016 年的 30%，而欧盟和独联体的份额下降，特别是传统上最大的贸易伙伴欧盟，其在俄罗斯外贸中的地位大幅下降，从 2013 年的 50% 下降到 2016 年的 43%。

作为从 2010 年起的俄罗斯第一大贸易伙伴国，中国在俄罗斯外贸中所占的份额从 2013 年的 10.5% 上升至 2016 年的 14.1%，同时，俄罗斯对华贸易逆差上升，2016 年达到了 101 亿美元，表明制裁期间更大份额的进口转向了中国。

中俄两国的能源合作取得突破。2014 年 5 月 21 日，在克里米亚事件两个月后，习近平主席和普京总统见证了中国石油天然气集团公司和俄罗斯天然气工业股份公司（"俄气"）签署《中俄东线供气购销合同》，中俄结束了长达 10 年的天然气谈判。合同规定，俄罗斯从 2018 年起通过东线管道向中国供气，输气量逐年增长并最终达到每年 380 亿立方米，期限为 30 年。俄气总裁透露，合同

---

① 据世界银行统计，按调整物价差距后的购买力平价计算，金砖国家 2014 年 GDP 达到 33.1 万亿美元，而七国集团（G7）的 GDP 为 34.5 万亿美元。参见新华网 http://news.xinhuanet.com/world/2015 - 07/23/c_ 128050775.htm。

总价值为 4000 亿美元,是该公司历史上最大一单交易。① 2014 年 11 月两国还签署了中俄西线天然气供气框架协议。

中俄两国在金融领域的合作也有了长足进展。2014 年 10 月两国央行签署了为期 3 年的 1500 亿人民币与卢布的互换协议。② 2015 年 10 月由中国最早开办对俄金融业务的哈尔滨银行与俄罗斯资产排名第一的俄罗斯联邦储蓄银行牵头联合发起设立中俄金融联盟,进一步扩大了中俄金融领域全方位的交流与合作。③ 中国还通过主权财富基金扩大了对俄罗斯的投资。2016 年通过中俄直接投资基金对俄罗斯的投资领域显著扩大,除了传统投资领域制造业、建筑业和农业外,还计划向制药、生物技术和医学研究领域投资,并且在俄罗斯的投资地域范围也在不断扩大。俄方预测,"2017 年将是相当丰富、硕果累累的一年"。此外,两国还将设立不同类型的投资基金,包括风险投资基金、矿业开采投资基金(总额为 10 亿美元)和基础设施投资基金(总额为 10 亿美元)。④ 俄罗斯境内的大型基础设施项目和企业也得到中国资金支持,包括贷款、股权注资以及发行熊猫债券等多种金融形式。⑤

---

① 参见新华网《结束 10 年"长跑",中俄签 30 年供气协》,http://news.xinhuanet.com/world/2014-05/22/c_1110801403.htm。

② 参见俄罗斯卫星网 http://sputniknews.cn/economics/201503311014080271/。

③ 截至 2016 年,联盟已完成 4 项跨境融资业务,共计金额 126 亿元,并签署了 29 项业务及培训合作协议。参见俄罗斯卫星网 http://sputniknews.cn/russia_china_relations/201705191022666723/。

④ 参见参考消息网《俄媒:特朗普上台对中俄关系影响几何》,2017-01-24 11:08:58,http://column.cankaoxiaoxi.com/2017/0124/1639444_2.shtml);俄罗斯卫星网 http://sputniknews.cn/economics/201704141022351221/;http://sputniknews.cn/economics/201701021021534224/。

⑤ 中国向莫斯科——喀山高铁贷款 4000 亿卢布,约合 64 亿美元(参见俄罗斯卫星网 http://sputniknews.cn/economics/201610191020989805/);向布拉戈维申斯克通往黑河的桥梁建设投资,以及中企收购西布尔集团 10% 的股份(参见参考消息网《俄媒:特朗普上台对中俄关系影响几何》,2017-01-24 11:08:58,http://column.cankaoxiaoxi.com/2017/0124/1639444_2.shtml);俄罗斯铝业联合公司 2017 年 2 月初在上海证券交易所注册了总价高达 100 亿元(约 15 亿美元)的熊猫债券发行计划书,3 月该公司发布了价值 10 亿元人民币、年利率为 5.5% 的首期熊猫债券(参见俄罗斯卫星网 http://sputniknews.cn/economics/201703171022111717/)。

　　制裁促进了俄罗斯对外经济活动转向，但却并非单一倒向中国。在与独联体国家整体贸易滑坡的背景下，俄罗斯力推欧亚经济联盟，使欧亚经济联盟在俄罗斯外贸中的占比从 7.4% 上升至 8.3%。此外，还大力拓展与亚洲和太平洋及其他国家的经济合作。2014 年俄印峰会签署了 20 项经贸合作协议。同越南和韩国的贸易增长迅速，两国在俄罗斯外贸中的占比均有提升。2016 年同欧盟的贸易额下降 15%，但同印度尼西亚增长 33.4%，马来西亚增长 12.3%，伊朗增长 70.1%，古巴增长 82.6%，格鲁吉亚增长 14.1%，瑞士增长 10.1%。①

　　综上所述，在西方制裁的背景下，俄罗斯借力新兴市场突破西方国家的资金和技术封锁，加快了向东转的步伐，降低了对传统第一大贸易伙伴同时也是经济战争的对手——欧盟的依赖，并趁机把国际市场多元化的目标向前推进了一步。不可否认，相当大体量的经济体并未参与制裁是俄罗斯得以成功突围的重要前提，另外也应看到，俄罗斯拥有诸多战略资源、可在危机时刻缓冲压力，也是普京能挺过制裁的关键所在。抛开庞大的油气租金不提，非油气原材料也能为俄罗斯换来紧缺的资金。2016 年俄罗斯向英国的非燃料出口增长 63%（ +7.5 亿美元），主要得益于贵金属出口的增长。俄罗斯还是武器市场上的重要玩家。2016 年俄罗斯向阿尔及利亚出口非燃料增长 88%（ +15.8 亿美元），主要缘于武器（坦克 T - 90）出口。② 核能是另一项掘金工具，仅 2014 年俄罗斯的核能订单就增加了 300 亿美元，包括新核电站的建设、核燃料供应、核电站服务以及同位素产品等业务，而俄罗斯原子能公司未来 10 年的

---

①　В. Мау и др. ; под ред. Синельникова-Мурылева С. Г. (гл. ред.), Радыгина А. Д. , Российская экономика в 2016 году: тенденции иперспективы, (Вып. 38), Ин-т экон. политики им. Е. Т. Гаи̌дара, Москва: Изд-во Ин-та Гаи̌дара, 2017.

②　Александр Кнобель, Александр Фиранчук, " Внешняя торговля в 2016 г. ", *Экономическое развитие России*, Том24, No 3, Март – Апрель 2017, 8 – 17.

核电订单总价值将超过 1000 亿美元。[①] 总之，通过这场经济战争可以看到，俄罗斯经济尽管并非高效，但对于维持生存而言却是高度稳定的。

（四）强化社会政策

为缓解经济制裁带来的生活水平下降的冲击，普京政府还积极动用财政资源以改善民生并维持社会稳定。

普京执政期间一直重视民生建设，不断提高财政向社会项目的支出。在 2008 年金融危机前，伴随石油收入快速增长，俄罗斯居民收入以超越生产率增速的速度增长，这被认为是普京与民众之间达成社会契约进而维持权威体制稳定的关键所在。[②] 制裁发生后，俄各级政府的社会总支出更是大幅飙升，其占 GDP 的比重从 2014 年的 10.6% 升至 2016 年的 12.2%，而同期的文化和教育以及经济建设支出则大幅下降。[③] 对于社会上的弱势群体更是重点加大了扶持力度，向贫困人口提供的社会支出大幅飙升至 GDP 的 4.4%，其中，非保险项目的预算支出（МСП）2015 年占到了 GDP 的近 2.7%，是 10 年前的 2.3 倍。[④]

经济危机期间大幅增加社会支出平衡了收入下降的影响，使民生问题可控进而确保了社会稳定。2016 年 1~9 月总体贫困率为 13.9%，尽管高于 2013~2014 年的水平（12.6%），但是与 2015

---

① 杨金凤：《中俄核能合作步入新阶段——专访俄罗斯原子能公司中国地区代理杰明·斯·伊》，《中国核工业》2015 年第 7 期。

② 参见曲文轶《俄罗斯转型研究》，经济科学出版社，2013。

③ 数据来源于俄罗斯联邦国库，转引自 В. Мау и др.；под ред. Синельникова-Мурылева С. Г.（гл. ред.），Радыгина А. Д.，Российская экономика в 2016 году: тенденции иперспективы，（Вып. 38），Ин-т экон. политики им. Е. Т. Гайдара，Москва: Изд-во Ин-та Гайдара，2017. С. 56.

④ Л. Овчарова，Е. Горина，"Развитие адресной социальной поддержки нуждающихся в России: барьеры и возможности"，*Вопросы экономики*. No 3，Март 2017，С. 5 – 21.

年同期相比已经出现了下降，表明社会政策发挥了积极作用。① 另外，居民的福利感知也较为稳定。俄罗斯社会分析与预测研究所（Институтом социального анализа и прогнозирования РАНХиГС）2015 年 2 月至 2016 年 11 月的 5 次调查显示，尽管 90% 以上的受访者都自认遭受了经济危机的冲击，但多数（44% ~ 47%）认为福利损失不大，自认受损严重的只占少数（20% ~ 34%）。② 正是缘于俄罗斯政府的大规模转移支付，多数居民的生活并未因制裁而出现严重恶化，进而避免了大规模街头反对运动的发生。全俄舆情中心的调查显示，表示会因自身生活水平下降而参与街头集会的人数基本保持稳定，2013 年第四季度为 21%，2014 年第三季度降到 15%，2016 年第一季度达到高点 26%，随后小幅下降，截至 2017 年 1 月为 24%。

结　语

克里米亚入俄以及西方国家对俄制裁三年来，俄罗斯政治经济与外交发生了诸多变化。本文对三年来普京政府如何化解制裁以及取得的成效进行了分析。

回顾三年来的历程可以看到，为应对制裁冲击，普京政府进行了全方位的应对，重点是强化信息引导和政治控制、以保护主义和产业政策来扶持国内生产、将资源向强力部门和弱势群体倾斜，并借助新兴市场突破资金和技术封锁。可以说，迄今为止普京的应对

---

① 数据来源：俄罗斯国家统计局，转引自 В. May и др.；под ред. Синельникова-Мурылева С. Г.（гл. ред.），Радыгина А. Д.，Российская экономика в 2016 году：тенденции иперспективы，（Вып. 38），Ин-т экон. политики им. Е. Т. Гаи˘дара，Москва：Изд-во Ин-та Гаи˘дара，2017. С. 276.

② 俄罗斯国家统计局，转引自 В. May и др.；под ред. Синельникова-Мурылева С. Г.（гл. ред.），Радыгина А. Д.，Российская экономика в 2016 году：тенденции иперспективы，（Вып. 38），Ин-т экон. политики им. Е. Т. Гаи˘дара，Москва：Изд-во Ин-та Гаи˘дара，2017. 287.

成效显著，不仅维持了外部高压和经济危机条件下的社会稳定，而且在特定领域向着结构优化的目标迈出了实质性87步伐——其一是国际市场多元化，大大降低了对于欧盟的依赖并加速了向东转的进程；其次是农业和食品加工获得稳步发展，扭转了自苏维埃时代开始的粮食和食品严重依赖进口的局面，使得俄罗斯在油气和矿产资源之外拥有了更为丰厚的资源基础。

俄罗斯经济发展前景：结构视角

陆南泉[*]

小序：艰难而又复杂的26年

作为苏联继承国的俄罗斯，其独立执政已进入第 26 个年头。26 年来，俄罗斯经济发展经历了十分复杂与艰难的过程。叶利钦时期（1992 ~ 1999 年）的 8 年中，俄罗斯经济除了 1997 年和 1999 年分别增长 0.9% 和 5.4% 外，其他 6 年都是负增长。在叶利钦 8 年经济转型期间，俄罗斯 GDP 累计下降 40%。在普京前两届总统任期 8 年间，俄 GDP 增长了 70%，年均增长率为 6.9%。在后来的"梅普组合"与"普梅组合"时期，俄经济又出现复杂的局面。受 2008 年国际金融危机的影响，2009 年俄 GDP 下降 7.8%，2010 年俄经济开始回升，2010 年与 2011 年经济增长率均为 4.3%，但 2012 年降为 3.4%，而 2013 年又降为 1.3%。2014 年俄经济出现了严重的局面，经济增长率仅为 0.6%。经济衰退始于 2015 年一季度，之后俄罗斯经济出现了更为复杂的局面。该年 GDP 下降 3.7%，2016 年 GDP 下降 0.2%。

从以上俄罗斯经济发展简要过程来看，总的来说，其经济发展

* 陆南泉，中国社会科学院学部委员。

过程是十分复杂与艰难的，经济增长既不稳定也不持续，而近几年来其经济出现明显的衰退与危机。2015 年 12 月 3 日，普京总统向俄罗斯联邦会议发表国情咨文。他谈到 2015 年俄罗斯经济时说："情况非常复杂。"2016 年 1 月 13 日梅德韦杰夫总理在盖达尔论坛上说："俄罗斯经济正遭遇十年来最严峻挑战，经济形势复杂。"俄经济在 2016 年四季度转入正增长，俄估计这种经济向好的趋势，有可能在 2017 年得到延续。因此，俄学者认为，对目前与今后两三年的俄经济最为恰当的描述应该是"停滞"。对俄经济出现的衰退、危机还是停滞的原因，基本看法较为一致，主要是结构性问题，经济危机是结构性危机。

一 阻遏苏联经济发展的经济结构性问题

不论是苏联时期还是当今的俄罗斯时期，不合理的经济结构是其主要经济问题。但在不同时期表现形式也不尽相同。

人所共知，在苏联时期经济结构的突出问题体现在农、轻、重三者关系方面，重工业过重，轻工业过轻，农业长期落后。斯大林时期形成了严重的畸形经济结构。赫鲁晓夫上台后，尽管在执政初期出于政治需要，曾一度反对马林科夫 1953 年 8 月 8 日在最高苏维埃会议提出的以加强消费资料生产为中心的广泛的国民经济调整计划，但执政不久，不得不实行全力以赴的加强农业的经济结构调整政策。因为当时苏联不少人认识到，如果不抓农业，再有两三年，就可能发生灾难性的粮食生产危机与全国性的饥荒。

勃列日涅夫上台后，与赫鲁晓夫一样，首先他也是抓农业，力图推行以发展农业为主要内容的经济结构调整政策，并为此采取了一系列的政策。与此同时，也调整了工业内部结构。他一再强调，制订五年计划要有"充分科学依据"，要选择"最优比例"，使整个国民经济协调与平衡发展。

在勃列日涅夫时期，阻碍经济结构调整的原因甚多。一个直接的最重要的原因是，长期坚持扩充争霸实力，争夺军事优势的战略方针。当时苏联一再强调："国防问题处于一切工作的首位"，"为保障军队具有现代化技术和武器，需要有高度发展的工业水平，首先是重工业的先进部门，即冶金工业、机器和机床制造业、造船工业、原子能工业、无线电电子工业、航空火箭工业、化学工业和专门的军事工业"。[①] 苏联不惜花费巨额资金，把最好的原料、设备，最优秀的科技人员和熟练劳动力用于发展军事科研和军工生产，来建立庞大的战争机器。勃列日涅夫时期的苏联，在实行打破美国军事优势并夺取全面军事优势的方针条件下，要调整经济结构是不可能的。勃列日涅夫执政 18 年，农业虽有进展，但并没有从根本上解决农业问题。投资大、效益低，生产稳定性差、波动幅度大，仍是苏联农业的基本特点。勃列日涅夫时期对农业的投资是十分巨大的，比美国多 4 倍。但巨额的农业投资，并没有保证苏联农业稳定的发展。勃列日涅夫执政 18 年，农业有 10 年减产。有些年份减产幅度很大，如 1975 年比 1974 年减产 5560 万吨，1979 年比 1978 年减少 5790 万吨。农业连续多年的不景气，给苏联整个国民经济的发展带来了严重的影响，它越来越成为经济增长率下降的重要因素之一。例如，1979 年粮食产量与农业产值分别比上年下降 26.4%和 3.1%，这使当年的国民收入增长率下降 3.4%。粮食连年减产，导致苏联不得不靠进口来满足其国内的需求。在勃列日涅夫执政的1973 年，苏联在历史上第一次成为粮食净进口国。这一年净进口1904 万吨。后来，粮食进口上了瘾，就像吸毒者上了海洛因的瘾一样。[②] "1981～1982 年，由于购买小麦太多，震惊了世界市场，

---

① 陆南泉、周荣坤：《当前苏联经济面临的主要问题》，载苏联经济研究会编《苏联经济体制问题》，时事出版社，1981，第 366 页。

② 参见〔俄〕格·阿·阿尔巴托夫《苏联政治内幕：知情者的见证》，徐葵等译，新华出版社，1998，第 239 页。

各国纷纷表示愤怒：俄罗斯简直是在吃穷人的粮食。但是，事已至此，粮价虽然贵两倍，还是进口大量粮食。"① 进口食品和食品原料所花的钱，约等于每年外贸进口总额的20%，成了苏联仅次于机器设备进口的第二项大宗商品。这种情况，使得苏联外汇更加拮据，亦难以保证对国内经济发展起重要作用的技术设备的进口，从而也影响了整个国民经济，特别是一些关键部门的发展。农业不景气，还限制了经济结构的调整。苏联一直在设法加速"乙类"工业的发展，但苏联轻工业原料的2/3和食品工业原料的80%来自农业，这样，甲、乙两类的比例和工农业之间的比例关系，很难得到改善，农业的连续多年歉收，直接影响市场供应和人民生活水平的提高，使得一部分有支付能力的需求不能得到满足，从而使储蓄迅速增长。勃列日涅夫执政时期零售商品流转额与储蓄的增长速度很不协调，如1970～1981年期间，零售商品流转额增长了82.7%，其中食品商品零售流转额增长了56%，而同期居民的储蓄存款则增长了2.56倍。这显然是今后通货膨胀的重要潜在因素，并给以后的改革造成障碍。为此，勃列日涅夫在1982年的多次讲话中谈到，食品问题已成为苏联"最紧迫的政治和经济问题"。

这里需要指出的是，在勃列日涅夫时期其经济结构不仅表现在农、轻、重关系问题上，过多地依赖能源的问题已经很明显了。到了20世纪80年代初，其经济增长速度已下降到使苏联"几乎临近停顿的程度"。② 勃列日涅夫逝世的1982年，其国民收入比上年仅增长2.6%。戈尔巴乔夫在苏共中央二月全会（1988年）上的报告中指出：80年代初苏联经济缓慢的增长速度在很大程度上也是在不正常的基础上，靠一些临时性的因素达到的。这里指的是靠当时国际市场上高价出售石油，大量生产和出售对人体健康有害的酒

---

① 〔俄〕瓦·博尔金：《戈尔巴乔夫沉浮录》，李永金等译，中央编译出版社，1996，第28页。

② 〔苏〕米·谢·戈尔巴乔夫：《改革与新思维》，苏群译，新华出版社，1987，第14页。

精饮料达到的，如排除这些因素，差不多有 4 个五年计划的期间，国民收入的绝对额没有增加。人所共知，1973 年爆发了中东战争。之后，阿拉伯石油输出国组织"欧佩克"为对付西方国家，把石油价格提高了 15 倍。苏联当时作为世界主要石油输出国之一，借机大量出口石油，据统计，1974～1984 年苏联仅从出卖石油与石油产品获得的收入，最保守的估计也达到 1760 亿外汇卢布，折合 2700 亿～3200 亿美元。[①] 这笔巨额"石油美元"对当时苏联渡过经济难关起到重要的作用，在很大程度上掩盖了经济停滞和下滑的严重性，缓解了种种矛盾。有人说，这里不存在掩盖不掩盖的问题，因为石油产量和出口量的激增是客观事实。但是，问题在于，石油价格上涨 15 倍这比石油产量和石油出口量的增加速度不知高出多少倍。根据苏联统计资料，石油产量从 1974 年的 6.5630 亿吨增加到 1984 年的 8.7620 亿吨，增长了 33.5%。1974 年石油与石油产品出口量为 1.1620 亿吨，1985 年为 1.6670 亿吨，增长了 43.5%。[②] 非常明显，如果这个时期不是石油价格飞速上升，单靠石油产量与出口量的增加，绝不可能获得如此大的"石油美元"。对此问题，阿尔巴托夫分析说：当时苏联应该把这种赚取的石油外汇视为一个喘息时机，并充分有效地利用这个时机推进改革，使国民经济走上正轨，但苏联并没有这样做，这"主要是由于石油财富突然从天上落到了我们手里，于是我们就冻结了把经济改革推向前进的尝试，取消了研究科技革命的中央全会"。他接着又指出："在 70 年代末 80 年代初，不论是我还是我的许多同事都不止一次地想到，西西伯利亚石油挽救了我国经济。而后来开始得出结论，这个财富同时又严重破坏了我国经济，它使我们不可饶恕地丢失了许多时间，长久地推迟了已经成熟甚至

---

① 陈之骅编《勃列日涅夫时期的苏联》，中国社会科学出版社，1998。
② 由于 1984 年的数字未能找到，这里石油与石油产品出口量用的是 1985 年的数字。

过分成熟的改革。"① 他还说:"那时我们把能源出口无限度地增长,从这里找到了摆脱一切灾难的灵丹妙药。那时没有一个人(包括我自己)懂得'不是挣来的财富最容易使人腐败'这句古老的谚语,不但适合于个人,而且也适用于国家。"②

以上的材料与分析说明,在判断苏联20世纪70年代初以来的经济情况时,应该看到,1973年以来因石油飞速涨价而获得的巨额"石油美元"并不能反映当时苏联经济的正常发展状况。

戈尔巴乔夫上台后提出了"加速战略"。而实现这一战略的一个重要途径是加速科技进步。在他执政的头几年,在加速科技进步方面采取了多项政策,其中一项是优先发展重工业。当时提出,苏联在要在六七年内使重要的机器、设备和仪表的参数达到世界最高水平。实行"加速战略"的消极后果有:一是加速战略的主要目标是增强综合国力,而并不是调整经济结构,缓解紧张的市场,满足人民生活的需要;二是从当时经济发展的情况看,"加速战略"与经济结构的调整政策存在着尖锐的矛盾。由于加速的重点仍放在重工业方面,结果是国民经济比例关系更加失调,经济结构更加不合理,从而使整个经济增长速度上不去;三是加速战略的直接后果是,使消费品市场更加紧张,基本消费品在苏联市场上出现了全面短缺,加上价格上涨、卢布贬值的情况,有点风吹草动,就引起抢购风潮。

由于畸形的经济结构未能得到调整,到了1990年,苏联社会总产值、国民收入和社会劳动生产率分别比上年下降2%、4%和3%。而到了苏联解体的1991年其经济状况进一步恶化,国民收入比上年下降11%,GDP下降13%,工业与农业生产分别下降

---

① 〔俄〕格·阿·阿尔巴托夫:《苏联政治内幕:知情者的见证》,徐葵等译,新华出版社,1998,第300~301页。

② 〔俄〕格·阿·阿尔巴托夫:《苏联政治内幕:知情者的见证》,徐葵等译,新华出版社,1998,第299页。

2.8%和4.5%，石油和煤炭开采下降11%，生铁下降17%，食品生产下降10%以上，粮食产量下降24%，国家收购量下降34%，对外贸易额下降37%。1991年，国家预算赤字比计划数字增加了5倍，占GDP的20%。财政状况与货币流通已完全失调。消费品价格上涨了1倍多（101.2%），而在1990年价格还只上涨5%。外汇危机十分严重，载有进口粮食的货轮停靠在俄罗斯港口而不卸货成为惯常现象，因为没有外汇去支付粮款、装卸费和运输费。[①]经济状况严重恶化，使得市场供应矛盾变得十分尖锐。1990年，在1200多种基本消费品中有95%以上的商品供应经常短缺，在211种食品中有188种不能自由买卖。到了1991年，国家不得不在所有城市实行严格的票证供应。到1991年年末，苏联居民食品供应量是：糖——每人每月1公斤，黄油——0.2公斤，肉制品——0.5公斤。即使这个标准也缺乏实际保障。零售贸易中的商品储备减少到最低水平——只够消费32天。1992年1月，粮食储备约为300万吨，而当时俄国内粮食消费每月为500万吨以上。在89个俄罗斯地区中，有60多个地区没有粮食储备和面粉，都在"等米下锅"。[②]"社会局势紧张到了极点，人们纷纷储备唯恐食品完全匮乏。"[③]1991年10月至1992年4月，笔者在苏联（俄罗斯）科学院经济研究所作为访问学者考察当时正处于准备与起始阶段的经济改革，目睹了这个时期苏联（俄罗斯）市场商品奇缺的状况，它比人们想象的要严重得多，真是"空空如也"。奈娜回忆起1991年随叶利钦访问德国科隆的情况时说："当时我们应邀参观市场和路旁的店铺，那里商品丰富，琳琅满目，使她想到

---

① 参见〔俄〕A. B. 乌留卡耶夫：《期待危机：俄罗斯经济改革的进程与矛盾》，石天等译，经济科学出版社，2000，第17~20页。

② 〔俄〕参见 A. B. 乌留卡夫斯夫：《期待危机：俄罗斯经济改革的进程与矛》，石天等译，经济科学出版社，2000，第18、20页。

③ 〔俄〕Л·Я·科萨尔斯等：《俄罗斯：转型时期的经济与社会》，石天等译，经济科学出版社，2000，第28页。

了俄罗斯商店里商品奇缺的情况，羞愧得恨不得一头钻到地底下，心想，我们一辈子都在工作，完成五年计划，但是，为什么我们什么都没有呢？"[①]

上述经济与市场供应状况成为苏联发生剧变的一个重要原因。

二 俄罗斯经济结构问题

可以明确地说，自俄罗斯独立以来，之所以经济发展如此起起落落，最后步入一个衰退、危机与较长的停滞或低速增长时期，一个主要原因乃是经济结构问题。下面我们对其 26 年来的各个时期做简要分析。

叶利钦时期俄罗斯出现严重的经济转型危机是各种因素作用的结果。关于俄罗斯经济转轨过程中，产生经济转轨危机的原因，有人仅仅归咎于"休克疗法"，例如，有人说："俄罗斯经济形势和经济转轨出现的问题，原因不在别处，而在'休克疗法'本身。""休克疗法""把国民经济搞休克了，把国家搞休克了，把人民搞休克了。"有人还说，"休克疗法"，是"醒不过来的噩梦"。长期以来，笔者一直不同意把俄出现的严重经济转轨危机仅仅归结为"休克疗法"的这个结论。笔者认为，叶利钦时期俄罗斯出现严重的经济转轨危机是各种因素作用的结果，而其中的一个重要因素是与苏联时期留下的经济结构问题有关。普京在《千年之交的俄罗斯》一文中，在回答这个问题时写道："目前我国经济和社会所遇到的困境，在很大程度上是由于继承了苏联式的经济所付出的代价。要知道，在改革开始之前我们没有其他经济。我们得在完全不同的基础上，而且有着笨重和畸形结构的体制中实施市场机制。这不能不对改革进程产生影响。"

---

① 《北京晨报》2002 年 3 月 7 日。

苏联经济结构严重畸形，军工部门过于庞大，80%的工业与军工有关。这严重制约了俄罗斯经济的发展，突出表现在两个方面：一是冷战结束后，世界军火市场大大萎缩，军工生产处于减产和停产状态；二是庞大的军工企业进行所有制改造与向市场经济转轨，要比民用企业难得多，因为军工产品的买主是单一的，即政府，在这种情况下，市场机制难以起作用，政府订货一减少，军工企业便陷入困境，从而对整个工业企业产生重大影响。这里，我们不妨列举一些资料具体分析一下这个问题。普里马科夫指出，苏联解体前军工领域各部门创造的产值占国内生产总值的70%。[①] 如此庞大、占 GDP 比重如此高的军工企业，在俄罗斯经济转轨起始阶段由于受前文指出的因素制约，在 1992～1993 年，武器生产几乎下降了 5/6，军工企业生产总规模下降 6/7。[②] 这里还应指出，与军工关系最为密切的机器制造业在叶利钦执政时期下降到 1990 年的 35%。上述几个数字告诉我们，占 GDP 70% 的军工生产下降了 6/7，这对俄罗斯在经济转轨初期经济增长率大幅度下降起到了很大的作用。还告诉我们，军工生产急剧下降，主要是国际形势的变化与军工企业转型的特殊性造成的。

再从对外贸易地区结构来看，苏联时期 60% 左右的对外经贸是与经互会成员国进行。1991 年经互会解散，导致俄与经互会国家的贸易锐减。与此同时，俄罗斯的产品在国际市场上缺乏竞争力，难以持续发展与西方国家的经济关系，这对俄经济的发展必然带来严重的消极影响。据有关材料分析，在经互会解散的 1991 年，苏联 GDP 下降的 50% 以上是由与经互会方面经济联系遭到破坏造成的。这里还要考虑到苏联解体后，原各共和国之间地区合作和部

---

① 〔俄〕叶夫根尼·普里马科夫：《临危受命》，高增川等译，东方出版社，2002，第 62 页。

② 〔中〕刘美珣、〔俄〕列·亚·伊万诺维奇主编《中国与俄罗斯两种改革道路》，清华大学出版，2004，第 350 页。

门分工的破裂对经济产生的严重影响。

这里可以看到，仅军工生产的大幅度下滑和经互会解体这两个因素，对俄罗斯出现经济转轨危机起了多大的作用，我想，已十分清楚了。

在普京前两届总统任期 8 年间，俄经济不断回升，出现了较快的发展态势，虽然这与普京执政以来一直把俄罗斯内外政策的着力点放在发展经济上有一定关系，但主要与能源等原材料产品价格大幅度上涨有关。"9·11"事件后，国际市场原油等原材料价格急剧上扬，对俄罗斯经济起了很大作用。国际市场原油价格从 1999 年的每桶 15.9 美元上涨到 2006 年的每桶 65.15 美元，2008 年油价虽然出现过暴涨暴跌，但年均价仍高达每桶 100 美元。国际市场原油价格上涨对俄罗斯 GDP 增长保持很高的贡献率。例如，2000 年俄罗斯出口石油 1.45 亿吨，比上年增长 7.1%，但石油出口收入却比上年增长 78.8%，为 253.3 亿美元。对此，普京明确指出，2000 年的经济增长"在很大程度上是良好的国际市场行情造成的"。[①] 俄罗斯政府认为，普京执政 8 年，经济增长的外部因素与内部因素各占一半，而经济学界普遍持不同意见。俄科学院院士阿甘别基扬于 2004 年 10 月 17 日在中国社会科学院俄罗斯东欧中亚研究所的一次报告中讲到，1999~2004 年 6 年间，俄罗斯 GDP 的增长率的 70% 是国际市场能源及其他原材料价格上涨的结果。

三 俄罗斯经济前景

在中短期内，俄罗斯经济形势仍是复杂而严峻的。俄专家在分析 2017 年 5 月普京批准的《2030 年前经济安全战略》时指出，对俄经济的主要威胁是：投资不足、原料依赖、中小企业 GDP 占比

---

① 《普京文集》(2002~2008)，中国社会科学出版社，2008。

不高、地缘政治局势紧张、腐败和贫困。俄政府力图从 2017 年开始达到 0.6% 或更高一点的经济增速从而走出危机后，其经济增速要接近甚至超过世界经济的平均速度。俄能否达到这个目标取决于多方面的因素，但主要取决于经济结构的调整。俄央行与盖达尔经济研究所的分析师们认为："抑制经济增长的主要因素在于结构。"① 俄储蓄银行分析师强调："如果不进行结构性改革，俄罗斯经济将每年增长 1.5%，GDP 翻番需要约 50 年。如果进行结构性改革，则增长速度将提高到 3.5%，GDP 翻番需要 20 年。"俄央行行长纳比乌林娜曾在国家杜马面前坦言："如果经济结构不发生改变，我们预测 GDP 潜在的增长速度将为 1.5% ~ 2.0%。"② 国际货币基金组织早在 2003 年的一份报告中指出："俄罗斯应该加大力度推进经济结构改革，只有结构改革才能保证经济的持续发展，并且减轻对能源领域的依赖。"③ 随着市场经济的发展、转型的深化，特别是为了使经济持续稳定的增长，产品在国际市场有竞争能力，应该说，普京也十分关注经济结构改革，要求俄罗斯经济的发展需从资源型向发展型转变，而实现这一转变，重要的一条是调整与优化经济结构。因此，普京执政后，在稳定经济发展的同时，特别重视经济结构的调整和与此相关的经济发展模式的转变。在制定的一系列社会经济发展纲要、政策等文件中，都强调了产业结构调整政策与具体措施。2003 年 12 月 18 日，普京在与选民的一次直接对话中讲："俄罗斯经济发展到了一个特殊的阶段，需要进行结构改革的阶段。"2006 年 5 月 10 日普京在总统国情咨文中说："我们已经着手采取具体措施来改变我国经济结构，就像人们过去大谈特谈的那样，要让我国经济具备新的素质。""我们目前需要一个能够

---

① 〔俄〕阿·库德林：《五个危险的迷思》，《生意人报》2017 年 5 月 22 日。
② 转引自程伟《俄罗斯经济新观察：危机与转机》，《国际经济评论》2017 年第 2 期。
③ 〔法〕《费加罗报》2003 年 7 月 2 日。

产生新知识的创新环境。"① 俄罗斯在调整与优化经济结构方面的主要设想与措施是：第一，要控制石油、天然气等采掘部门的生产规模，要大幅度提高非原材料与加工工业产品的生产与出口。第二，加速发展高附加值的高新技术产业与产品，即发展新经济。俄罗斯强调，要把发展新经济作为一项具有战略意义的国策加以实行。第三，积极发展中小企业。这是俄罗斯经济中的一个薄弱环节。第四，加快农业发展，促进农业现代化，提高农业生产技术水平。第五，改革与加强国防工业。加快国防工业技术向民用工业部门转移，并继续扩大军工产品的出口。

以上论述说明，不论是俄学者还是官员与国际经济组织，一个基本共识是：俄经济的主要问题是经济结构，其经济前景也主要取决于今后经济结构在多大程度上得到调整。这些都说明，研究俄罗斯经济结构具有十分重要的意义。有鉴于此，下面集中分析俄罗斯今后经济结构的调整趋势问题。

（一）相当一个时期内难以改变原材料密集型产业的重要地位

尽管俄罗斯经济结构在某些方面出现了改善的趋势，特别是三次产业比例关系有了大的变化，第三产业所占比重大大提高，2015年已占54%，但是，俄罗斯近几年来一直着力解决的一个主要问题并未得到实质性进展，即通过经济实行新型发展，快速发展高新技术与新兴产业，以促使俄罗斯从目前的资源出口型向以高新技术、人力资本为基础的创新型经济发展模式的转变。到目前为止，其经济的发展仍然主要依赖能源等原材料产业出口来支撑。2007年这些产品的出口占其出口总额的85%，2016年仅能源产品出口就占到其出口总额的63.8%。俄罗斯十分清楚，作为一个大国，

---

① 《普京文集》（2002～2008），中国社会科学出版社，2008。

其经济的发展不能长期依赖能源等原材料部门。俄罗斯亦很清楚地看到，能源部门的增长速度在放慢。尽管俄罗斯反复强调要改变经济发展主要依赖能源等部门的局面，但从经济转轨二十多年的情况看，上述局面不仅未能改变，而且在经济发展进程中"三化"现象也没有明显改变：一是经济原材料化，即经济发展依赖能源等原材料部门；二是出口原材料化；三是投资原材料化，即俄罗斯投资相当部分用于采掘工业。缘何出现这种情况，这是因为：一是从客观上讲，在严重畸形与落后的经济结构条件下，其不得不依赖丰富的自然资源，经济发展难以摆脱资源开发型的特点。不依赖自然资源，俄罗斯还能依赖高科技产业，出口大量新技术产品吗？当然不可能。二是能源等原材料产品在国际市场保持高价位，对俄罗斯来说有着极大的诱惑力。在实际生活中，俄罗斯不可能去控制能源等原材料部门的发展，而是通过这些部门产品的出口，赚取大量外汇，用来进口大量先进的机器设备，为改变经济结构与发展模式创造条件。三是用赚取的大量外汇，进口大量消费品来满足国内市场的需要，提高人民生活水平，从而稳定国内政局。四是能源产品大量出口，为增加财政收入、建立稳定基金与增加外汇储备提供了可能。五是还有一个不能忽视的因素，在当今世界，石油等能源的作用正被重新定位，它不只是具有重要的经济意义，其政治意义也越来越明显，在国际上成为重要的外交资本。近几年来，俄罗斯一直在追求成为国际上能源出口大国。在这种背景下，俄罗斯不可能放松能源部门的发展。

这里特别需要指出的是，俄罗斯过度依赖能源的情况在普京执政 16 年间是呈进一步发展态势的。1999 年俄原油、石油产品与天然气出口所占比例为 39.7%，而 2014 年则上升到 69.5%。对此，2008 年时任总统梅德韦杰夫在其《前进，俄罗斯！》① 一文中指出："20

---

① МедведевД.：《Россия，вперёд!》 – http：//xn－－d1abbgf6aiiy.xn－－p1ai/.

年来激烈的改革也没有让我们的国家从熟悉的原料依赖中摆脱出来。"
"简单地依靠原料出口来换取成品的习惯导致经济长期的落后。"

（二）制造业与加工工业严重衰退

从历史上来看，俄罗斯制造业与加工工业部门不断萎缩，与苏联工业特别是机器制造业 80% 与军工部门有关这一特点有关。

俄罗斯制造业部门严重萎缩，导致在这一领域进出口结构发生重大变化。1970 年苏联机器设备与运输工具出口占出口总金额的 24.81%，而 2014 年降至 5.0%。从俄罗斯对中国出口商品结构的变化也可说明俄机器制造业的衰退情况。在 20 世纪最后十年俄机器设备及交通工具在对中国出口总额中要占 10% 左右，其后逐步下降，2016 年下降到 4.3%。

对此，伊诺泽姆采夫认为：当今"俄罗斯不是一个工业体，而是资源经济体"。当今，俄罗斯工业部门的绝大部分产品依赖进口：机床制造业超过 90%，重型机器制造业达 60% ~ 80%，轻工业为 70% ~ 80%，无线电工业为 80% ~ 90%，制药和医疗行业为 70% ~ 80%。[①] 由于加工工业落后，俄一方面大量出口粮食（2014 年出口 2980 万吨），同时又大量进口食品与食品原料。1995 年该类产品进口占俄进口总额的 28.1%，其后占比有所下降，2010 年与 2014 年分别降为 15.9% 和 13.8%，2016 年食品与农业占比为 13.6%。从工业内部结构来看，在苏联解体前的 1990 年能源和原材料工业占整个工业产值的 33.5%，制造业占 66.5%，而目前前者约占 67%，后者约占 33%。特别需要指出的是，作为制造业中主要部门的机器制造业，经过 20 世纪 80 年代的体制转型与结构重组，其产量已降至 1990 年的 35%。

[①] 参见李建民《卢布暴跌成因、影响及中俄合作机遇》，《经济社会体制比较》2015 年第 1 期。

作为一个大国，没有强大的制造业与加工工业产品，很难想象能支撑其经济稳定、可持续发展。这一情况亦说明，俄罗斯面临再工业化的任务。可以说，俄罗斯通过再工业化才能使其产业结构升级和调整经济结构，从而才能保证经济持续稳定增长。问题是，当今俄发展制造业与加工工业面临不少困难。高新技术产业发展困难甚多。普京执政后一再强调要使经济朝着创新型发展，这无疑是正确的思路，亦是俄罗斯经济现代化的唯一选择，也只有这样，才能从根本上调整当前俄罗斯的经济结构。问题是，发展高新技术产业面临一系列难题：一是苏联时期留下的机械设备陈旧。到 2003 ~ 2004 年俄罗斯有 60% ~ 80% 的生产设备老化，需要更新。二是更新大量陈旧生产设备，需要大量投资。尽管近几年来随着经济快速发展，其投资有很大增长，但远远满足不了需要。还应看到，固定资产的投资主要用于采掘工业部门，对机器设备制造等决定经济技术水平部门的投资所占比重很低，1995 年占整个经济领域投资的比重为 0.7%，2000 年与 2001 年均为 0.8%，2002 年与 2003 年均为 0.7%，2004 年为 1.0%，2005 年为 0.9%，2006 年为 1.0%。2007 年在俄罗斯机器制造部门的外资仅占外资总额的 1% ~ 2%。三是科技适应不了高新技术产业发展的要求。苏联虽是科技大国，但这主要体现在军工领域，而民用工业大大落后于西方。在 20 世纪 80 年代中期就科技总体水平而言，苏联与西方发达国家水平相比要差 15 ~ 20 年。根据苏联电子工业部部长科列斯尼科夫的说法，苏联一直加以重点发展的计算技术，当时要落后西方 8 ~ 12 年。俄罗斯经济转型以来，对科技投入大大减少[①]，从而导致科技严重衰退，科技人员大量流失。1992 ~ 2001 年十年间，俄罗斯科技人员流失近 80 万人，其中 20 多万顶尖的科学家移居西方国家。正是在

[①] 例如，2001 年，以货币的购买力平价计算，俄罗斯用于研究与开发的费用总计为 123 亿美元，而法国为 314 亿美元，德国为 551 亿美元，日本为 982 亿美元，美国为 2653 亿美元。

这种背景下，普京强调要增加人力资本投入。另外，还应看到，目前俄罗斯工业企业中生产设备不足的占 18%。很多企业需要投资更新设备。消费品工业的设备老化更为严重，如轻工业部门固定资产更新率仅为 0.5%，设备更新非常缓慢，从而导致俄罗斯消费品产品质量与档次都处于低位，在国内外市场上缺乏竞争力。

（三）中小企业发展缓慢

从世界各国的情况来看，中小企业的发展，不论是对经济的发展还是对变革所有制结构都有着重要的作用，而且，在技术创新实现经济现代化过程中也有着不可忽视的意义。当今在美国等西方发达国家，中小企业对 GDP 的贡献率可达 50%，美国近 50 年来 GDP 的增长靠科技创新，主力是企业，特别是中小企业。在很多国家中小企业的产值占 GDP 总量的 50% 以上，就业人口的比重可达 90% 以上，占企业总数的 80% 以上。根据 2015 年 4 月普京的一次讲话中提供的数据，俄罗斯中小企业的产值占 GDP 总量的 21%，这远远低于西方发达国家。2009 年俄罗斯共有 160 多万家中小企业，比 1991 年增加了 4.6 倍，从业人数达 1120 万人，占经济部门从业人员总数的 16.6%（2008 年达 21% 以上），平均每个企业的从业人数为 7 人。2008 年，建筑部门的从业人员占总数的 30%，商业部门占 30% 以上，宾馆和餐饮部门占 27%[①]。2009 年中小企业对 GDP 的贡献率不超过 15%。从小企业的行业分布看，集中于商业和餐饮、旅馆业的小企业高达 45% 以上，而从事工业生产和科研创新的小企业仅略高于 10%。这说明，俄罗斯小企业在经济现代化中的作用十分有限。

应该说，俄罗斯自推行经济转型政策以来，对发展中小企业是

---

① 　 Раздел из книги《Российские реформы в цифрах и фактах》，изhttp：//kaivg. narod. ru. 2008 年和 2009 年占从业人员总数的比重相差较大，一是因为数据的来源不同，二是因为 2008 年的金融危机对中小企业产生了冲击。

重视的。1991 年 7 月 18 日俄罗斯联邦政府通过了《关于俄罗斯联邦发展和扶持小企业的措施》的法令，1995 年 6 月 14 日，俄罗斯又通过了《俄罗斯小企业促进法》，2007 年 7 月 24 日联邦政府颁布了《俄罗斯联邦发展中小企业法》，明确区分了中型、小型和微型企业的规模。

普京执政后，曾委托政府制订中小企业发展战略，目标是要使中小企业产值达到国内生产总值的 50% 以上。不仅要求中小企业成为纳税的主体，而且还希望通过发展中小企业改善经济结构，优化产业结构，调节市场需求结构，扩大就业，提高居民收入，提高企业的国际竞争力，维护社会的稳定。为此普京政府强调，俄罗斯经济中既要有大公司、大集团的发展空间，又要有中小企业的发展空间，以保持各种经济形式的合理比例，只有这样，才能真正建立起合理的结构和国家—私人伙伴关系。所谓的国家—私人伙伴关系是指让所有企业与政权保持同等关系，避免国家的家长作风和企业利用政权为自己谋利的可能性。根据俄罗斯学者的分析，这种伙伴关系具体包括六个内容：这种关系应该既有国营经济，又有私人经济；这种关系应该以正式文件（合同等）固定下来；这种关系应该是平等的；这种关系应该具有明确的共同目标与国家利益；伙伴双方应该为实现共同目标做出自己的贡献；伙伴双方应该利益共沾，风险共担。[①]

在普京时期，俄罗斯还通过了《反垄断法》《俄罗斯联邦行政法》《租赁协议法》《自由经济区法》《关于中小企业租赁联邦主体或地方自治体所有的不动产特别转让办法的法案》《进行国家和地方自治机关检查（监督）时保护法人和个体企业主权利的法案》《银行和银行业务法（修正案）》等法律文本，以便为中小企业的

---

① 参见〔俄〕Р. Г. 列昂季耶夫、М. В. 拉琴科《企业区域合作关系研究》，钟建平译，黑龙江教育出版社，2011，第 68 页。

发展提供法律保证。此外，普京时期俄罗斯还通过采取一系列规制金融寡头干预政治和操纵经济的措施，确保政策和法律的实施。①

俄罗斯中小企业发展缓慢的主要原因有：

（1）在转型过程中有关支持中小企业的一些机制法规，往往不能执行，即形成的各种制度起不到约束作用，政府部门往往把中小企业视为市场经济的副产品，有时甚至把中小企业视为政府的一种负担，是政府的"受抚养者"。

（2）中小企业一直存在着融资难的问题。尽管俄罗斯政府出台了不少解决融资难、税收优惠等服务性政策，但据有关资料表明，43%的中小企业认为需要政府帮助解决融资难的问题（中小企业吸收的外资占俄外资总额的3%~5%），67%的中小企业希望给予税收优惠，13.5%的中小企业希望政府提供信息支持。②

（3）官僚主义的行政审批手续以及经营环境不佳，提高了企业开业成本。2008年俄罗斯的企业经营环境排名处于世界的第120位。

（4）俄罗斯经济垄断程度高，很多重要经济领域如能源、矿产、交通基础设施等，中小企业很难进入。因此，小企业主要集中于商业和餐饮、旅馆业，这些企业要占45%以上，而从事工业生产和科研创新的小企业仅略高于10%。这里需要指出的是，由于上述原因，俄罗斯国有经济部门在不断发展，其经济规模现已超过GDP的70%，俄学者把它视为俄经济的第三个风险（第一风险为不稳定的石油市场，第二风险为不利的外交局势）。③

以上分析说明，俄罗斯调整经济结构与改变经济发展模式，使其符合经济现代化要求，并非易事，是一个长期的复杂的历史过程。

---

① 参见唐朱昌《俄罗斯中小企业发展缓慢的原因是什么？》，载陆南泉等主编《苏东剧变之后——对119个问题的思考》，新华出版社，2012。
② 〔俄〕Р. Г. 列昂季耶夫、М. В. 拉琴科：《企业区域合作关系研究》，钟建平译，黑龙江教育出版社，2011，第192页。
③ 〔俄〕马·谢列兹尼奥夫：《靠自己》，俄罗斯连塔网，2016年12月8日。

四 影响俄经济发展其他一些因素的分析

以上从经济结构今后调整的趋势与可能性分析了俄经济的发展前景，当然，影响俄经济发展的还有其他一些因素。

（一）全面实施进口替代政策对经济的影响

俄力图通过全面实施进口替代政策，发展本国制造业与加工业，以此来调整经济结构。西方国家制裁后，俄罗斯把实施进口替代政策作为经济工作的优先方向，并在2015年8月4日俄罗斯成立了联邦政府进口替代委员会，俄总理梅德韦杰夫亲自担任主席，下设民用经济与国防工业委员会。俄借西方国家制裁之际，下决心实施进口替代政策，计划到2018年，出口产品中深加工产品将增加1.5倍，将陆续出台扶持国内农业、轻工业、制造业的进口替代政策，在国内形成一个庞大的涉及各个行业的制造业集群。俄石油公司计划在未来3～4年使公司的国内设备使用率提高到75%以上。上述政策如能顺利实施，将对俄调整经济结构产生积极影响，也可能成为俄再工业化与经济现代化的步骤。从2016年俄罗斯经济发展情况看，随着工业生产的好转，其工业领域从国外进口的各种制品的总量已大量减少。实施进口替代政策以来，食品工业成效尤为明显，食品工业对危机的适应性指数达到了84%，猪肉、鸡肉实现完全自给并开始出口，国产肉类食品在供应总量中已达到89%，首次达到甚至超过食品安全学规定的肉类自给的门槛。俄罗斯化工产品（其中药品和化妆品为大头）年进口额达400亿美元。西方发起对俄制裁后，支持和发展本国药品生产被确定为国家政策的重点之一。俄国产药品的市场占有率上升。2015年该部门产值同比增长6.3%，其中化肥农药增长5%，化妆品增长26.7%，医药产品增长8.9%，而某些产品增长 10% 以上。俄罗斯化工企业力求在 3 年内将化工产品进口量减少 20% ~ 30%[①]。

另外，普京在实施进口替代政策时，为了减少民用产品的进口与改善国内市场的供应状况，决定军工企业增加民用产品的生产，2016 年军工企业中的民用产品生产占到 16.1%，2025 年将占 30%，2030 年不少于 50%。

应该说，实施进口替代政策对俄经济已起到了一定的积极作用。但要指出的是，这项政策的实施将会遇到不少困难，在相当一个时期缺乏资金是个重要的制约因素，再加上创新能力差，缺乏技术力量等因素，都使得进口替代政策对经济结构调整的作用短期内难以体现，需要有个较长的过程。因此，该政策在短期内尚不可能对俄经济发展产生大的作用。

（二）农业的作用问题

2016 年 12 月 1 日，俄罗斯总统普京在向联邦成员发表的年度国情咨文中指出，在过去，"农业就像某个黑洞，无论砸过去多少钱，都一无所获。"他认为，俄罗斯经过多年努力找到了解决农业问题新的途径与方式，并且已奏效。具体说，通过改革改变了农业发展模式，建立了灵活的农业生产商扶持机制，制定与出台了农业发展纲要。普京把 2016 年的农业视为最大的经济亮点。从 1999 年起，俄农业生产开始好转，2000 年和 2001 年增长率分别高达 7.7% 和 7.5%，从 2001 年开始，俄罗斯首次实现了粮食自给自足。当年俄粮食产量达到 8520 万吨，不仅满足了国内粮食需求，而且使俄再次成为粮食出口国，2001 年俄罗斯出口粮食 320 万吨。2002 年，俄罗斯粮食产量更是达到 8660 万吨，粮食出口

---

① 有关食品与化工的数据参引自李建民《俄罗斯经济已熬过严冬》，《瞭望》2016 年第 43 期。

1850 万吨，成为当年第五大粮食出口国。特别需要指出的是，近几年来俄罗斯农业有了很大发展，粮食产量稳定增长，2014 年、2015 年与 2016 年粮食产量分别达到 1.043 亿吨、9800 万吨与 1.19 亿吨。同期农业产值分别增长 3.5%、3% 与 4%。2015 年俄粮食出口 3390 万吨，2016 年为 4000 万吨。俄出口粮食以小麦为主，2015 年 7 月至 2016 年 6 月，俄小麦出口量达 2460 万吨，超过加拿大和美国。俄农业市场研究院院长雷利科表示，这是俄在现代历史上首次成为小麦最大出口国，俄有望在下一农业年度继续保持这一地位。2016 年俄农产品出口达 169 亿美元，这超过俄 2015 年武器销售额（145 亿美元）。俄副总理德沃尔科维奇称，"农业是近些年唯一稳步增长的经济部门，是经济增长的火车头。它不仅是增长的驱动器，而且是奠定基调和情绪的领域。2016 年俄农业生产增幅逾 4%，粮食收成超过 1.19 亿吨。俄农业部认为，鉴于油价下跌，粮食生产独占鳌头，'粮食是我们的石油'。"的确，这几年农业发展的良好态势，对俄经济发展与社会稳定起了不小作用，应予以肯定。但说农业对俄经济增长起到火车头作用，成了俄罗斯的石油，这显然是夸大了。农业在俄 GDP 中的比重从 1990 年的 17.7% 下降到 2000 年的 6.8%，后来逐步下降到 4%。很显然农业的作用是有限的，再说，俄罗斯农业发展的一个特点是不稳定。

（三）俄难以摆脱国际市场价格方面的压力

从国际市场油价情况看，今后一个时期，很难再出现较大幅度的回升。2016 年 8 月 17 日沙特王子断言，油价永远也不会回归 100 美元的高位了。石油市场出现两个明显特点：一是油价转入更加波动期，波动的趋势是下滑；二是恢复供需平衡的时间要比以前长。产生这两个特点的基本原因是，国际石油市场已出现的供过于求不仅继续存在，而且要比预期还大。特别需要指出的是，2015

年 12 月 18 日，美国解除了长达 40 年的原油出口禁令。近年来，在页岩气革命的推动下，美国原油产量大幅增加，2017 年美国出口的天然气可能超过其进口量。美国已向中国出口石油，2017 年中国从美国进口石油可能达 10 亿美元。

（四）不利的国际大环境

从今后一个时期面临的国际大环境来看，其对俄罗斯仍存在诸多不利因素。一是俄与西方特别是与美国的关系短期内难以改善。2017 年 7 月 27 日美国参众两院以压倒性优势先后通过了对俄、伊朗与朝鲜的制裁法案，值得注意的是，该议案限制了美国总统解除对俄制裁的权力。就在 8 月 2 日上午，美国总统特朗普签署了一项针对俄罗斯、伊朗和朝鲜三个国家的制裁法案，这项法案就此正式生效，成为法律。这成为 2014 年以来对俄规模最大和最全面的制裁，从而使美俄矛盾全面激化。这将进一步恶化俄美关系。看来，在可预见的未来，俄美关系改善的可能性不大。俄外交部表示，无论怎样威胁或施压，都不能迫使俄罗斯改变自己的路线或者不按国家利益行事。考虑到特朗普肯定会签署通过新一轮对俄制裁法案，普京在该法案签署前，就宣布驱逐美国 775 名外交官。普京在一次讲话中说，这次美国新的一轮制裁，可能影响俄 GDP 下降一个百分点。二是从世界经济现状来看，仍是复苏乏力，不容乐观。世界经济不景气，必然影响俄能源出口。三是近几年来，国际经济政策日趋政治化，突出表现为"逆全球化"贸易保护主义、竞争性的货币政策与汇率政策在发展。

根据以上对各种因素的分析，俄罗斯经济虽已走出危机，但在相当长时期仍处于结构性停滞期，这期间经济处于低速增长，但也不能完全排除出现负增长的可能。应该说，当今与今后一个时期，俄罗斯经济形势是严峻的。

俄罗斯"向东转"战略下的远东发展模式

于小琴[*]

俄罗斯于 2012 年在符拉迪沃斯托克召开亚太经合峰会,是俄罗斯"向东转"战略的标志性事件。近年来,基于国内形势和国际环境的变化,俄罗斯对远东的关注度不断提高。除了此前出台的《2025 年远东及贝加尔地区社会经济发展纲要》外,2012 年 5 月,俄罗斯政府设立了远东发展部,专门领导远东经济发展。2014 年俄联邦成立了以梅德韦杰夫总理直接领导的远东社会经济发展问题委员会,研究并解决远东经济中出现的问题。2014 年 12 月 20 日,普京总统批准了《俄罗斯联邦社会经济超前发展区法》,至 2016 年初,远东获批 16 个超前发展区。2015 年 7 月,普京总统批准《符拉迪沃斯托克自由港法案》,自 2015 年末生效,自由港将简化签证制度,外国公民自 2016 年 7 月 1 日后,可免签入境 8 昼夜。

自 2014 年以来,因乌克兰问题俄罗斯与西方国家关系紧张,欧美国家对俄罗斯实行经济制裁,限制西方的资金和高新技术进入俄罗斯,尤其在油气领域。俄罗斯总统普京指出,加快远东与亚太地区的融合是 21 世纪俄罗斯优先发展方向。俄罗斯"向东转"战

---

[*] 于小琴,黑龙江大学俄罗斯研究院副研究员。

略主要有两方面，对外扩大与亚太国家尤其是东亚国家的政治经济合作，对内发展远东地区。可以说，俄罗斯"向东转"战略中，对外关系与国内政策密切互补。

一 俄罗斯"向东转"战略出台背景

历史上，俄罗斯在帝俄时期、苏联时期曾多次尝试过"向东转"政策，主要通过建设西伯利亚铁路和贝阿铁路、修建水电站、建立科研学术中心以及开采北部地区油气等措施，开发西伯利亚和远东广袤土地。尽管东部开发取得了一定成绩，形成了东部地区稳定人口，但该政策主要依靠大量的财政补贴来吸引人口，而不是形成地区产业基础和科技创新能力，缺少一定的可持续性，最终难以避免20世纪末地区经济下降带来的人口急剧外流。

当前国际背景下俄罗斯的"向东转"战略与以往的东部开发政策背景有所不同。先前的远东大开发着眼于国家外部地缘政治战略需要，而当前"向东转"战略主要基于国内外环境，首先是国内经济发展客观需要，其次是西方经济制裁加速了该战略的实施。乌克兰危机之前，2012年俄罗斯总统普京已提出要借中国发展的东风扬俄罗斯经济之帆的思想，并将"向东转"战略列为俄罗斯国家发展的重要方向。① 可以说，"向东转"战略出台是在国内经济发展客观需要和国际环境变化两方面合力下促成的。俄罗斯融入亚太不加快发展西伯利亚和远东是不可能的，而这一发展如果不积极利用国际合作机制也无法实现。另外，亚太国家对俄罗斯也存在经济和政治上的需求。可以说，西方国家对俄罗斯的制裁加速了俄罗斯"向东转"的步伐，一定程度上也促进了俄罗斯与亚太国家

---

① И А Макаров Поворот на Восток: развитие Сибири и Дальнего Востока в условиях усилени азиатсткого вектора внешней политики России М. , изд. Международные отношения 2015 г.

的接近。中国作为亚太经济的"火车头",中俄两国的交好不仅能够扩大亚太地区对世界政治进程的影响力,而且在"丝绸之路经济带"和"欧亚经济联盟"对接的框架下,以金融合作以及交通基础设施建设为率先领域,两大国间的交好还能够有力促进"大欧亚共同体"密切合作。

外交领域,俄罗斯加强了与亚洲国家的联系,包括与中国、印度、越南、朝鲜半岛国家的联系。俄联邦中央对内深化了两方面进程:一方面,推动远东的社会经济发展创新模式,如设立超前发展区和自由港,最大化减轻税负及国家最大化参与基础设施建设、改善投资环境等;另一方面,俄中央加快了边远地区的政治化进程,如更换地方行政首脑、严厉反腐等。

二 从对外政策层面解读俄罗斯 "向东转"战略

1. "向东转"的溯源及俄罗斯的"向东转"

"向东转"战略源自冷战时期德国总理维利勃兰特提出的"新东方政策",该政策打破了德国与苏联及其盟国的外交僵局。现代国际政治中还有两次"向东转"的国际案例,匈牙利总理维克托欧尔班提出"向东方开放政策",扩大了匈牙利与俄罗斯及其他欧亚国家的政治和经贸联系;印度总理纳拉辛哈拉奥在 1991 年提出"向东看"战略,主要思想是先面向扩大与东盟各国的对外经济联系,而后再将其向亚洲国家推广。在新的国际形势下,俄罗斯"向东转"战略意味着地缘政治和经济重心向东转移。

理论上,俄罗斯"向东转"战略出台在乌克兰危机之前。可以说,俄罗斯的亚太战略最初是为了促进俄罗斯亚太政策的实施以及巩固俄罗斯在远东地区的地位,加强俄罗斯在国际事务和世界经济中的地位。2000 年普京就任俄罗斯总统,政治上,俄罗斯加强了对华合作，不仅扩大了双边贸易联系，而且还夯实了两国在国际上的战略协作伙伴关系。作为中国最大的邻国，俄罗斯总统普京对中国创造的经济奇迹以及中国国际地位的上升持肯定态度，他在《俄罗斯与变化中的世界》一文中表示，俄罗斯对中国的和平崛起持肯定态度，与华合作能够有力促进俄罗斯的发展。[①] 2001 年 6 月 16 日，俄罗斯与中国签订了双边睦邻友好合作协议，双边战略协作伙伴关系从期待变为现实。普京的东方政策意味着俄罗斯外交政策"向东转"的启动。俄罗斯在对亚洲国家的外交方面，2014 年 5 月，俄罗斯、白俄罗斯和哈萨克斯坦签订了建立欧亚经济联盟的协议，2015 年亚美尼亚和吉尔吉斯斯坦加入。俄罗斯与中国确立了比过去更加紧密的联系，2015 年 5 月，中俄在地中海进行了海洋合作军事演习。俄罗斯加强了与朝鲜半岛国家的联系，另外，俄罗斯大幅调整了对上海合作组织的政策方向，在乌法举行了金砖国家峰会，于 2015 年夏季吸收印度和巴基斯坦两国加入上海合作组织，这些事件意味着俄罗斯在多边外交活动中开始"向东转"战略。

2. 俄罗斯国内对"向东转"的观点与共识

当前，俄罗斯少数人士对"向东转"战略存在不安与疑虑，认为该战略存在风险，是应对西方经济制裁的短期之举，最终还将面向欧洲。这一隐忧在于"中国人口威胁论"及"中国经济扩张论"等不实论调的传播，尽管统计数据早已表明，俄罗斯东部的中国人口远少于帝俄时期，但俄罗斯媒体上仍存在俄罗斯将被迫沦为"中国经济附庸"的说辞。俄罗斯历史学博士、俄科学院远东分院 Гарусова Л. Н 从大国关系的角度出发指出，随着中国国力提升，美国和中国作为两大竞争对手，在亚太地区展开了政治和经济的博弈，俄罗斯处于被边缘化的地位。一定程度上带有反美色彩的"向东转"战略成功概率不大，俄罗斯主要的政治经济利益仍集中在欧洲地区。

---

① См. : Московские новости. 2012. 27 февраля.

俄学界多数人士认为,俄罗斯"向东转"战略是被迫条件下的必需选择。俄罗斯政治学家 Борис Межуев 从文明认知角度出发,认为 2014 年出现了俄罗斯对文明认知的颠覆,先前的外交政策环境发生了根本性变化,与欧洲国家关系恶化严重影响了俄罗斯的经济预期,俄罗斯作为 G8 成员国地位面临危机,俄罗斯"向东转"战略是国际环境变幻下的必要选择。俄罗斯学者 Тренин Д. В. 认为,俄罗斯的欧亚战略发生了质变,取代先前由欧盟和以俄罗斯为首的欧亚经济联盟组成的"大欧洲"战略,开始了"大亚洲"战略。俄罗斯高等经济学院东方学系主任马斯洛夫认为,俄罗斯"向东转"战略不仅指面向中国,还要促进与印度、越南、印度尼西亚等国家的友好合作,加强与日本的经济联系。当然,中俄两国是长期战略协作伙伴关系,在两国贸易、国家间关系以及企业间合作方面,中国是俄罗斯重要的合作伙伴。

俄罗斯总统普京在 2014 年 10 月的"瓦尔代"俱乐部上着重指出,俄罗斯的亚洲政策并非从乌克兰危机开始,也并不是俄罗斯与西方的博弈手段,而是长期战略优先方向,因为亚洲国家在世界政治和经济中占据越来越显著的地位,并且俄罗斯亚洲地区的广阔领土是俄罗斯重要优势所在,俄罗斯没有理由不利用这些优势来谋求国家发展。

3. 俄罗斯"向东转"的必要性

从亚太国家对俄罗斯态度方面,在事关美国和欧盟坚决支持乌克兰独立以摆脱俄罗斯影响的事件中,中国采取了支持和同情俄罗斯的态度。亚太地区多数国家对俄罗斯本着实用主义原则,反俄情绪并未真正扩展,这也为俄罗斯"向东转"提供了条件。[①] 在西方制裁条件下,俄罗斯把中国视为本国油气产品重要的销售市场,而进口中国农产品则在一定程度上弥补了俄罗斯市场农产品短缺。俄

① Петровский В. Россия и Восточная Азия в контесте украинского кризиса:《нет》манциям,《да》новому миропорядку//Международная жизнь. С. 52.

罗斯全球问题研究所所长、俄罗斯经济学博士 Делягин M. 提出，俄罗斯和中国战略互补，应在团结和竞争中谋求共生，两国应携手共同制定人类发展问题的解决方法，达成国际共识。[①] 俄罗斯科学院院士、俄科学院远东分院亚太地理所所长 Бакланов П. Я. 在"俄罗斯的东部政策及其政治经济影响"的圆桌会议上指出，俄罗斯早已转向东方，基于远东经济地理的特殊性和地缘政治的重要性，必须与亚太地区紧密合作。[②]

4. 俄罗斯"向东转"的矛盾因素

俄罗斯能否将"向东转"战略真正落到实处尚存在很多不确定因素。首先，客观上，由于历史、文化、地缘政治以及经济因素，俄罗斯不能做到完全的向东转向。俄罗斯科学院东方学研究所近东和中东研究室主任、教授、历史学博士 Белокреницкий В. Я. 指出，文化上、历史上以及地缘政治上，俄罗斯既属于西方，又属于东方，不能将其纯粹地归于西方或东方。其次，当前向亚洲转向更多的是具有宣言性质，并未具体落到实处。再次，俄罗斯面向亚洲作为长期规划，并未设定时间框架，并且该项规划很大程度上属于经济层面的规划。最后，从国家安全和地缘政治角度来看，实际上，俄罗斯仍保持着先前重视欧洲兼顾亚洲的传统，西方矢量在其对外政策中仍占有极其重要的地位。俄罗斯政治学家 Борис Межуев 对此坦言，俄罗斯此次转向还算不上真正的"向东转"，只是俄罗斯在西方金融市场受限、高新技术禁入的情况下，试图在东方寻求支持，以弥补空位。[③]

---

① Делягин M. В контексте глобальной трансформации. Российско-китайское сотрудничество в XXI веке//Свободная мысль，2015. №3（1651）. C. 9 – 10.

② Ларин В. Л.，Герасименко А. П. Восточный вектор российской политики и его полические и экономические последствия//информационно-аналитический бюлетень "у карты Тихого океана" №38（236）. с. 5.

③ Внешняя политика-2014：Россия вспомнила о суверенитете//Свободная пресса，29. 12. 2014г. http：// svpressa/ ru/politic.

三 从东部地区新举措看"向东转"战略

2013 年俄罗斯总统在年度总统国情咨文中强调,东部振兴是
21 世纪的国家方向,同时调整了远东管理团队,任命特鲁特涅夫
为总统驻远东全权代表,加卢什卡为新任远东发展部部长。同年
10 月,梅德韦杰夫在共青城召开的政府远东发展工作会议上表示,
俄罗斯当前的远东政策没有带来预期效果,有必要尝试新的远东发
展模式,通过建立超前发展区来改善投资环境,吸引投资者。[①]

1. 构建远东新的管理体系

(1)俄政府扩大远东发展部的全权,赋予远东发展公司和远
东及贝加尔地区发展基金会以具体任务,落实国家规划,大力促进
超前发展区建设。

2014 年 3 月,俄罗斯政府签署了远东发展部的新全权,其主
要职能是吸引投资和落实联邦专项纲要,以促进中小企业发展,吸
引劳动力资源,提高远东竞争力。在新全权范围内,远东发展部参
与修订了先前对远东关注度极低的一些国家规划。远东发展部副部
长 Степанов К. И. 指出,远东发展部开始通过实施一些国家专项
规划,来缩小远东与其他地区在卫生保健、社会保障、住房和公用
服务等方面的差异。远东发展部的组织机构将分设于哈巴罗夫斯
克、符拉迪沃斯托克及莫斯科,总部设在符拉迪沃斯托克。

2015 年远东发展部设立了远东发展公司和远东及贝加尔发展
基金会两个新的隶属机构。远东发展公司的任务是组织超前发展区
建设,吸引投资和支持出口,与投资者和出口商协作,吸引人力资
源。远东及贝加尔发展基金会隶属于对外经济银行,其主要任务是

---

① Макарв И А Поворот на восток: развитие Сибири и Дальнего Востока в условиях
усиления азиатского вектора внешней политики России М., Международные
отношения, 2016. с. 205.

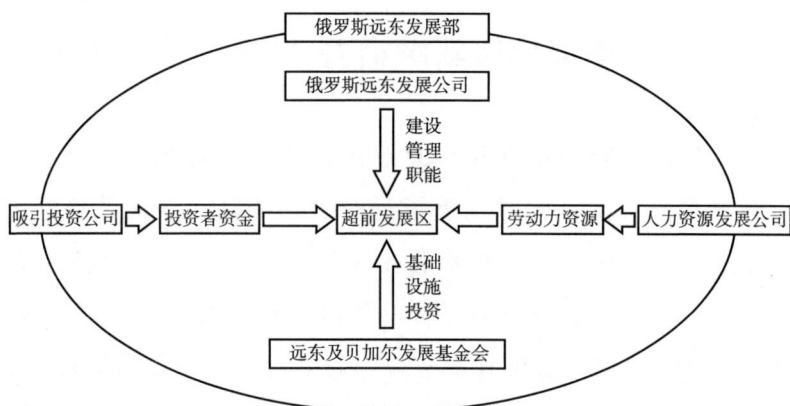

图 1　远东超前发展区管理机构运作模式

资料来源：根据俄罗斯远东发展部资料制作。

配合远东发展部，对大型基础设施项目及新企业进行投资。2014年 10 月，Чекунков А. О. 被任命为远东及贝加尔发展基金会会长，上任伊始，他强调，促进远东发展是基金会的首要任务。2014年 12 月，普京总统授命，通过返还部分联邦税的方式，促进远东及贝加尔发展基金会资本增长，并以联邦法形式确立下来，这是地区急需的分散国家税收新体制。尽管目前基金会掌握资金不多，但这一趋势对地区发展更为有利。具体来说，基金会资助的一些合作规划提供了一种国家担保，远东发展基金会计划参与超前发展区规划，建立现代化的基础设施。当前，基金会参与的第一批计划包括阿穆尔大桥建设项目、哈巴罗夫斯克新机场航站楼项目以及两个金矿的道路铺设项目。

（2）每年在符拉迪沃斯托克召开东方经济论坛，旨在吸引投资，活跃地区的商业积极性。

为了提高对远东项目的关注度，俄政府决定每年在符拉迪沃斯托克召开东方经济论坛，吸引各国投资者，推介地区项目。该论坛在 2015 年 9 月 3～5 日首次召开，论坛接待了 32 个外国官方代表团及大型公司代表，签订了 80 多个协议，协议总额 1.3 万亿卢布。尽管该论坛也存在组织方面的系列问题和不足，但对远东吸引外资无疑是一个重要推动。

2. 在产业集群理念下建设超前发展区与自由港

俄罗斯总统普京强调，建立有特殊引资条件的超前发展区网络和自由港、组织面向出口的非原料生产体系对发展远东意义重大。他指出，有必要扩大超前发展区数量，尤其对单一城市设超前发展区更为必要。俄罗斯需要很好地利用东部地区潜力加强与亚太国家的联系。建立超前发展区的主要目的是促进地区的创新发展，进而带动全俄经济的发展。每个所设立的超前发展区面向一定产业现代化，如"阿穆尔州沿岸"超前发展区，将建设石油化工厂，促进石化产业集群的发展；滨海边疆区的"纳杰日金斯基"超前发展区将建设食品加工及物流集散地。在建设超前发展区网络的格局下，促进远东金属制造业、航天业、农工业、物流运输等产业发展，形成产业集聚和规模经济。

（1）超前发展区建设

2014 年 12 月俄罗斯通过了《俄联邦社会经济超前发展区法》，自 2015 年开始选择实施平台。在特鲁特涅夫主持下，俄罗斯政府成立了远东和贝加尔社会经济发展问题政府委员会，针对投资项目问题成立了分委会。至 2016 年初，远东地区共建立超前发展区 16个。选择标准主要看当地是否存在项目实施需求，基础设施建设项目是否有明确论证（见表 1）。

①形成产业集群是建立超前发展区的主导思想。

建设超前发展区思想是将有利条件集中在远东更有前景地区，发展产业集群，先点式，而后网状，以点带面，带动整个地区发展。俄罗斯投资环境风险很高，尤其是处于社会经济危机中，官僚主义、腐败、工程联网程序不透明、交通基础设施不足、税收制度

表1 远东主要超前发展区建设动态

地区	超前发展区	发展方向	私人投资额/预算投资额（亿卢布）	所创造岗位数	申请入驻企业
哈巴罗夫斯克边疆区	哈巴罗夫斯克	工业型	345.1/24	4500	西伯利亚水利建设托拉斯、东方 - 聂瓦达、能源集团、MTE 集团、远东因科姆木材公司、日本 JGC 常青公司、日本 SOJITZ 公司、新加坡保利 Bituina 公司
	共青城	工业型	116.5/12	2600	艾普森龙 - 2、共青团肉联厂、远方能源、MTE 金融、阿穆尔森工公司
滨海边疆区	纳杰日金斯基	工业物流型	67.3/39	1600	远东因科姆、滨海糖果公司、东方 - 涅瓦达公司
	米哈伊洛夫	农业	390.3/44.4	2401	农业投资公司
	大卡缅	造船		7500	俄罗斯石油公司、美国通用电力公司
阿穆尔州	阿穆尔州沿岸	工业物流型	1289/0	1530	阿穆尔 - 石化公司、中国梦兰星河能源股份有限公司、俄罗斯国家原油公司
	别洛戈尔斯克	农业	14.5/0.86	275	阿穆尔州农业中心
堪察加边疆区	堪察加	工业、物流、旅游	281/83	2918	俄罗斯农业公司、mercy treyd 公司
楚科齐自治区	白令戈夫斯基	开采工业	80/0	450	澳大利亚泰戈尔煤炭公司、俄罗斯直接投资基金会
萨哈共和国	坎加拉瑟	工业型	111/2	350	贝戈公司、艾戈普拉斯特公司、萨哈 - 利普斯涅尔公司等

资料来源：根据远东发展部数据及俄联邦各联邦主体官方网站数据制作。

不稳定严重影响外资进入。超前发展区主要是将投资障碍降到最小化，率先形成试点式的协调制度。毋庸讳言，远东在商业投资条件方面严重落后于亚太相邻地区，制定超前发展区法时也考虑到了远东的实际情况，其出发点是建立地区投资条件和商业管理条件的标杆，超前发展区的投资环境各项参数应不低于亚太地区的领先国家。

②超前发展区减少行政壁垒的同时，加强税收优惠刺激，提高企业收益，降低风险。

超前发展区是远东发展政策的主要体现，意味着远东发展新模式。尽管超前发展区的前景并不明朗，但超前发展区并非新事物，它与先前的自由经济区以及 2005 年启动的特别经济区类似，自由经济区以及大部分的特别经济区的发展结果以失败而告终，因而，超前发展区建设伊始，社会上就存在一种隐忧，局部的税收制度改善和行政审批绿灯很难弥补不利的投资环境带来的弊端。与特别经济区相比，超前发展区提供了更为有利的投资条件，去除行政壁垒。据调查，外国投资者在俄罗斯投资最担心的是行政壁垒，行政壁垒对投资意愿的阻力远大于税收优惠的吸引力。当然，超前发展区建设旨在去除行政壁垒，不能仅靠颁布一些空头的法律，而应在实践中具体贯彻落实。

超前发展区减少行政壁垒包括 10 个方面的措施：第一，减少检查时间。第二，实行投资者"一个窗口"原则。第三，减少国家生态检测期限，控制在 45 天内。第四，建立和扩大超前发展区简化土地征用程序。第五，超前发展区范围内，自由海关区的海关程序普及化。第六，俄联邦政府规定，允许在超前发展区开办学校。第七，超前发展区内实行优惠的租赁费率和工程联网费率。第八，吸引外国劳务没有配额限制。第九，为形成链条式建设，扩大地役权依据。第十，超前发展区内为行医人员以及提供医疗救助提供更多方便。

税收刺激措施包括免征联邦利润税。10年内,地区利润税率不应超过5%,10年后不超过10%。另外,对超前发展区的入驻企业免征增值税和生产物资进口税,比如原料、材料和服务等进口税。3年内入驻企业保险费率为7.6%,免征财产税。减少行政壁垒、加大税收优惠可有效提高企业收益,降低投资风险(见图2)。①

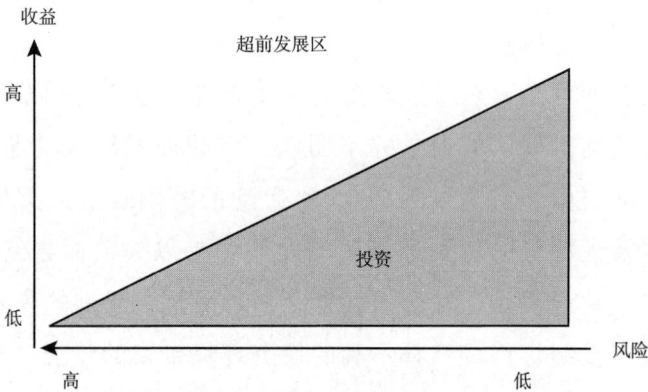

图 2 超前发展区企业风险与收益示意

资料来源:根据俄罗斯远东发展部资料制作。

③远东部分条件相对成熟的超前发展区已初见成效,如滨海边疆区的大卡缅超前发展区。

超前发展区建设集中体现了发展产业集群理念,远东造船业在全俄占据重要地位,打造造船产业集群,降低成本,形成规模效应是远东发展的重要方向之一。滨海边疆区大卡缅超前发展区依托先前的"星星"造船厂,拥有熟练的技术人员,国家承担了基础设施建设投资,主要投资企业为俄罗斯石油公司和美国通用电力公

① Печерица В. Ф. Территории опережающего развития приморья: певый опыт становления. http://www.cdprim.ru/132 – administratsiya – primorya – podpisala – soglas018henie – s – yakornym – rezidentom – tor – nadezhdinskaya.

司,生产大吨位北极科考船及海上钻井平台,目前俄罗斯石油公司已接受212艘船只订单。大卡缅造船集群不仅能成为油气和造船产业的龙头,还将推动俄东部系列产业发展。

④超前发展区模式弊端在于平台选择程序不透明,内部竞争不公开,安全因素压倒经济需求。

2014年远东发展部提出建立超前发展区的候选名单,但选择过程始终未公开,据部分俄罗斯专家称,平台的选择存在地区和公司幕后操作的因素。超前发展区与其他地区发展机制相互协作方式不甚明了,如超前发展区和自由港竞争的协调问题。无疑,建立超前发展区是促进远东发展的一大推动力,但这仅是第一步,尽管当前国外投资进入不多,但投资潜力很大。令人担忧的重要方面在于安全层面不断威胁着经济拓展,远东是俄罗斯地缘政治战略地区,其开放程度应服从于国家安全战略,而非单纯的经济发展需求。

(2)符拉迪沃斯托克自由港建设

据远东发展部消息,地域上,符拉迪沃斯托克自由港不局限于符拉迪沃斯托克市,而是包括15个市立行政区划,覆盖滨海边疆区南部,自东方港到扎鲁比诺港区域,邻近中国,面积2.84万平方公里,人口140万人。自由港所辖范围不包括设立的特别经济区和超前发展区,其含义不仅是一个有着自己独特规则的交通枢纽城市,还是一个综合发展中心。

为了充分利用符拉迪沃斯托克峰会期间建设的基础设施及旅游资源,吸引外资,以带动滨海边疆区乃至远东经济发展,2015年7月,俄罗斯总统普京签署了《符拉迪沃斯托克自由港法案》。根据这项法案,自由港将在税收、海关和检疫等方面为入驻企业提供政策支持和优惠。该港口将最大化地简化船只过境手续,对外国商品加工区产品组织再出口和国内转运。自由港内提供利润税优惠:5年内免征财产税和土地税;10年内免征联邦预算利润税,优化地区预算利润税,具体措施为前5年利润税不超过5%,其后10年不超过 10% ；预算外社会税从原来的 34% 降到 7.6% ；实行"一个窗口"的海关制度。①

自由港法律规定，自由港范围内可开设外国医疗诊所及教育机构。根据远东发展部对《符拉迪沃斯托克自由港法案》的修正案，符拉迪沃斯托克自由港区域扩展到萨哈林州、堪察加、楚科奇和哈巴罗夫斯克边疆区，商品免征进出口关税，滨海－1 和滨海－2 国际运输走廊也纳入自由港区域内。这样可以很好地保障来自中国东北货物向滨海边疆区各港口装船并运往亚洲地区。

此外，自由港简化了签证制度，实行 8 日免签，这一举措将推动国外入境游发展，促进娱乐和服务产业发展，为本地居民提供更多的工作岗位。俄罗斯专家认为，超前发展区和自由港的建设在推动面向出口行业的同时，也会对当地经营主体产生一定的限制，但自由港模式不仅加强了与俄罗斯经济融合度，还促进了与亚太经济一体化进程，将形成独立的经济增长点。

3. 支持面向出口的大型投资项目

远东发展新模式的一个重要方面是支持大型投资项目，这些项目主要集中在资源领域，与超前发展区制度一样，将有力推动地区经济发展。2014 年 10 月，俄罗斯政府制定并批准了项目选择的标准体系。该体系包括 3 个标准：第一，国家投资和个人投资的比例；第二，上交国家预算的税收与上交国家社会基金费用比重；第三，项目完成设计能力后，第二年的增值成本大小。2015 年 2 月，远东批准了 6 个投资项目，其中 3 个项目是在东方经济论坛上签署的协议（见表 2）。在投资项目选择上，俄罗斯存在具体执行标准不统一的问题，项目拒批原因不透明，存在院外游说的可能。

---

① В порто-франко со своим уставом ： во Владивостоке появиться свободный порт，http：//www. rg. ru/2015/04/03 / port. html.

表 2 俄罗斯远东主要优先投资项目一览

投资项目 地区	投资企业	个人计划投资(实际已投资)(亿卢布)	预算投资/已实现投资(亿卢布)	2014~2015年税费(亿卢布)	增值成本(亿卢布)	创造岗位
"伊纳格林斯克"开采冶炼综合体 萨哈共和国	雅库茨克煤炭新技术公司	228.7 (26.5)	5.6	128.8	46.5	1200
瓦尼诺港煤炭装卸综合体 哈巴罗夫斯克边疆区	萨哈运输公司	190.7 (24.9)	32.8	247	77	450
煤炭开采和精选项目	乌尔加尔煤炭	237 (159.2)	15.5	138	61.7	2451
谢列姆金斯克区采金 阿穆尔州	彼得罗巴甫洛夫斯克集团公司	365 (237)	56	266	48	3000
奥泽尔诺夫斯基金矿开采加工厂 堪察加边疆区	西伯利亚金属切削联盟	122 (24.8)	12	32	43	600
塔约日内一期开采冶炼加工厂 萨哈共和国	季米尔开采切削公司	122 (48)	16.2	64	25	600
总计		1265.4 (520.4)	138.1	875.8	301.2	8301

资料来源：根据远东发展部数据整理制作。

四 俄罗斯"向东转"战略存在的问题及远景

当前，俄罗斯"向东转"举措仅是一个开始，俄罗斯"向东转"战略旨在发展远东和西伯利亚地区，2014 年俄罗斯启动了以超前发展区建设以及支持面向亚太出口的投资规划为优先方向的远东发展新模式。但是在国际市场能源价格下降、卢布贬值、经济下降、西方制裁等多重因素影响下，俄联邦对远东大型投资规划支持一度延缓。2014年9月，俄联邦总统普京批准国家支持远东超前发展区建设的一系列文件以及一揽子远东投资规划，为东部地区发展注入了新动力。

1. 存在的问题及我国与其对接合作应防范的风险

首先，在确定远东超前发展区具体发展方向时，其政治考虑压倒经济需求。因而，国外投资者应充分了解俄联邦和地方法律，做好项目可行性论证，对投资项目未来应有一定的把握。

最初，设立超前发展区的考虑基于大量投资项目集中在相互邻近地区，选择优势地区设立投资平台，以方便相互协作。但后来，俄罗斯政府通过了将超前发展区普及到全俄范围内的决议，普京总统其后又提出，在单一职能城市中设立超前发展区，投资新项目。2015年末俄罗斯政府工作会议提出，超前发展区制度将推广到俄罗斯岛及千岛群岛。广泛设立超前发展区的前景令人担忧，其结果将无异于先前特殊经济区的不成功尝试。总结设立特殊经济区的教训之一是在发展不利地区出于政治和社会人文考虑而开展建设，最终导致失败的结局。汲取特殊经济区建设的经验教训，超前发展区以及优先投资项目的选择应满足先前制定的经济标准。鉴于此，外国投资者应详尽考察超前发展区状况，选择有前景的超前发展区，对所投资项目的未来应有一定的把握。[①]

其次，俄罗斯东部超前发展地区的建设数量未最终明确，俄罗斯近年来紧缩的财政应对大区建设任务艰巨，吸引投资任务迫切。

建立超前发展区、国家最大化参与地区基础设施建设、支持面向亚太出口的投资项目等举措需要国家大量投入，以改善投资环

---

① Иванов А. В. Сибирь и Дальний Восток в интеграционных процес саъ АТР в новыъ условиях//Мировая политика：старые проблемы и новые вызовы. Выпуск№4（13）. 2015. с. 16.

境，吸引投资者。国际油价下跌、西方市场融资受限使俄财政吃紧，兼顾对克里木半岛投资也使得俄财政难以加大对东部的支出。据统计，从 2014 年 9 月开始，俄罗斯对超前发展区的预算支出大幅减少。① 俄罗斯在全俄经济形势萧条背景下，尽管对东部地区更为关注，但联邦财政能否持续为大区建设注资尚不得而知。俄罗斯时政评论员 Габуев А 指出，就俄罗斯目前东部地区政策来看，"向东转"所取得的实际成效不大，吸引外资水平低，主要因素在于不稳定的经济政策、弹性的卢布汇率、腐败、官僚主义等，如果不从投资者主要关切出发，很难吸引外资、达到发展远东的目的。

再次，俄罗斯远东地区的投资环境落后，开放程度低，限制了外资进入。

俄罗斯远东地区尽管投资潜力巨大，但存在基础设施不完善、劳动力不足等问题。另外，远东地区腐败高发，行政效率低下，工程联网困难，法律制度不健全，开放程度低，这些问题从不同程度上影响了外资进入。

腐败是投资项目不能如期完成的主要因素，据调查，每 7 个投资项目就有 1 个因腐败而终止，其中不乏官员贪腐现象。俄罗斯吸引外国投资，需要建立投资者对项目稳定实施的信心，吸引潜在投资者，打击腐败将是长期任务。俄罗斯政府职能部门行政程序复杂、效率低下问题也是限制外资进入的影响因素之一。俄罗斯远东地区与亚太国家相比，无论是接通电网的周期，还是办理建设许可及出口手续都需要花费更长的时间。外国投资者在俄申请贷款困难，货物进出口程序复杂；办理赴俄罗斯务工人员的劳务许可证程序烦冗，且收费较高，这些因素影响了外商在俄罗斯的企业发展。

---

① Иванов А. В. Сибирь и Дальний Восток в интеграционных процесса́х АТР в новы́х условиях//Мировая политика: старые проблемы и новые вызовы. Выпуск№4（13）. 2015. c. 16.

根据俄罗斯国家评级公司排名，总体上，俄罗斯远东地区的投资环境排名比其他地区低一些，但个别地区，如滨海边疆区、堪察加边疆区、萨哈共和国等联邦主体投资吸引力近年来明显上升。我国对俄投资不仅要把握当前俄罗斯"向东转"战略的机遇，还要洞察俄罗斯远东地区投资环境的复杂性，从政府层面到行业协会，建立体系性协调机制，做好各级风险防范。

最后，俄罗斯应充分利用亚太地区巨大的机遇和自身优势，在中国"一带一路"以及自身倡议的"欧亚经济联盟"框架下发展东部地区。

未来，中国中西部地区，哈萨克斯坦、伊朗等区域经济快速增长将在欧亚中部地区形成新的增长中心，俄罗斯东部地区为了发挥自己的生产、资源以及人力资源优势，需要以开放的心态参与到这一发展洪流中去。对接中国倡议的"丝绸之路经济带"以及自身提出的"欧亚经济联盟"的倡议，西伯利亚和远东有必要成为自由经济区，成为全俄范式地区。俄罗斯表示，除了国防领域，要去除投资壁垒限制，严厉反腐，要更积极加入亚洲一体化进程，包括加入亚洲金融发展机制，如亚洲发展银行、亚洲基础设施投资银行等。在矿产开采领域做好相关基础设施建设准备，吸引并培养技术熟练的人力资源，建立出口导向型的现代化工业体系。

俄罗斯政府应简化行政壁垒，为外国投资者提供便利；简化签证制度，以期吸引更多外国旅游者。中俄东线天然气管道已经开始建设，计划每年对华供气 380 亿立方米。阿穆尔河的跨国输电线路已建成，每年对华输电 300 万千瓦时。在"一带一路"倡议框架下，中俄东部地区应共同建设通向太平洋沿岸港口的交通基础设施。俄远东历史、民族及考古研究所所长弗拉林认为，中俄东部地区的战略对接对两国是互利共赢的，当前形势下，国家参与远东开发并不是唯一的抉择，远东发展部部长卡卢什卡表示，中国的

"一带一路"倡议将有力促进俄东部地区开发。①

2."向东转"战略的远景

随着国际政治经济形势的变化,俄罗斯需要更加明确的"向东转"战略以强化东部地区矢量。俄罗斯"向东转"战略与我国倡导的"一带一路"存在契合点,能够有力推动两国地区经济合作。

在乌克兰危机白热化时期,俄罗斯外长斯拉夫罗夫于2014年11月份发表官方讲话称,俄罗斯与亚洲关系不是与西方关系交恶后的选择,而是在践行长期以来的多边外交原则。俄罗斯这一外交政策的重要体现是积极参与关乎地区安全的国际合作组织,如集体安全组织、上海合作组织以及金砖国家组织等。促进欧亚一体化、建立欧亚经济联盟是普京强国梦的构想,与西方倡导的"一体化空间"思想相悖,而以中国为首的亚洲国家秉承互利共赢理念,提出的"一带一路"倡议有很大实践空间,双方已达成共识,提出"欧亚经济联盟"将与"一带一路"倡议对接。

(1)俄罗斯"向东转"战略与中国倡议的"一带一路"倡议契合多于竞争。

俄罗斯"向东转"战略与我国的"一带一路"倡议在很大程度上存在契合点,首先,"一带一路"倡议的重点方向是实现亚洲国家的互联互通,中国愿意通过互联互通为亚洲邻国提供更多的公共产品,俄罗斯寄希望能够搭乘中国发展的快车,加快东部地区的基础设施建设,双方存在共识。其次,俄罗斯的"向东转"战略主要集中在经济领域,吸引投资,缩小与东、西部地区落后差距,稳定人口,加快与亚太地区融合,从而提振全俄经济。我国的"一带一路"倡议旨在以经济走廊为依托,以交通基础设施建设为

---

① Вячеслав С. Куда выведет Евразийский союз китайский "Шёлковый путь"? http://eurasia. expert/evraziyskiy – soyuz – kitayskiy – shelkovyy – put – /.

突破口，建立亚洲互联互通的基本框架。在这方面，两国发展方向契合。随着"一带一路"建设的具体展开，我国建立了"丝路基金"和"亚投行"等金融机构，俄罗斯希望"向东转"战略以及"欧亚经济联盟"的战略构想能与我国提出的"一带一路"倡议对接落地。俄罗斯远东发展基金会会长阿列克谢切昆科夫指出，远东发展基金会将向亚投行提出为俄罗斯 19 个项目进行融资，必要投资额为 90 亿美元，主要为开采项目的基础设施、国际运输走廊、港口和基础设施等。

（2）俄罗斯"向东转"战略将密切俄罗斯远东与亚太国家的一体化联系，除了能源、原料开采领域，一些新兴产业，如旅游服务、科技产业等发展势头看好。

中俄两国政治关系积极稳定的发展为经济领域密切合作提供了有利条件，尽管两国间投资合作规模相对较低，但俄罗斯"向东转"系列举措将有力促进两国间合作步伐。俄时政评论员 Габуев А 基于国外专家对远东投资环境评价，认为提高远东投资吸引力有两个重要条件，一个是完善引资程序与投资者沟通渠道；另一个是在分析市场现有需求基础上选择优先发展部门。中国企业对原料开采业、农业、建筑业及旅游业表现出更浓厚的兴趣，据俄罗斯"卫星"新闻网报道，2015 年中国赴俄旅游量约 130 万人次，与上年相比增长了 51%。[①]

日、韩两国本着实用主义原则，对西方制裁下的俄罗斯表现出积极态度。2014 年韩国举办了庆祝两国建交 130 周年纪念活动，同年 1 月实行的俄韩免签制促进了韩国游客赴俄游人数增长了 37%。在农产品与木材加工业、住宿、汽车组装等领域两国合作发展顺利。未来俄罗斯与亚太国家间科技与旅游业发展具有很大空间。

---

① 俄媒：《2015 年约 130 万人次中国公民赴俄旅游》，参考消息网，2015 – 12 – 11 http://news.163.com/15/1211/16/BAILEE5M00014AEE.html。

（3）对接于俄中倡议的 "欧亚经济联盟" 及 "一带一路" 构想，两国地区间经济合作将会有很大的推动。

2015 年 5 月 8 日，俄联邦总统普京和中国国家主席习近平签署了 "俄联邦和中国建设欧亚经济联盟和丝绸之路经济带对接合作联合声明"，正式巩固了中俄扩大欧亚经济合作的计划。俄罗斯外交学院校长亚历山大卢金撰文指出，中国肯定了 "欧亚经济联盟" 的意义，并不认为这一联盟有悖于自己的国家利益，对上海合作组织构成竞争。俄罗斯也高度肯定了中国 "丝绸之路经济带" 的倡议。[①] 上海合作组织前任副秘书长 Владимир Захаров 指出，俄罗斯面临着全方位地综合考虑在上海合作组织 – 欧亚经济联盟 – 丝绸之路经济带框架下的与华关系，尤其是在与西方关系对立的情况下。俄罗斯东方学家阿阿马斯洛夫指出，俄罗斯应利用好中国提供的机遇，走出危机。

中国驻俄大使李辉在俄罗斯莫斯科国立罗曼诺夫大学的发言中对我国 "一带一路" 倡议思想加以明确，中俄两国两大战略构想的主要思想体现在五大要素环节，即政治一致、基础设施、贸易联系、金融 – 外汇以及人文联系融合，在此基础上，全方位地推动两国间的实际合作，促进政治互信、经济一体化和文化共通。"一带一路" 建设经过亚太地区，西线经过亚欧大陆，包括俄罗斯、亚洲的中西部。俄罗斯对中俄共同发展欧亚空间的规划表现出极大兴趣，合作思想应在互补、对接的基础上协作，大力推动地区经济发展。

"一带一路" 倡议下，中国黑龙江省与吉林省展开与俄滨海地区 "滨海 – 1" 和 "滨海 – 2" 项目的建设。对接俄方符拉迪沃斯托克自由港建设，该国际运输走廊将充分发挥转运功能，将中国东

---

① Лукин А. Идея "экономического пояса Шёлкового пути" и евраазийская интеграция// Международная жизнь，2014，июль. С. 95 – 96.

北商品经俄太平洋港出口日、韩等亚洲国家。俄罗斯远东有丰富的原料资源,邻近亚太国家市场,经济增长潜力巨大。在中俄两国协作实施"一带一路"倡议框架下,远东作为重要枢纽,一些与地区发展密切相关的项目会得到积极推动,如油气管道、跨境通道、海上和陆上物流等项目的建设。此外,在中俄间本币结算、中方参与俄方的超前发展区建设等方面都会有长足性进展。

"丝绸之路"沿线国家物流、国际贸易及旅游业发展途径与现状研究

〔哈〕日·斯·赖姆别科夫*

〔哈〕布·乌·瑟兹德克巴耶娃**

引　言

　　物流的发展水平影响着经济的所有方面，包括生产率、竞争力以及投资吸引力，同时也反映出一个国家的地区社会经济发展水平。

　　物流体系合理运作可以优化贸易程序，改善资本配置，包括人力资本。降低税率和非税率壁垒可以带来如下积极效果[1],[2]：增加国内生产总值（GDP）和对外贸易额；提高就业率和劳动力资源的使用效率；降低商品生产成本和提高其竞争力；提高公民的福利水平和生活质量。

　　在这方面，采用描述性研究以期达到以下研究目的：针对国际贸易中发展物流的效果做出评估，同时也对丝绸之路经济带潜在参与国发展旅游业进行分析。

----

　　*　〔哈〕日·斯·赖姆别科夫，哈萨克斯坦列·尼·古米列夫欧亚民族大学教授，经济学博士。

　　**　〔哈〕布·乌·瑟兹德克巴耶娃，哈萨克斯坦列·尼·古米列夫欧亚民族大学教授，经济学博士。电子信箱：zh_ raimbekov@ mail. ru。

文献综述

物流和贸易在国际竞争中起着关键作用。正如 Hausman et al. 所指出的,低效物流导致消耗增加、配送时效延长以及资金增加,结果对国家和公司都有影响[3]。经合组织国家[4]物流消耗占总流通额的 2% ~ 15%。在这方面,所引用的文献主要关注所谓简化贸易环节的措施,这些措施是尝试消除阻碍国家间贸易的一系列重要非税收壁垒。发展中国家这些措施可能不够成熟,进而导致贸易费用增加,基础设施不完善、海关手续繁杂以及国家机关间官僚主义严重,这些都会影响商品过境的效率。[5]

虽然国际贸易和发展服务业对物流业都可以产生积极影响,但服务业的影响更加明显。[6]

几乎 50% 的国内物流效果源于国内生产总值中增值服务的相对比重。因此,提供高质量多样化的服务可以维系物流业的持续发展。

所以,应该针对物流、贸易以及人员流动等问题进行研究,并非针对个别国家,而是"丝绸之路"的所有国家。目前,整个世界都对"丝绸之路"的经济发展产生了浓厚兴趣。

当前,西欧国家和亚洲发达地区在物流发展水平上处于绝对领先地位。[7]不过,发达国家和地区先进的物流体系在 LPI 评价中并非是可以效仿的理想模式,因为首先其中的每种模式都有缺陷,其次,每种模式都是针对个别地区的各自特点。

所有这一切都应该对影响物流效果指数的因素产生积极作用,如预料的那样,可以使"丝绸之路"主要国家提升其在世界银行评价指标中的整体位置。

2013 年 9 月 16 日,中国国家主席习近平在阿斯塔纳纳扎尔巴耶夫大学演讲时,提出了构建国际"丝绸之路经济带"。"一带一路"概念为欧亚经济联盟一体化和"新丝绸之路"行动计划提供了可能。[8]

"丝绸之路"沿线的欧亚国家可以相对划分为 5 个区域，中国在其倡议框架内对其中的每个区域都起着具体的作用。

评价方法

"丝绸之路经济带"指的是"丝绸之路"沿线国家的经济指标。这些国家包括超过 15 个对重建丝绸之路感兴趣的国家。它们分别是：区域性大国（中国、俄罗斯、土耳其、伊朗）；中亚国家（哈萨克斯坦、乌兹别克斯坦、吉尔吉斯斯坦、塔吉克斯坦、土库曼斯坦）；外高加索国家（阿塞拜疆、格鲁吉亚、亚美尼亚）；独联体欧洲国家（乌克兰、白俄罗斯、摩尔多瓦）。

文章针对发展物流的效果、进行国际贸易的条件以及旅游者流动的自由性与开放性等问题，进行了对比分析。引用的数据均来自世界银行及其他国际组织的调查结果和报告。

目前，针对发展物流效果的评价运用以下方法：

（1）世界银行评价方法，即 LPI（Logistics Performance Index）物流效率指数。[9]

LPI 指数是目前评价一个国家物流体系发展水平的客观指标。其中每项的最高评分为 5 分。

（2）营商环境直接影响着一个国家物流市场的发展。所以，针对营商环境的评价是根据世界银行的《全球营商环境报告》（Doing business）研究结果。

世界银行《2017 年全球营商环境报告》包括 190 个国家，涵盖 10 项指标。[10]在构成营商环境 10 项指标的排名中，我们选取了"国际贸易"这一指标。《全球营商报告》的研究针对组织和保障商品进出口的临时性和资金费用做出评估。

（3）旅游竞争力指数由 90 个指标、14 个分指标以及 4 个子指标构成，包括旅游部门的环境、旅游方面的政策、基础设施、旅游部门的自然与文化资源。

数据来自《关于 2017 年旅游竞争力的报告》，这份报告中的数据是根据每两年举行的世界经济论坛针对 136 个国家 2017 年旅游总结所得出[11]。

结　果

为了在国际物流市场上占有一席之地，就必须完善贯穿"丝绸之路"国家的主要路线；提高国际物流的基本排名，这样可以改善行业的投资吸引力，可以增加发展物流基础设施的投资。表 1显示的是"丝绸之路经济带"主要国家物流发展水平（物流效果指数）的平均值。

表 1　参与"丝绸之路经济带"的国家（包括潜在参与国）2016 年
物流发展水平（物流效果指数）的平均数值

国家	分数 LPI	排名 LPI	海关	基础设施	国际运输	物流范围	商品可追溯性	商品送达期限
欧洲国家	3.50	34	3.27	3.40	3.43	3.51	3.52	3.84
区域性大国	3.06	64	2.71	3.09	3.06	3.09	3.03	3.40
独联体欧洲国家	2.58	97.6	2.25	2.32	2.61	2.45	2.60	3.24
外高加索国家	2.34	132	2.26	2.37	2.38	2.14	2.20	2.66
中亚国家	2.32	126.8	2.11	2.33	2.34	2.22	2.23	2.65
平均值	2.88	—	2.71	2.75	2.87	2.82	2.86	3.27

表 1 表明，根据 2016 年物流发展指标（LPI 指数和各分项指数），上述国家中欧洲国家（平均 3.5 分）和区域性大国（平

均 3.06 分）位列前茅，中亚国家（平均 2.32 分）和外高加索国家（平均 2.34 分）的物流发展指标最为糟糕。高于 LPI 世界指标的是欧洲国家和区域性大国，其他组别国家的指标低于平均值。

欧洲国家的平均指数较高，亚洲国家高于平均指数的有中国、印度和沙特阿拉伯。

哈萨克斯坦和其他独联体国家在排名上落后于 LPI 平均数值。哈萨克斯坦在 LPI 指数的主要指标上处于独联体国家前列，无论是在 2012 年、2014 年还是 2016 年，哈萨克斯坦都领先于独联体所有国家。

评价贸易壁垒的《全球营商环境报告》指数分析

通过分析《2016～2017 年度全球营商环境报告》中关于营商环境的数据，我们发现，中亚所有国家都改善了自己国家的营商环境。

针对中亚国家进出口贸易指标的分析表明，办理相关手续所耗的费用和时间，以及过境和通关所耗的费用和时间低于独联体欧洲国家和外高加索国家。办理相关手续所耗时间最短的是外高加索国家（14 个小时）。

这里我们可以得出如下结论：区域性大国、中亚国家、外高加索国家以及乌克兰必须在办理相关手续、过境和通关这两个方面进行改革，以便缩短时间和降低费用，这样才能达到经合组织国家的水平。若要收到最好成效，应该同周边国家就改善指标进行行动协调。

表2 "丝绸之路"经济带潜在参与国进出口营商环境指数指标

国家	出口				进口				国内生产总值（单位：十亿美元）
	过境和海关监管用时（小时）	过境和海关监管成本（美元）	办理相关手续用时（小时）	办理相关手续成本（美元）	过境和海关监管用时（小时）	过境和海关监管成本（美元）	办理相关手续用时（小时）	办理相关手续成本（美元）	
区域性大国									
伊朗(170)	101	565	152	143	141	660	270	197	386.1
中国(96)	26	522	21	85	92	777	66	171	11383.0
俄罗斯(140)	96	765	25	92	96	1125	43	153	1132.7
土耳其(70)	16	376	5	87	41	655	11	142	751.2
平均值	59.75	557	50.75	101.75	92.5	804.25	97.5	165.75	3413.3
中亚国家									
哈萨克斯坦(119)	133	574	128	320	2	0	6	0	116.2
吉尔吉斯斯坦(79)	20	445	21	145	37	512	36	200	5.3
塔吉克斯坦(144)	75	313	66	330	108	223	126	260	6.0
乌兹别克斯坦(165)	112	278	174	292	111	278	174	292	61.6
平均值	85	402.5	97.25	271.75	64.5	253.25	85.5	188	47.3
外高加索国家									
阿塞拜疆(83)	29	214	33	300	30	423	38	200	35.1
亚美尼亚(48)	39	100	2	150	41	100	2	100	9.9
格鲁吉亚(54)	14	383	2	35	15	396	2	189	13.5
平均值	27.33	232.33	12.33	161.67	28.67	306.33	14.00	163.00	19.5
独联体欧洲国家									
白俄罗斯(30)	5	108	4	140	1	0	4	0	45.9
摩尔多瓦(34)	3	76	48	44	4	83	2	41	6.2
乌克兰(115)	26	75	96	292	72	100	168	212	83.6
平均值	11.33	86.33	49.33	158.67	25.67	61.00	58.00	84.33	45.2
中东和北非	64	460	77	261	121	555	101	305	
欧洲和中亚	28	195	27	111	26	202	26	91	
经合组织国家	12	150	3	36	9	115	4	26	

资料来源：根据世界银行2017年《营商》资料整理。

旅游竞争力指数

世界旅游组织从 1994 年起就致力于推进 "丝绸之路" 旅游业的发展，为此制订了 2016～2017 年度 "丝绸之路" 行动计划。确定了三个主要活动方向[12]：a) 市场营销与促销；b) 旅游潜力开发与旅游景点管理；c) 旅游便捷化。

签证政策属于最为重要的行政手续，直接影响着国际旅游。制定签证政策和程序，简化其他重要旅行证件（如护照）的办理流程，这些与旅游增长密切相关。

参与 "丝绸之路经济带" 的国家中，西班牙领先世界 136 个国家 2017 年旅游竞争力指数（TTCI）全球排行榜，日本名列第四，意大利位居第八。中国在旅游竞争力指数方面排名第 15 位，与 2015 年相比提升 2 位（见表 3）。其次是印度（第 40 位）、俄罗斯（第 43 位）、土耳其（第 44 位）。独联体国家（中亚和外高加索地区）位于表 3 中的中游部分。

表3 "丝绸之路经济带" 参与国旅游竞争力指数

	国家	2017 年指数	分数	与 2015 年相比
1	中国	15	4.72	+2
2	印度	40	4.18	+12
3	俄罗斯联邦	43	4.15	+2
4	土耳其	44	4.14	0
5	格鲁吉亚	70	3.70	+1
6	阿塞拜疆	71	3.70	+1
7	哈萨克斯坦	81	3.59	+4
8	亚美尼亚	84	3.53	+5
9	乌克兰	88	3.50	—
10	伊朗	93	3.43	+4
11	塔吉克斯坦	107	3.18	+12
12	吉尔吉斯斯坦	115	3.10	+1
13	摩尔多瓦	117	3.09	-6

资料来源：见文后参考文献[13]。

欧洲和欧亚诸国（俄罗斯、格鲁吉亚、阿塞拜疆）再次成为旅游方面具有很强竞争力的地区，前十强中占据 6 个席位。尽管西欧和南欧的安全局势有些恶化，然而得益于其丰富的文化底蕴、先进的旅游服务基础设施以及国际开放性，欧洲和欧亚诸国继续处于领先地位。

对"丝绸之路经济带"国家近期签证手续变化的分析结果表明，签证制度便利化呈现非常明显的趋势。[14]

讨　论

目前西欧和亚洲发达地区其物流业发展水平占有绝对领先地位，[5]这一点得到了先前研究结果的证明。[9]但是，领先 LPI 排行榜的发达国家物流体系并非可供模仿的理想样本，因为首先其中每个环节都并非完美无缺，其次是物流体系适应于某些具体地区。

在独联体国家中，哈萨克斯坦在 LPI 各项指标的物流水平排行中有大幅提高。

考虑到国内外的挑战与机会，在实现战略目标的框架下，哈萨克斯坦制定了下列主要目标：

（1）成为欧亚地区物流的主要枢纽和中转站。吸引中国与欧洲（新丝绸之路）、中国与俄罗斯、欧洲与中亚的过境运输作为主要依托。

（2）最大限度地挖掘出口潜力，并且刺激国民经济的国内需求。

（3）提高居民的流动性，并且开发国家的旅游潜力。

为实现第一项和第二项目标，哈萨克斯坦将在国内外构建物流交通网络中心。

在客运方面，哈萨克斯坦也将构建乘降枢纽和高速运输走廊的互联式交通系统，用以连接主要经济中心和大城市里的居民区以及旅游客流集散中心。

总之，通过分析《营商环境报告》的基本指数以及该排行榜基于的主要指标，应该指出，独联体欧洲国家的物流业更具吸引力，因为它们对货物运转的壁垒很少，为营商提供了更好的条件。令人遗憾的是，中亚国家和区域性大国在营商环境方面明显落后于欧洲国家、经合组织国家以及中东和北非国家（见表2）。

结合 2017 年《旅游业竞争力排名报告》的分析结果，可以得出以下结论：

首先，旅游业的竞争力正在改善，尤其是丝绸之路沿线的发展中国家和地区。随着旅游业的发展，越来越多的外国人将会来到发展中国家进行旅游。其次，出境游的人数正在增长，放宽签证政策的全球趋势也日趋明显。

减少交通壁垒以及降低费用，这些让大多数民众出门旅游成为可能。这些因素，加上可支配收入的增加，发展中国家中产阶层人群的增加，以及人们对旅游观念的转变，所有这些使得旅游业发展更加繁荣。

结　论

（1）欧洲国家和区域性大国的物流业发展最为迅猛。中亚国家和外高加索地区的物流发展相对缓慢。尽管这些国家和地区已经创造出了发展物流的所有条件：提供了良好的营商环境，增强物流业的投资吸引力，物流市场对外商开放，融入世界经济一体化具备很高的程度，国民经济竞争力不断增强。

市场全球化需要以全新视角看待交通物流基础设施的发展——从单一方式向网络化转变。也就是必须要构建多层级的交通物流中心：在丝绸之路沿线国家构建中心型、骨干型以及地区枢纽型等不同类型。其中中心型将整个交通物流体系连为一体，骨干型保障亚洲和欧洲之间货物流通顺畅，地区枢纽型由每个国家与丝绸之路其他国家合作伙伴众多的小规模节点构成。

（2）在对《营商环境报告》基本指数以及国际贸易指标进行分析之后，应该指出，在收入水平较低的国家进行商业活动，往往显得最为艰难。就贸易条件来看，中亚国家和外高加索地区的营商环境远远落后于欧洲和独联体欧洲国家。

为了构建良好的营商环境，应该大力简化办事程序，同时还要减少办理进出口业务的费用。这些事情处理妥当可以优化营商环境，并提高物流业的吸引力。

（3）为了提高旅游业的竞争力，应该提高资源利用率和开放度，取消行政、税收和非税收障碍，同时提高服务水平和完善基础设施；最大限度简化签证手续，提倡电子签证；增加"落地签"比重，或者签订地区间协议，允许第三国游客在丝绸之路沿线国家自由进出境。

参考文献

［1］Kokurin D. I. Nasin K. N. Bliyaniya logistitheskoi infrastuktury na sostoyaniya ekonomiki：regionalnyi aspect. Logistika i uprablenie zepyami postabok. – 2011. –№4.：http：//lscm. ru/ index. php/ ru/po – godam/item/1102.

［2］Luisa Martí，Rosa Puertas & Leandro García The importance of the Logistics Performance Index in.

［3］international trade Applied Economics，2014 Vol. 46，No. 24，2982 – 2992，http：//dx. doi. org/10. 1080/ 00036846. 2014. 916394.

［4］Hausman，W.，Lee，H. L. and Subramanian，U. （2005）Global logistic indicators, supply chain metrics, and bilateral trade patterns, World Bank Policy Research Working Paper 3773，Washington，

DC. DOI：10. 1596/1813 – 9450 – 3773.

[5] OECD（2005）The economic impact of trade facilitation，*OECD Trade Policy Working Paper* No. 21，OECD，Paris.

[6] Arvis, J. F. , Saslavsky, D. , Ojala, L. , Shepherd, B. , Busch, C. , Raj, A. , Naula T. （2016）Connecting to Compete：Trade Logistics in the Global Economy. The Logistics Performance Index and Its Indicators. World Bank，Washington，DC.

[7] Basarab Gogoneata. An analysis of explanatory factors of logistics performance of a country. *Amfiteatru Economic* 10 （24），2008，pp. 143 – 156.

[8] Connecting to Compete 2016. Trade Logistics in the Global Economy. The Logistics Performance Index and Its Indicators. The International Bank for Reconstruction and Development/The World Bank. Washington，2016. p. 76.

[9] 习近平主席在纳扎尔巴耶夫大学的演讲（电子版） – http：// kz. china – embassy. org/rus/zhgx/ t1077192. htm。

[10] Arvis, J. F. , Mustra, M. , Panzer, J. et al. （2007）Connecting to Compete：Trade Logistics in the Global Economy，World Bank，Washington，DC.

[11] Doing Business measuring business regulations / World Bank ［Electronic resource］. – ［http：//doingbusiness. org/］. — Date of access：10. 04. 2017.

[12] World Travel & Tourism Council, Travel & Tourism Economic Impact 2017 World Report, 2017.

[13] "丝绸之路2016 – 2017 年行动计划"，2016，联合国世界旅游组织（UNWTO）。

[14] Klaus Schwab, Cheryl Martin, Richard Samans, John Moavenzadeh, Margareta Drzeniek – Hanouz （2017）. The Travel & Tourism Competitiveness Report 2017. World Economic ForumGeneva，387 ctp.

[15] World Tourism Organization （UNWTO），Sustained Growth in International Tourism Despite Challenges ［Press release］，17 January 2017.

俄罗斯科技发展制约因素
分析与优先政策选择[*]

崔 铮[**]

引 言

1992 年 1 月 2 日，以激进的"休克疗法"启动为标志，俄罗斯正式开始向市场经济转型。24 年的转型之路，俄罗斯的经济发展严重受制于国际原油价格的波动，逐渐滑入了能源依赖和结构畸形的泥潭。俄罗斯的出口产品基本以能源原料为主，即使是国际原油价格大幅下滑的 2015 年，出口产品中的 62.9% 仍由上述产品构成。[①] 得益于 2003～2008 年国际原油价格年平均 28% 的增长，俄罗斯经济在世界经济中的排名从第 16 位提高到第 8 位。[②] 也正是由于 2014 年起的国际原油价格的断崖式下跌，俄罗斯经济 2014 年陷

* 本研究得到了 2017 年度辽宁省社会科学规划基金项目"特朗普时期俄罗斯在中美竞合关系中的角色研究"（课题号：L17BGJ004）和辽宁大学博士科研启动金的资助。
** 崔铮，辽宁大学转型国家经济政治研究中心副教授。

① Государственные программы вооружения Российской Федерации: проблемы исполнения и потенциал оптимизации. – М.: Центр анализа стратегий и технологий, 2015. – 36 с.
② 季志业、冯玉军：《俄罗斯发展前景与中俄关系走向》，时事出版社，2016 年 1 月，第 64～65 页。

入停滞，GDP 仅增长 0.6%；2015 年经济陷入衰退，GDP 与 2014 年相比萎缩 2.8%。[①] 标志着俄罗斯经济陷入了严重危机。

后工业化时代，高科技成果对一个国家全球竞争力的决定性作用和依靠生产高附加值产品作为本国经济发展的助力早已成为各国的共识。俄罗斯早在 1999 年就注意到了经济领域中的创新问题，并相继出台了一系列的创新发展战略构想。其中，2011 年制定的《俄罗斯联邦 2020 年前创新发展战略》中提出了到 2020 年高技术产品占 GDP 的比重由当前的 10.9% 增加到 17% ~ 20%、创新产品在工业产值中所占比重提高 5 ~ 6 倍的发展目标[②]。但俄罗斯对油气产业的高度依赖，导致其贸易措施和产业结构的严重不合理，造成俄罗斯技术发展水平的落后。在石油价格高企的时期，俄政府和企业对国内技术生产的发展并不愿意投入大量的资金。他们宁愿采取简单的方式来解决问题，即从国外进口必需的高附加值科技产品。现实地看，俄罗斯提出的发展目标没有实现。

与低水平的科技研发投入相对应的是，近十年里，俄罗斯企业为了生产和产品销售而进口原材料、半成品和零部件的支出却持续增加，其占经济的比重由 2005 年的 8.8% 增加到 2014 年的 13.9%。占全俄经济 70% 比重的加工生产行业，2014 ~ 2015 年进口产品数额比重由 9.4% 增加到 16.2%（见图 1）。

缺乏研发投入的单纯技术进口会导致俄罗斯经济丧失自主的技术发展基础。随着购买的技术产品逐渐过时落后，为维持经济的国际竞争力，俄罗斯不得不再次向国外产品供应商提出进口需求。在某些特殊的时期，这种需求有可能遭到拒绝。在这种情况下，俄罗斯将被迫沦落为全球科技进步和创新的局外人角色。发达国家的技术主导地位此时被用作了政治施压的工具。由乌克兰危机引发西方

---

① 《Социально-экономическое положение России 2016 год》.

② 刁秀华：《俄罗斯国家创新能力分析：比较的视角》，载《国外社会科学》2015 年第 3 期，第 68 页。

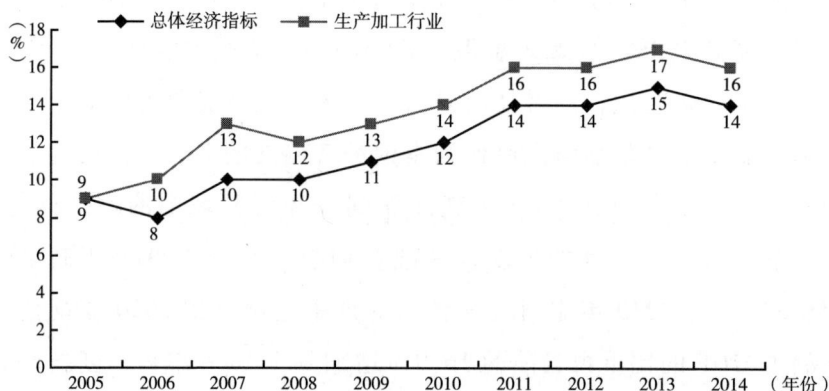

图1 2005～2014年俄罗斯用于进口原材料、半成品和零部件支出的比例

资料来源：Государственные программы вооружения Российской Федерации: проблемы исполнения и потенциал оптимизации. – М.: Центр анализа стратегий и технологий, 2015. – 36 с.

国家对俄罗斯施加了多轮制裁，导致俄罗斯曾经从西方获得技术产品的进口渠道被——堵死。在新的形势下大力发展俄罗斯的科学技术作为国家战略被提上了日程。[①]

作为曾经科技一流强国的苏联，解体后约70%的国防工业企业、80%的科研院所和85%的军工生产设备以及绝大多数科研和生产人员被俄罗斯所继承[②]。那么，为什么说今天的俄罗斯科技发展水平严重滞后于西方发达国家？俄罗斯科技发展的水平如何？影响俄罗斯科技发展的制约因素有哪些？俄罗斯为此做了哪些政策性努力？本文尝试对此作以分析。

[①] 在2015年12月31日推出的《俄联邦国家安全战略》中，要求"加快高技术领域的发展，巩固航空和原子能领域的既有地位，恢复传统工业领域（重型机械、航空和成套设备）的领先地位"。О Стратегии национальной безопасности Российской Федерации, http://rg.ru/2015/12/31/strategia – site.html.

[②] 侯铁建：《调整中的俄罗斯国防工业——结构调整中的经济理性和政府的作用》，载《东北亚论坛》2005年第3期，第61页。

一 俄罗斯科技发展基本概况

虽然衡量一个国家的科技发展水平可以从不同角度进行，但均要分析其科技投入和科技产出两个指标。其中，科技投入包括物力投入和人力投入；科技产出包括科技论文和专利申请数量，以及高科技产品出口在贸易出口中的占比。通过对以上指标的分析和比对，可以清楚了解当前俄罗斯的科技发展水平及与其他国家的差距。

（一）科技投入

1. 物力投入

为增强本国的科技研发能力，发达国家和新兴市场国家均加大对科技研发的投入力度，以此作为国家创新能力发展和国际竞争力提高的保证。根据美国科学基金会（NSF）下属的国家科学与工程统计中心 2016 年 1 月 19 日推出的《科学与工程指标 2016》，2003～2013 年全球研发总支出增长率为 7.2%，2013 年全球研发总支出为 1.671 万亿美元。其中北美地区（美国、加拿大和墨西哥）占 2013 年全球研发总支出的 29%（4920 亿美元）；欧洲（包括但不限于欧盟）占 22%（3670 亿美元）。① 此外，2013 年中国科技研发投入总计 11846.6 亿元人民币（根据 2013 年 12 月 31 日人民币对美元汇率中间价 6.0969 计算，研发投入约合 1943 亿美元）②，超越日本成为世界第二大投入国，投入规模接近美国 50% 的水平。2015 年研发投入约 14300 亿元人民币，约合 2296 亿美元

---

① 《全球 1.6 万亿美元研发支出 9 国争雄》，http：//tech. 163. com/16/0219/08/BG64AIFM0009405H. html。

② 《2013 年全国科技经费投入统计公报数据解读》，http：//news. xinhuanet. com/2014 - 10/23/c_ 1112948665. htm。

（2015 年平均汇率 6.2284）①。

根据俄罗斯国家统计局公布的数据，2013 年俄国家财政对科技研发的投入为 7497.98 亿卢布，约合 234.31 亿美元。虽然 2006～2014 年平均投入 6.53% 的年增长率略小于世界平均水平，但投入的数额远远落后于上述国家（见表1）。

表1　2006～2014 年俄罗斯联邦对科技研发的财政投入

单位：百万卢布

年度	2006	2007	2008	2009	2010
金额	288805.2	371080.3	431073.2	485834.3	523377.2
年度	2011		2012	2013	2014
金额	610426.7		699869.8	749797.638	847527

资料来源：俄罗斯国家统计局网站，http://www.gks.ru/wps/wcm/connect/rosstat_main/rosstat/ru/statistics/science_and_innovations/science/#。

2000 年，俄罗斯对科技产品研发的投入占 GDP 的比重为 1.05%，到 2014 年，这个数值仅增加到 1.19%，低于 2009 年 1.25% 的水平。与之相对照的是，2014 年，欧盟国家产品研发的平均投入占本国 GDP 的 2%，其中，瑞典、丹麦和德国分别达到了 3.2%、3.1% 和 2.9%（见图2）。

2. 人力投入

科研人员是国家科技建设的核心力量，科研人员数量越多及在总人口中的占比越高，越有助于科学研究的开展。中国科技部根据科技人力资源总量占到全球总量 98% 的 41 个国家和地区的统计数据，2007～2011 年，全球研发人员总量年均增长率为 3.7%，中国的增长率为 13.5%，中国的科技人力资源总量达到

---

① 《2016 年全国科技工作会议在京召开　万钢作工作报告》，http://www.most.gov.cn/ztzl/qgkjgzhy/2016/2016tpxw/201601/t20160111_123678.htm。

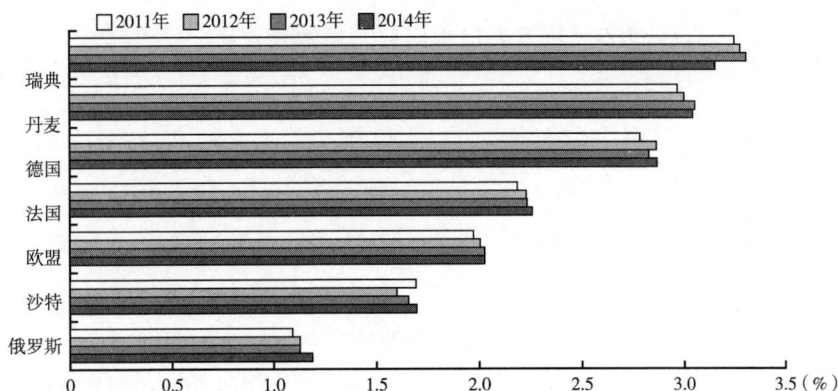

**图 2　2011～2014 年欧盟国家和俄罗斯科技
产品研发占 GDP 比值对照**

资料来源：Граф Н. «Путин: Реформа РАН оправдывает ожидания»，
http://rg.ru/2016/04/14/reg - sibfo/putin - reforma - ran.html。

6300 万人，占世界总量的 25%，超过美国 17% 的水平，居世界
第一位①。

2006～2014 年，俄罗斯的科研人员总数不仅没有增长，甚至
还出现下滑（见表 2）。但值得注意的是，通过分析百万人口中研
究人员数量的指标可以看出，俄罗斯远远排在其他金砖四国之前，
接近高收入国家水平（见表 3），这表明俄罗斯科学研究的基础非
常雄厚。

表 2　2006～2014 年俄罗斯科研人员数量

单位：人

年度	2006	2007	2008	2009	2010	2011	2012	2013	2014
人数	807066	801135	761252	742433	736540	735273	726318	727029	732274

资料来源：俄罗斯国家统计局网站，http://www.gks.ru/wps/wcm/connect/
rosstat_main/rosstat/ru/statistics/science_and_innovations/science/#。

_____

① 《中国科研人员总数超美国居世界第一》，http://news.xinmin.cn/domestic/2014/
04/25308749.html。

表3　百万人口中研究人员数量对比

单位：人

国家 ＼ 时间	2000 年	2005 年	2012 年
高收入国家	3011.7	3338.5	3680.5(2011 年数据)
中等收入国家	340.1	474.8	555.8(2010 年数据)
中国	542.8	848.7	1019.6
俄罗斯	3450.6	3227.7	3096.1
印度	111.2	137.4	159.9(2010 年数据)
巴西	423.3	587.8	710.3(2010 年数据)
南非		358.7	363.8(2010 年数据)

资料来源：《国际统计年鉴》（2015）。

（二）科技产出

1. 科技论文与专利申请

科技论文属于科学研发的直接产出形式，科学技术会议录索引（CPCI－S）、工程索引（EI）和科学引文索引（SCI）数量可以直接衡量一国的科技论文水平。科学引文索引（SCI）是三大检索工具中科技创新水平最高的检索工具，2012 年俄罗斯 SCI 论文 3 万篇，占其三大检索工具论文总数的 63.8%，接近世界 6.4% 的平均水平。但俄罗斯科技论文总体规模不大，与美国、英国、德国等发达国家差距明显，也低于中国、印度、巴西三个金砖国家的水平[①]。

科学研发的另一个产出形式为专利申请。根据世界知识产权组织 2014 年末发布的报告，2013 年全世界专利申请达到 257 万件，排名前三位的专利局来自中国，有 825136 件申请，其次是美国

---

① 刁秀华：《俄罗斯国家创新能力分析：比较的视角》，载《国外社会科学》2015 年第 3 期，第 71 页。

（571612 件），日本（328436 件）排名第三位①。同期，俄罗斯的专利申请总数为 44914 件②，仅占世界总数的 1.75%，但高于金砖国家印度（43031 件）、巴西（30884 件）和南非（7295 件）③。

2. 高科技产品的出口

通过对 2013 年金砖国家等的国际出口贸易数据分析可以发现，俄罗斯是众多国家中唯一一个燃料商品出口占本国出口商品绝大比重，制成品商品出口低于 20% 的国家。俄罗斯的高科技产品出口仅占制成品出口的 10%，低于世界平均 17.1% 的水平。虽然 2013 年俄罗斯的出口总额达到 5233 亿美元，但高科技产品的出口仅创造了 86.87 亿美元的收入，远远低于中国的 5607.96 亿美元和美国的 1748.20 亿美元（见表 4）。以上数据表明俄罗斯高科技产品的出口对国民经济支持不足。

表 4　2013 年金砖国家等的出口贸易分析

类别 国家	出口贸易总额（亿美元）	燃料商品出口占比（%）	制成品商品出口占比（%）	高技术产品占制成品比重（%）	高技术产品出口额（亿美元）
世界	188740	15.2	66.8	17.1	—
高收入国家	—	15.1	66.7	16.4	—
中等收入国家	—	15.8	67.4	18.8	—
美国	15790	10.9	62.2	17.8	1748.20
中国	22096	1.5	94.0	27.0	5607.96
俄罗斯	5233	71.2	16.6	10.0	86.87
印度	3124	20.3	61.9	8.1	156.63
巴西	2422	7.4	36.4	9.6	84.63
南非	961	11.3	45.9	5.5	24.26

资料来源：《国际统计年鉴》（2015）、《中国统计摘要》（2014）。

---

① 《WIPO：2014 年中国申请专利 82.5 万件　数量排世界第一》，http://j.news.163.com/docs/99/2014121716/ADM863O690016307.html。

② 俄罗斯国家统计局网站，http://www.gks.ru/wps/wcm/connect/rosstat_main/rosstat/ru/statistics/science_and_innovations/science/#。

③ 中国国家统计局网站，http://data.stats.gov.cn/easyquery.htm?cn=G0104。

二 俄罗斯科技发展制约因素分析

同西方发达国家和世界平均水平相比，当前俄罗斯的科技发展水平处于落后的地位，这是由多方面原因造成的内因和外因共同作用的结果。

（一）内部因素分析

经济和政治是内部因素的两个方面。经济方面，俄罗斯的产业结构和经济发展模式，是科技发展最大的障碍；经济的垄断性和生产性公共物品供给缺乏则严重抑制了科技的进步；国家财政支出对垄断企业和社会保障领域过度倾斜，限制了对科技研发部门的拨款和支持。近年来俄罗斯表现出的强势立场，使得俄美关系"重启"宣布失败，俄罗斯希冀的与西方国家结成世界范围的"现代化联盟"变成空想（见图3）。

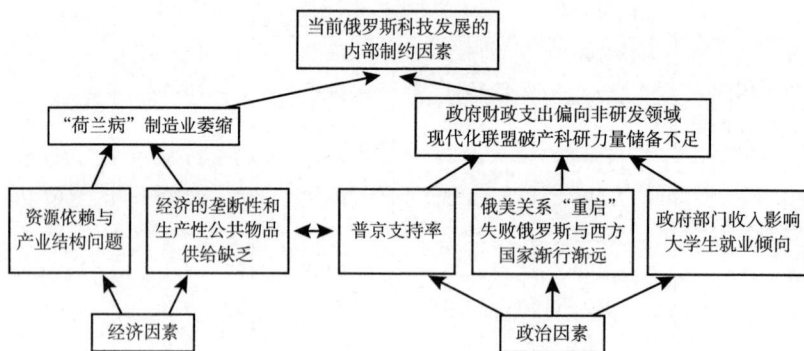

图3 当前俄罗斯科技发展的内部制约因素

1. 俄罗斯的产业结构是技术进步的最大障碍

在人类的科技发展道路上，苏联创造出了惊人的成就。美苏军备竞赛是苏联取得科技突破的最大动因，苏联毫无疑问是冷战时期世界科技的一流强国。然而，苏联奉行的粗放型经济增长方式也渐渐显露出弊端。这种依靠投入大量的资金、劳动力和耗费巨大的资源来保证经济增长的粗放式发展模式，使得苏联在与西方国家的竞争中逐渐被淘汰。

苏联解体之后，俄罗斯一直谋求从资源出口型向以高新技术、人力资本为基础的创新型经济发展模式转变。但将近 25 年的转型之路，并未使得俄罗斯所继承的落后的经济增长方式发生根本性转变。2009 年 9 月，时任总统梅德韦杰夫在《俄罗斯，前进！》一文中写道："20 年激烈的改革也没有让我们的国家从熟悉的原料依赖中摆脱出来。""简单地依靠原料出口来换取成品的习惯导致了经济长期的落后。"[1] 劳动生产率的低下是经济落后的重要原因。2012 年 1 月，时任总理的普京在《我们的经济任务》一文中指出："俄罗斯的劳动生产率也就是发达国家的 1/3 或 1/4。"[2] 生产中先进技术的应用匮乏是造成劳动生产率低下的主要原因。早在 2000 年，普京在会见俄罗斯科学院院士的讲话中就曾指出，仅有 5% 的俄罗斯企业积极采用新技术，而西欧达到 80% ~ 87%。[3]

俄罗斯国家财政对能源出口依赖过大。根据俄罗斯联邦审计院 2013 年 10 月 10 日发布的《2014 年联邦预算和 2015 年、2016 年预算计划结论》报告，预测 2014 年俄罗斯联邦财政收入约为 13.57 万亿卢布（约合人民币 2.04 万亿元），占 GDP 的 18.5%。从收入的构成来看，其中石油和天然气相关收入约为 6.5 万亿卢布，占财政收入的 48%（占 GDP 的比例为 8.9%），接近一半。[4] 据俄专家

①　«Россия，вперед!»，http：//vz.ru/politics/2009/9/10/326117.html。

②　Статья В. В. Путина «О наших экономических задачах»，http：//www.putin - itogi.ru/2012/01/30/statya - v - v - putina - o - nashix - ekonomicheskix - zadachax/。

③　欧阳向英：《俄罗斯创新战略的目标和效果》，载《欧亚经济》2014 年第 2 期，第 46 页。

④　《俄罗斯高度依赖能源出口　油价暴跌重创俄经济》，http：//money.163.com/14/1021/01/A91TK9T400253B0H.html。

评估，国际油价每下降 10 美元/桶，俄 GDP 增速就下降 0.8%[①]。国际能源价格的持续走低[②]，对俄罗斯经济增长造成极大的影响，联邦预算收入变得入不敷出，科技研发资金投入自然减少。

数据显示，2002 年俄罗斯人均名义 GDP 是 2373 美元，2006 年增长到 6902 美元，2008 年达到 11550 美元。2009 年因为油气价格快速上涨带来俄罗斯外汇收入增多，进而导致汇率 GDP 升高而人均名义 GDP 有所降低，此后迅速恢复高速增长，2013 年这一数据已经高达 14586 美元。[③]

资源领域的投资回报率高于其他部门，导致俄罗斯有限的国内资本加速流向资源领域。俄罗斯的资源开采一方面具有粗放型特征，另一方面，即使行业要求技术含量较高的技术设备，俄罗斯也是通常通过进口来解决。由此造成该行业的产出技术含量在整个国民经济各行业中处于较低水平。

资源出口的过高收入，推高了汇率，本币升值带来的收入效应导致可进行贸易的产品进口上升；另外，资源类收入流向了非贸易部门，推动了要素价格和资产价格的上涨。这两方面原因打击了俄罗斯制造业的竞争力。制造业分工和发展是当代技术突进的主要领域，为制造业服务的生产性服务业（包括研发服务、运输网络、销售网络、信息网络、金融服务网络等）是当代科技进步的主要表现。制造业的萎缩使得科技的进步缺乏了现实性基础（见表 5）。上文提到，2014 年开始的石油出口价格的下行对俄经济尤其是财政

[①] Причиной сокращения ВВП России стала нефть, а не санкции, http://www.vedomosti.ru/ecnomics/blogs/2015/10/26/614322 - prichinoi - sokrascheniya - vvp - ne - sanktsii。

[②] 2015 年 1 ~ 10 月，俄乌拉尔混合油均价仅为 53.61 美元/桶，比上年同期的 103.04 美元/桶下跌 48%。中国现代国际关系研究院"俄罗斯发展前景"课题组：《在困境中寻求"突破"：2015 年俄罗斯形势》，载《俄罗斯东欧中亚研究》2016 年第 1 期，第 4 页。

[③] 《俄罗斯经济：困境中如何谋出路》，http://www.jingji.com.cn/html/news/djxw/35201.html。

收入产生了明显影响，畸形的经济结构造成其他产业无法及时承担起振兴经济的重任，这是俄罗斯经济患上"荷兰病"的典型例证。

表5 2011~2016 年 4 月俄罗斯采掘业和加工制造业指数

（与上年或上年同期相比）*

单位：%

时间 项目	2011 年	2012 年	2013 年	2014 年	2015 年	2016 年 1 月	2016 年 2 月	2016 年 3 月	2016 年 4 月
采掘业	101.8	101.0	101.1	101.4	100.3	100.4	102.8	103.4	103.1
加工制造业	108.0	105.1	100.5	102.1	94.6	94.4	96.8	96.9	98.2

从统计中可以看出，即使是国际能源价格大幅下跌的 2014~2016 年，俄罗斯的资源开采生产指数一直保持着相对平稳增长的态势。加工制造业的生产指数从 2012 年开始下滑，2015 年至今下滑尤为明显，说明俄罗斯制造业近四年来在逐渐萎缩。

资料来源：俄罗斯国家统计局网站，http：//www.gks.ru/wps/wcm/connect/rosstat_ main/rosstat/ru/statistics/enterprise/industrial/#。

2.俄罗斯经济的垄断性和生产性公共物品供给匮乏抑制科技进步

附加值是经济主体新创造出来的产品价值。只有产品有附加值才有社会财富的增加、生产力的发展。高附加值产品，就是在生产经营过程中高知识与技术含量的产品。在价格反映价值的正常情况下，产品附加值高低与产品利润高低成正比。产品附加值高低决定GDP 含金量，GDP 含金量决定 GDP、人均 GDP 增长与人民实际生活水平提高关联度大小。当前，世界各个国家都把大力生产高附加值产品作为提高劳动生产率、增加收入、刺激经济增长和增加国际竞争力的重要手段。

20 世纪 90 年代，台湾宏碁集团创办人施振荣先生提出了著名的"微笑曲线"理论（见图 4），本文尝试借助该理论解释俄罗斯的经济垄断性和生产性公共物品供给缺乏对科技进步的抑制。

长期以来，俄罗斯经济对油气产业形成严重的惯性依赖。2014

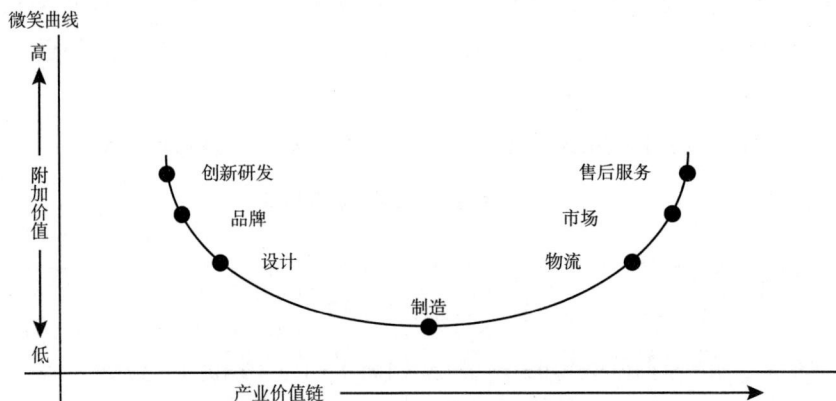

图 4　"微笑曲线"理论模型

年，俄罗斯油气出口收入共计 3450 亿美元，占出口总额的 66.3%，相当于联邦收入的 52.2%。[①] 作为财政和政权保障的油气行业，必将吸引有限的国内资本，垄断大量的政治经济资源。[②] 按照"微笑曲线"理论模型所示，研发和营销处于曲线的两端，对创新研发专注程度的高低直接影响产品的产出效果和产品附加值的高低。在能源价格高企时期，出口资源是财政收入最为便捷的手段，油气行业生产者宁愿采取取巧的方式从国外引进先进的技术设备，也不愿对见效相对缓慢的科技研发投入大量资金；在能源价格低迷时期，政府在财政收入大受影响的情况下，又陷入对创新研发"有心无力"的局面。引言中提到的 2011～2014 年俄罗斯与欧盟国家在创新研发投入方面相比严重落后就是个很好的说明。

---

① 中国现代国际关系研究院"俄罗斯发展前景"课题组：《在困境中寻求"突破"：2015 年俄罗斯形势》，载《俄罗斯东欧中亚研究》2016 年第 1 期，第 4 页。转引自 Выбор России：энергетическая сверхдержава или страна – лузер，http：//slon.ru/posts/53541。

② 作为普京的密友和追随者的谢钦，目前担任俄罗斯石油公司总裁。2003 年起，谢钦参与了对前寡头霍尔多科夫斯基的全部诉讼，在他的主导下将尤科斯公司收归国有。俄罗斯天然气工业股份公司控制着俄罗斯 65% 的天然气储量和世界 20% 的天然气储量。开采的天然气占世界天然气开采的 1/5，占俄罗斯全部开采量的 90%。可见，油气两大行业对普京政权的稳定极为重要，必将垄断对其有利的绝大部分资源。

"公共物品"，在西方经济学中指能为绝大多数人共同消费或享用的产品或服务。生产性公共物品，顾名思义，是指能为生产提供的产品和服务。基础设施建设是生产性公共物品的重要内容，它对产品营销所涉及的售后服务、市场和物流非常重要。多年来，俄政府财政支出向国防建设、民生保障倾斜严重，而基础设施建设并不尽如人意。公路交通落后，铁路和航空、水运虽有一定的基础，但大多在苏联时期建造，较为陈旧。2016年1月，俄罗斯经济学家、后工业社会研究所所长维亚切斯拉夫·伊诺泽姆采夫撰文《普京执政16年的总结》对普京的施政措施和效果提出了强烈的批评，引起了较大的反响。其中关于基础设施建设部分提到，16年来，俄罗斯没有铺设哪怕1公里的现代化高速铁路。2014~2015年，每年兴修公路1200公里，相当于2000年时的四分之一。20世纪90年代便开工的莫斯科到圣彼得堡的公路，现在还未建成。俄所有港口的吞吐量增长仅相当于上海1个港口的50%，2014年通过北方海上航道运输的物资仅有13万吨，较1999年的46万吨更少。①

以上，创新研发设计投入不足、制造业逐年萎缩和生产性公共物品的供给缺乏，限制了科技的进步。

3. 教育科研行业相对较低的收入水平影响了高校毕业生的从业选择和科技人才储备

自苏联解体以来，俄罗斯高校发展迅速，由苏联解体前的514所高校增长到目前的近3500所。除了大学的分校外，国立大学653所，私立大学462所，培养近790万学生。② 和中国一样，俄罗斯同样存在着大学生就业难的问题。2008年金融危机以后，俄

---

① Державное бессилие: каковы итоги 16 - летнего правления Владимира Путина, http: // www.rbc.ru/opinions/economics/12/01/2016/5694b0229a79473841558e1f.

② 杜劲松、彼得勒索娃 I·A：《俄罗斯高等教育改革现状评析》，载《比较教育研究》2014年第8期，第66页。

高校毕业生的择业观念变得越发的现实，旱涝保收、相对体面的公务员职业成为最优先的选择。① 此外，从事金融行业带来的较高收入对于高校毕业生也是个很好的出路。而教育科研行业的较低收入水平，对青年人的吸引力越来越弱。从表6我们可以看出，以2014年为例，从事金融行业的收入水平是教育科研行业的2.65倍，公务员收入是其1.65倍。考虑到从事公务员还有其他灰色收入来源，这个比值有可能还会升高。

值得指出的是，2015年财政收入骤减的俄罗斯政府将国防预算作为优先保障，而对教育领域的拨款做了削减。根据《2016年预算草案》，教育领域支出下降8.5%，占总支出的比例从4.1%降至3.6%，高等教育领域支出仅为2012年的78%。②

政府对高等教育和科研拨款的缩减，以及从事教育科研行业相对较低的收入，必将影响青年人的择业选择。而科研力量的补充乏力，对科研梯队建设和科研项目的开展也会产生直接影响。

表6　2008~2014年俄罗斯金融、公共管理、国防和社会保险以及
教育、科研行业从业人员月工资收入

单位：卢布

年度 / 行业	2008	2009	2010	2011	2012	2013	2014
金融	41871.8	42372.9	50120.0	55788.9	58999.2	63333.0	68564.5
行政管理国防社会保险	21344.1	23960.0	25120.8	27755.5	35701.4	40448.7	42659.1
教育科研	11316.8	13293.6	14075.2	15809.1	18995.3	23457.9	25861.7

资料来源：俄罗斯国家统计局网站，http://www.gks.ru/wps/wcm/connect/rosstat_main/rosstat/ru/statistics/wages/labour_costs/#。

---

① 雷丽平、朱红琼：《俄罗斯高校毕业生就业现状透视》，载《人口学刊》2014年第6期，第41~42页。

② 中国现代国际关系研究院"俄罗斯发展前景"课题组：《在困境中寻求"突破"：2015年俄罗斯形势》，载《俄罗斯东欧中亚研究》2016年第1期，第7页。

4. 俄罗斯与西方国家关系恶化导致现代化联盟破产

普京和梅德韦杰夫就实现俄罗斯现代化作为社会经济发展的总目标，经济发展模式向创新型转变是实现这一目标的重要保证达成了共识。截至 2014 年，关于创新发展，俄罗斯通过联邦级和地区级法律、法令、决议、决策及战略规划等 170 多个，其中联邦级法律法规 15 个。[①] 普京第二任总统任期结束前（2008 年 2 月 8 日）所做的《关于俄罗斯到 2020 年的发展战略》讲话，以及以此为基础于 2011 年 12 月 8 日联邦政府签发的《2020 年前俄罗斯创新发展战略》是近期关于俄罗斯创新发展最具战略意义的指导性文件。文件中分列了多项目标，其中包括：扩大实现技术创新的工业企业份额，扩大俄罗斯高新技术产品在世界高新技术产品总出口中的份额，2020 年前提高到 2% （2008 年为 0.25%）；提高创新领域在 GDP 中的总附加值，2020 年前达到 17% ~ 20% （2009 年为 12.7%）；扩大创新产品在工业产品总量中的份额，2020 年前达到 25% ~ 35% （2010 年为 4.9%）；增加国内研发支出，到 2020 年占 GDP 2.5% ~ 3% （2010 年为 1.3%）。[②]

俄罗斯经济发展多年形成的对能源出口的惯性依赖，导致生产过多依赖国外商品和技术的进口。俄罗斯为此努力调整外交政策，突出寻求能为俄罗斯提供相应技术发展和为国产高科技产品走向地区和国际市场做出更大贡献的国家，首先要与主要国际伙伴德法意等欧盟国家和美国建立专门的现代化同盟。[③] 俄美关系在 2008 年金融危机后的缓和与重启，在这一背景下被提上了日程。[④] 但双方

---

① 欧阳向英：《俄罗斯创新战略的目标和效果》，载《欧亚经济》2014 年第 2 期，第 46 页。

② Стратегия инновационного развития Российской Федерации на период до 2020 года, утвержденная распоряжением Правительства Российской Федерации от 8 декабря 2011 г. No 2227 - p.

③ 《俄罗斯转型与经济现代化》，http：//news.hexun.com/2013 - 11 - 29/160163453.html。

④ 美国国务卿希拉里·克林顿和俄罗斯外长拉夫罗夫 2009 年 3 月 6 日在日内瓦举行会谈，双方承诺将重启美俄双边关系，并将加强在军控、防止核扩散、阿富汗、伊朗和朝鲜等一系列重要问题上的合作。

之间存在的三大结构性障碍：北约东扩、独联体地区颜色革命威胁和美国导弹防御计划①使得彼此间的芥蒂与互疑越发严重。乌克兰危机的爆发成为压倒骆驼的最后一根稻草，俄美关系重启宣告彻底失败。②

此外，欧盟 2008 年起积极推进的"东部伙伴关系计划"，被俄罗斯视为蚕食其战略空间的东扩路线图。俄罗斯积极吸收欧盟先进技术知识的想法，在对方那里获得了冷遇。欧盟认为，俄罗斯实行经济现代化的前提是进行政治民主改革，保障人权和杜绝贪腐等。许多建议在俄罗斯看来是对其内政不应有的干涉。随着乌克兰危机的爆发，欧盟紧跟美国对俄罗斯施加多轮制裁，现代化联盟沦为一纸空谈。

纵观俄罗斯多年来为实现创新发展所制定的官方文件和努力，所提出的目标可谓远大，得到的效果却不尽如人意。如果不对现有的经济发展模式拿出彻底改革的勇气，以及脱离了国际社会政治和经济两方面的合作与帮助，其任何发展战略都不会取得预期的效果。然而，改革必将触动垄断利益集团的根本，而它们在某种意义上是普京执政的依靠。梅德韦杰夫所认为的现代化包括经济、政治、社会等领域的国家全面现代化，特别强调政治现代化，加速推进民主化的进程；而普京主要强调经济现代化，认为政治体制改革需要"特别谨慎"。③ 这也是俄罗斯的转型迟迟未能获得成功的原因所在。

（二）外部因素分析

乌克兰危机引发的西方国家对俄罗斯的多轮制裁，限制俄金融

---

① 吴大辉：《俄罗斯寻求现代化联盟以及对中俄战略协作关系的影响》，载《俄罗斯学刊》2011 年第 3 期，第 24 页。

② 2016 年 2 月，梅德韦杰夫接受记者采访时指出，2009 年俄美关系"重启"后，俄美关系遭遇倒退和严重破坏，目前的俄美关系比重启之前更糟糕。再次"重启"俄美关系，对俄、美、欧都有必要。如果要再次重启，必须建立在新基础之上。

③ 《俄罗斯转型与经济现代化》，http://news.hexun.com/2013-11-29/160163453.html。

机构在欧洲金融市场直接融资、对俄实行武器禁运和高技术产品出口禁令、资本大量外流，以及国际原油价格的断崖式下跌导致的俄国家货币贬值和购买力的下降，是严重制约俄罗斯科技发展的外部因素（见图5）。

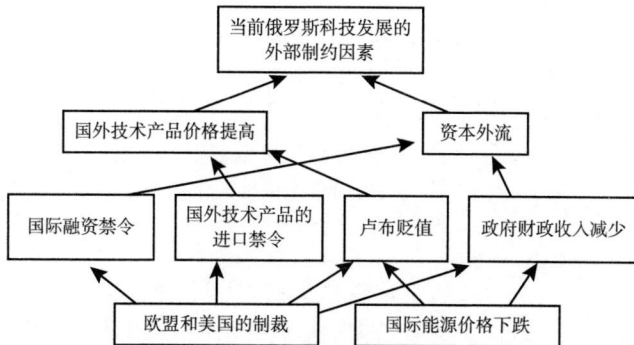

图5　当前俄罗斯科技发展的外部制约因素

1. 欧美国家的制裁限制了俄罗斯生产领域的国际融资和技术设备更新

克里米亚公投入俄后，西方国家对俄相继出台了多项制裁措施，禁止俄金融机构进入欧盟资本市场、对俄实施武器禁运、禁止对俄出口用于军事目的的军民两用产品，以及禁止对俄能源行业出口高技术设备等（见表7）。与之相对应的是，俄罗斯上述领域对国外先进技术产品和国际资本市场融资的依赖程度极高。梅德韦杰夫在2015年4月的俄政府工作会议上指出，俄罗斯机床设备的进口达到90%，民用飞机进口超过80%，重型机械进口达到70%，石油开采设备进口达到60%，农机设备的进口在50%～90%。① 受制裁影响，2014年，俄罗斯进口国外（包括独联体国家）机器

---

① Единая межведомственная информационно - статистическая система, «Расходы на приобретение сырья, материалов, покупных полуфабрикатов и комплектующих изделий для производства и продажи продукции (товаров, работ, услуг)», https：//fedstat.ru/indic.

设备的支出减少了 12%，为 1362 亿美元，到 2015 年，该数额大幅减少，为 818 亿美元，仅为 2014 年的 60%（见图 6）。融资困难和出口禁令，严重影响了俄能源行业的业务开展和技术设备更新。

表 7　欧美对俄罗斯经济金融制裁一览

制裁发起国	制裁时间	内容
美国、欧盟	2014 年 4 月 28 日	美国宣布冻结 7 名俄罗斯公民及 17 家俄罗斯企业在美国境内的资产以惩罚俄罗斯企业及个人对乌克兰东部人民抗议活动的支持;欧盟相应扩大了制裁名单
美国、欧盟	2014 年 7 月 17 日	在金融、能源及国防领域扩大制裁。美国宣布,制裁俄罗斯三家银行,制裁与俄军方有合作的俄罗斯造船企业,限制对俄贸易出口。欧盟宣布,禁止俄罗斯国营金融机构参与欧洲金融市场交易;限制对俄相关商品、技术的出口;暂缓对俄方的资金支持;扩大制裁名单,增加 4 名个人与 4 家企业等
美国	2014 年 9 月 12 日	禁止美国企业或个人购买俄罗斯相关银行发行的超过 30 天的债务,禁止美国企业或个人购买俄罗斯相关石油企业新发行的超过 90 天的债务,对 5 家俄罗斯国有国防技术企业采取冻结其在美国资产的制裁措施,禁止向俄罗斯 5 家能源相关企业出口有关商品、服务及技术等
美国	2014 年 12 月 18 日	美国总统奥巴马签署了对俄制裁的新法案,虽暂时未施行,但该法案也明确规定了美国制裁俄罗斯、支持乌克兰的相关经济措施:限制向俄罗斯能源与科技领域提供资金及技术支持;向乌克兰提供 3.5 亿美元的军事装备支持:制裁俄罗斯军火出口企业等
欧盟	2015 年 6 月 22 日	欧盟将对俄罗斯实施的经济制裁延长半年,至 2016 年 1 月 31 日

　　资料来源：陶士贵、徐婷婷：《西方国家对俄罗斯经济、金融制裁演进、影响及启示》，载《国际金融》2016 年第 2 期，第 60 页。

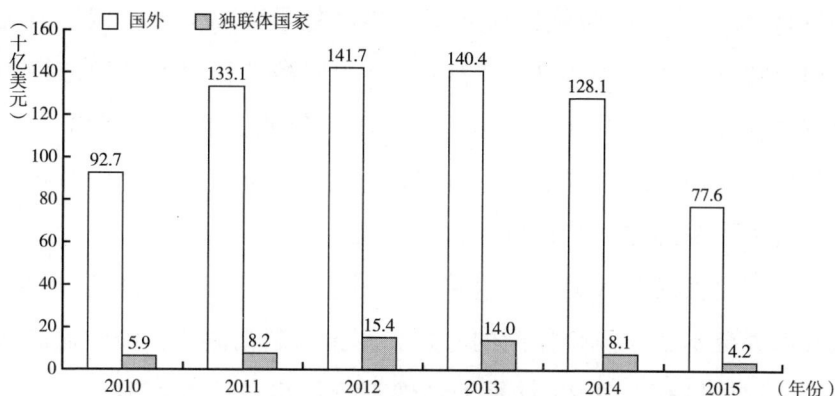

图6　2010~2015年俄罗斯进口国外（包括独联体国家）机器设备支出变化

资料来源：Единая межведомственная информационно - статистическая система，«Удельный вес бюджетных средств во внутренних затратах на исследования и разработки»，https：//fedstat. ru/indicator/43583.

2. 国际石油价格的断崖式下跌导致俄罗斯财政收入减少和国际购买力下降

随着国际石油价格的下滑，美元和欧元价格相对于卢布得到了升值。2014年6月布伦特石油价格为每桶111.8美元，美元对卢布的汇率为1：33.6；当2016年3月石油价格达到每桶38.2美元时，美元对卢布的汇率为1：67.6。相对于卢布的贬值，外国技术设备产品的进口成本价格相应提高，俄罗斯财政收入的减少及在全球市场上购买力的下降成为俄获取境外技术的另一个难题。

3. 资本的外流恶化了俄罗斯的投资环境和科研环境

欧美对俄制裁的持续，造成了智力资本和在俄投资资本外流趋势的加大。俄罗斯遭受西方国家孤立的现实状况、入不敷出的财政收入对科技研发的投入不足、恶劣的经济形势造成的通货膨胀的加大和生活成本的上涨①，以及西方国家相对于俄罗斯优越的科研条

---

① 2015年1~9月，俄消费品价格指数同比提高15.9%，一些商品涨价速度甚至高于通胀水平。Социально - экономическое положение России январь - сентябрь 2015 года.

件与收入水平①，导致俄罗斯向海外移民数量大幅加大。俄罗斯统计部门数据显示，2012 年和 2013 年该国向海外移民的人数分别为 122751 人和 186382 人，2010 年和 2011 年则分别为 33578 人和 36774 人，实际数字有可能更高。② 科研人员的外流，直接影响俄罗斯智力资源的储备与科研项目的开展。

欧美对俄的制裁另一个直接影响是恶化了俄罗斯的投资环境，众多海外资本出于风险控制的考虑和本国的制裁命令，纷纷撤离俄罗斯。据俄塔社 1 月 20 日报道，俄央行初步统计数据显示，2014 年，俄资本外流达 1515 亿美元，是自 1994 年央行公布资本外流统计以来的最高值。③ 相对于 2014 年，2015 年的俄罗斯资本外流大幅度减少，俄罗斯央行给出的原因是俄罗斯的国际收支适应了卢布的贬值，收支平衡得到了巩固。但 569 亿美元的资本外流数额，仍然不可小觑。④ 资本的外流会引发在俄投资资产的贬值和俄罗斯外汇储备的消耗，进而造成卢布的贬值和金融市场的恶化与实体市场的混乱，加剧政治经济危机。

4. 风投资金的投资偏好对基础性科学研究的帮助不大

起源于 20 世纪六七十年代的"风险投资"，近年来发展非常迅速。从投资行为的角度来讲，风险投资是把资本投向蕴藏着失败风险的高新技术及其产品的研究开发领域，旨在促使高新技术成果

---

① 虽然近几年俄罗斯科研人员的工资收入得到了增长，2014 年 4 季度，工资收入达到了平价工资的 148%，2015 年 4 季度——169%，但考虑到当前俄罗斯人均月收入低于 450 美元和高昂的生活成本，俄科研人员的收入仍然偏低。Единая межведомственная информационно - статистическая система, «Отношение средней заработной платы научных сотрудников к средней заработной плате по субъекту Российской Федерации», https：//fedstat. ru/indicator/44198.

② 《欧美制裁俄罗斯：俄最宝贵两类财富加速外流》，http：//finance. ifeng. com/a/20140814/12927945_ 0. shtml。

③ 《2014 年俄罗斯资本外流 1515 亿美元》，http：//www. mofcom. gov. cn/article/i/jyjl/e/201501/20150100873528. shtml。

④ 《2015 年俄资本外流大幅下降》，http：//world. huanqiu. com/hot/2016 - 02/8506538. html。

尽快商品化、产业化，以取得高资本收益的一种投资过程。受资本外流的影响，2015 年俄罗斯风投市场的规模为 50600 万美元，比2014 年缩减了 43%；投资项目 301 个，比 2014 年减少 35%。78%的风投资金投到了互联网和软件研发的 B2B、B2C 领域及电子商务领域。其他如生物技术、计算机设备和工业技术领域仅仅吸引了22% 的风投资金（见图 7）。由此可见，风投资本并不能为俄罗斯的科技发展带来太多的支持和帮助。

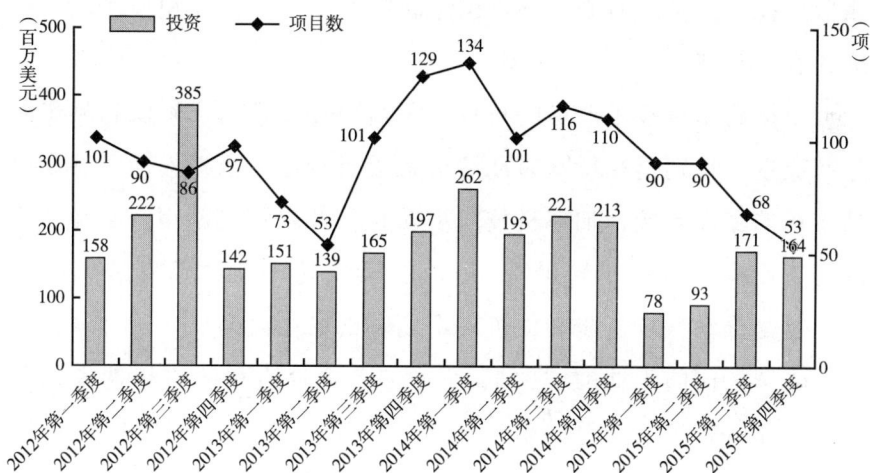

图 7　2012 ~ 2015 年俄罗斯风投市场

资料来源：РИА Новости，«Рогозин：ВПК откажется от 90% компонентов из ЕС и НАТО в 2018 году»，http：//ria. ru/defense _ safety/20150811/1178199594. html.

三　优先政策选择：以国防工业为龙头和
抓手推动科技进步

俄罗斯拥有世界一流的军工体系，科技基础雄厚、门类齐全，其中航空航天、核工业具有世界领先水平。俄军工技术世界一流，武器销售额仅次于美国。俄罗斯拥有强大的军事实力，果断打击

"伊斯兰国"恐怖势力并在短期内取得明显效果便是其实力的证明。新的历史时期，将发展国防工业作为优先政策选择符合俄罗斯的实际情况，以此可以实现摆脱制裁的消极影响、刺激科技进步和成果转化、维护国家安全和促进经济增长的目的。

1. 科技进步考量

2014年9月，普京针对西方国家的制裁接受塔斯社记者采访时表示，国防工业是经济发展的助推器。国防科技代表着高科技，武器等技术设备的研制将促进国家科技水平的发展，积极作用于经济的各个领域。[①]

为提高军事技术产品的科技水平与市场竞争力、降低产品研制生产成本，特别是在特殊时期解决融投资难题，积极推动军品和民品市场的良性对接，加速科技成果转化，开发军民两用产品和实现国防工业技术的"军转民"，是俄罗斯国防工业改革发展方向之一，也是推动科技进步和促进经济复苏的必由之路。

俄罗斯国防工业的"军转民"在苏联时期和解体初期走过了一段弯路，带来了严重的负面影响。1990年出台的《1995年前国防工业转轨及国防企业民品生产发展国家计划》，是在没有新的国防理论、军事改革理论、转轨构想及调研、法律体系及财政支持的情况下开始的一场大规模的"军转民"运动，造成了生产停滞和不良资产大幅上升，成为日后国防工业整体性崩溃的隐患。1991~2000年政治经济环境的剧变加深了国防工业危机，国防工业开始出现生产转轨与体制结构变革的双重危机。[②]

2000年普京当选总统后，推动建立国防企业现代化管理机制和对企业进行结构重组，2001年10月和11月先后签署的《国防

---

① ТАСС，«США ввели новые санкции против России в связи с ситуацией на Украине»，http://tass.ru/mezhdunarodnaya – panorama/1438447.

② 王伟:《俄罗斯国防工业"军转民"的经验和教训》，载《俄罗斯中亚东欧市场》2005年第4期，第5~8页。

工业综合体 2002～2006 年改革及发展联邦目标纲要》和《俄联邦国防工业综合体至 2010 年及远景发展的基本政策》成为国防工业企业改革发展的指导性文件，"军转民"在改革的推动下取得了丰硕的成果。俄罗斯"格洛纳斯"（GLONASS）全球卫星导航系统是"军转民"最成功的例证。20 世纪 60 年代左右，苏联军方确认需要一个卫星无线电导航系统用于规划中的新一代弹道导弹的精确导引。为此，1976 年苏联启动了"格洛纳斯"项目。当初为军事目的研发的导航系统，今天为全世界的用户提供全球、全天候免费服务卫星信号，成为与美国的 GPS、欧洲的伽利略卫星定位系统和中国的北斗卫星导航系统并列的四大导航系统之一。

乌克兰危机爆发以来，美国禁止向俄罗斯供应航天电子元器件，限制了部分从俄罗斯进口的航天科技产品。为应对制裁，俄罗斯航天系统股份公司负责人于 2015 年 6 月宣布，将计划生产开发卫星导航系统的全套设备，今后的导航卫星将全部由俄罗斯制造，不再依靠进口零部件。俄政府将大力发展本国的航天器制造产业，在 2020 年之前投入至少 210 亿卢布，实现 80% 的航天器电子元器件在俄罗斯本土制造的目标。[1]

为进行科技成果的商业化推广和生产领域的技术创新，当前俄罗斯开始发展建设新一代的科技园区。根据《俄罗斯联邦高科技领域科技园建设项目》，目前在俄罗斯正在建设 12 所总面积超过 45 万平方公里的科技园区。2014 年的数据显示，这些科技园区提供了 19000 个工作岗位，入驻了超过 750 家企业，提供了价值 400 亿卢布的产品与服务。[2] 鉴于大部分园区在 2014 年刚刚投入使用或刚开始立项建设，可以预见，这些园区的未来发展潜力十分巨大。

---

[1] 《格洛纳斯卫星将只要"俄罗斯制造"》，http：//www.cnautonews.com/qchl/clw/201506/t20150604_410916.htm。

[2] Кречетников А.《Каспийским 'Калибром' по Сирии: зачем это было надо?》, http://www.bbc.com/russian/russia/2015/10/151008_russia_syria_cruise_missiles_analysis。

2. 国家安全考量

2015 年 12 月 31 日，俄罗斯总统普京签署第 683 号总统令，批准新修订的《俄罗斯联邦国家安全战略》（以下简称《安全战略》）。《安全战略》中对当前俄罗斯国家安全环境给出了严峻的判断，提出了国防、国家社会安全、提高俄罗斯公民的生活质量、经济增长、科学技术与教育、卫生、文化、生态系统与合理利用自然资源、战略稳定与平等战略伙伴关系九个战略优先发展方向。[①] 国防被列为发展之首，符合俄罗斯长期以来坚持的将国家安全放在首位的政策定位。

乌克兰危机的持续发酵，引发了俄罗斯和西方国家自冷战结束后最为激烈的对抗。西方国家对俄罗斯采取多轮制裁的目的是造成俄罗斯孤立的国际地位，恶化其经济状况，引发政治危机，动摇普京的执政基础。此外，美国还在大力研发"全球即时打击系统"。如此种种，引起了俄罗斯的高度重视和警惕。在 2014 年底出炉的新版军事学说中，俄提出在 2015 年前将建设和发展军事基础设施、提高军事产品的质量和竞争力作为发展军事和国防工业的重点方向。俄副总理罗戈津提出，各军种现代化武器比例在 2015 年将提高到 30%，到 2020 年则提高到 70%，为此国家将投入 20 万亿卢布。[②] 俄军事工业委员会副主席博奇卡廖夫表示，无论经济形势如何变化，国防工业的开支不会被削减。数据显示，从 21 世纪初期开始，俄国防预算持续增加。2003 年俄国防财政拨款为 4160 亿卢布，到了 2015 年，这个数额达到了 31110 亿卢布，增加了 6.5 倍。2003～2015 年，用于购买技术装备和研发的支出平均年增长 24%。2003 年 29% 的科研经费用于国防领域，2015 年，这个比例达到了 53%（见图 8）。

---

① О Стратегии национальной безопасности Российской Федерации，http：//rg. ru/2015/ 12/31/strategia – site. html.

② 《俄罗斯强化国防工业发展》，http：//news. enorth. com. cn/system/2015/01/27/ 012445625. shtml。

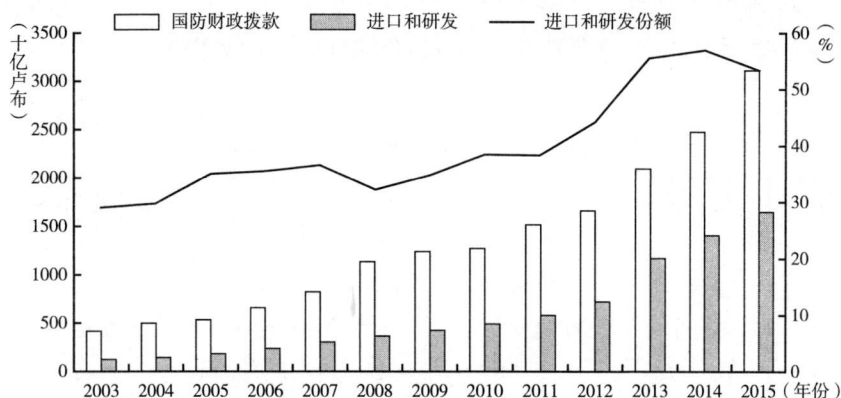

图8　2003～2015年俄国防财政拨款

资料来源：Государственные программы вооружения Российской Федерации: проблемы исполнения и потенциал оптимизации. － М.: Центр анализа стратегий и технологий, 2015. － 36 с.

3. 经济增长考量

在俄罗斯出口商品结构中，具有自然禀赋优势的能源类商品和具有高科技优势的武器类商品是俄罗斯最为依赖和侧重的两类出口商品。在能源价格持续低迷的历史时期，武器贸易担负了增加财政收入、保障国防军工企业技术革新的重要任务；在当前俄罗斯遭受西方制裁和国际孤立的阶段，武器出口贸易可以作为协调国际关系，保持俄罗斯在国际军工市场竞争优势，维护在中东、东南亚的地缘战略利益，突破国际封锁的重要手段。

冷战时期，苏联与美国的军备竞赛促进了本国国防工业的快速发展。庞大的国防开支和强大的科技研发能力，使得苏联的军工实力处于世界的首位，并形成了规模庞大、体系完善、品种齐全及生产能力强大的自主军事科研和生产体系。苏联解体后，俄罗斯继承了苏联约70%的国防工业企业、80%的科研院所和85%的军工生产设备以及绝大多数科研和生产人员，为俄罗斯开展武器出口奠定了良好的军工生产基础。SIPRI的数据显示，2005～2014年10年间，美国和俄罗斯共占据全球武器出口总量的 55.03%，其中俄罗斯位居第二，占全球武器出口总量的 24.66%（见表 8）。

表 8　2005～2014 年世界主要武器出口国

排名	出口国	占世界份额(%)	排名	出口国	占世界份额(%)
1	美　国	30.37	6	中　国	4.10
2	俄罗斯	24.66	7	西班牙	2.75
3	德　国	7.77	8	意大利	2.66
4	法　国	6.59	9	荷　兰	2.46
5	英　国	4.31	10	乌克兰	2.30

资料来源：史本页：《俄罗斯武器出口面临的挑战及应对措施》，载《东北亚论坛》2016 年第 2 期，第 116 页。转引自 SIPRI Arms Transfers Database。

俄罗斯武器出口比较优势明显，在整个外贸出口中所占的比重由 2008 年的 1.77% 提高到了 2014 年的 3%[①]，创造了大量的外汇收入。2015 年 12 月 14 日，瑞典斯德哥尔摩国际和平研究所出版的《武器制造及军事服务公司世界百强的年度报告》中显示，尽管西方的经济制裁导致俄罗斯的经济困难，但 2014 年俄罗斯武器工业销售仍保持上涨趋势。2014 年世界百强企业中至少包含了 11 家俄罗斯武器制造企业，其武器销售总额占上榜百强企业武器销售总额的 10%。[②] 值得注意的是，由于制裁和卢布贬值的影响，俄罗斯在国际武器市场上的份额出现了下滑，从 2013 年的 30% 下降到 2015 年的 19%[③]，但 2015 年超过 150 亿美元的武器出口水平（计划 2016 年达到同等水平），仍是一个了不起的成就。

---

① Centre for Analysis of Strategies and Technologies. Russian Exports of Arms and Military Equipment, http://cast.ru/eng/figures.

② 《俄罗斯计划 2016 年出口 150 亿美元武器》，http://news.qq.com/a/20160101/017937.htm?pgv_ref=aio2015_sogou.

③ Федеральная служба государственной статистики, «Произведенный валовый внутренний продукт», http://www.gks.ru/free_doc/new_site/vvp/vvp-god/tab11.htm.

四　简要结论

苏联曾经的辉煌给俄罗斯人留下了难以磨灭的印记。2015 年 1 月 1 日，欧亚经济联盟正式启动。这个力图在欧亚地区打造类似欧盟的独联体内经济一体化项目，虽然参与各方一再强调联盟不是为了恢复过去的苏联，但不难看出普京寄希望于此重振俄罗斯的决心。乌克兰危机的爆发，打乱了普京的战略部署。未来欧亚联盟的成色由于乌克兰的缺席和其他独联体国家的心存疑虑而大打折扣。俄罗斯与西方的尖锐对峙源于本国的底线被一再挑战和自身的发展由于制裁变得步履蹒跚。

科技的进步和先进科技成果的应用，对经济的刺激作用早已被世界各国所公认。历史上数次科技革命对一国命运的决定性作用被作为经典案例反复研究。俄罗斯恼怒于美国将之视为二流国家对待，多年来希冀与之建立平等伙伴关系的愿望一直未能实现。原因之一在于俄罗斯科技发展水平的滞后导致该国与西方国家在创新发展竞争中逐渐落后。俄罗斯经济转型迟迟未获成功的原因之一在于庞大的垄断利益集团阻碍。彻底的改革不仅会触动它们的利益，更有可能动摇普京执政的基础。政府和民间对此尚未达成共识。

遭受制裁的俄罗斯陆续推出了多项反制措施，其中 2015 年 1 月 27 日和 2016 年 3 月 1 日推出的反危机计划 1.0 版和 2.0 版尤为引人关注，进口替代作为长期举措被上升到国家战略层面。长期以来依赖于西方技术设备的俄罗斯能否通过进口替代战略实现本国工业的自主发展，能否借此机会促进科技的进步是个具有争议的话题。替代政策实施一年多以来，替代的效果并不明显。类似于学者对俄罗斯经济给出长期停滞的判断，关于进口替代，也将会是一个漫长的过程。

相对于民用生产领域的替代进程缓慢，军工领域的替代进展迅速。截至 2015 年 10 月，俄军工领域已替换了 64% 的乌克兰供货商和 43% 的北约与欧盟的供货商。[①] 具备国家安全战略属性的俄罗斯进口替代战略，必将影响政府财政支出对军工领域持续倾斜。

困境中的俄罗斯把发展国防工业作为摆脱危机的优先政策选择，符合当前俄罗斯的基本情况，对这一政策的实施效果值得长期跟踪研究。

---

① Граф Н. «Путин: Реформа РАН оправдывает ожидания», http：//rg. ru/2016/04/14/reg – sibfo/putin – reforma – ran. html,（дата обращения: 18. 04. 2016）.

俄罗斯在亚太价值链中的
角色及其演变态势[*]

张志明　曲文轶　郭一文[**]

　　随着国际生产技术、运输、通信、信息技术进步所导致的国际生产分割和贸易成本的大幅降低，以产品内贸易或任务贸易方式为主要特征的全球价值链分工已成为全球经济贸易联系的主导形式。作为全球经济重心[①]，亚太地区是全球价值链连接最为紧密的地区[②]，并已形成了当今世界生产链条最多、生产分工程度最深、价值链贸易额度最大及分工结构最为复杂的区域价值链体系，即亚太价值链[③]。

──────────

[*]　［基金项目］国家社会科学基金青年项目"中国嵌入亚太价值链的模式演进、绩效评估与升级策略研究"（16CJY056）。

[**]　张志明，辽宁大学转型国家经济政治研究中心兼职研究员，辽宁大学经济学院副教授；曲文轶，辽宁大学转型国家经济政治研究中心研究员，辽宁大学国际关系学院教授、博士生导师；郭一文，辽宁大学亚澳商学院硕士研究生。

[①]　根据 OECD 数据库测算结果可知，在 2014 年，亚太地区的 GDP 总量占全球 GDP 总量的 56.8%，贸易总量约占世界贸易总量的 46%，区内贸易比重高达 67%，其中，中间产品贸易占区内贸易的 60% ~ 65%。

[②]　《商务部召开 APEC 全球价值链促进亚太经济体合作与发展媒体吹风会》，网易网，2014 年 11 月 8 日。http://news.163.com/14/1108/08/AAH1SOSS00014SEH.html。

[③]　在借鉴相关研究成果基础上，本文认为，亚太价值链是相对于全球价值链而言的区域价值链，具体而言，亚太价值链是指在亚太地区内为实现商品或服务价值而连接生产、销售、回收处理等过程的区域性跨企业网络组织，涉及从原料采集和运输、半成品和成品的生产和分销直至最终消费和回收处理的生产环节，且全球价值链生产环节主要在亚太区域内的不同经济体之间配置完成。

20 世纪 90 年代以来，凭借着丰裕的自然资源禀赋优势，俄罗斯主要依托"世界原料供应基地"角色嵌入亚太价值链分工体系，现已成为亚太价值链的重要参与者。OECD 的统计数据显示，俄罗斯与 APEC 经济体的中间品贸易总额由 1995 年的 235.9 亿美元上升到 2011 年的 2067.5 亿美元，增加了约 7.8 倍，相应地，其占俄罗斯中间品贸易总额之比由 1995 年的 22.9% 上升到 2011 年的 29.3%，增加了 6.4 个百分点[①]。随着亚太地区经济的迅猛发展，亚太地区在俄罗斯经济战略中的地位在不断提升。早在 2000 年 9 月贝加尔经济论坛通过的《21 世纪俄罗斯在亚太地区发展战略》就明确指出，俄罗斯加强与亚太地区合作具有重大战略意义[②]。那么，目前我们较为关注的课题是，俄罗斯参与亚太价值链分工的程度到底怎样，其主要借助什么模式参与亚太价值链分工，在亚太价值链分工中的地位怎样及其演变态势如何。对这些问题的回答有助于我们深刻认识俄罗斯在亚太价值链分工中所扮演的角色及其演变历程，并对我国制定恰当的对俄经济合作政策提供有益的参考。

自 20 世纪 60 年代以来，伴随着产品内贸易的蓬勃发展，由跨国公司主导的全球价值链分工模式逐渐成为经济全球化与国际分工的主要特征。在全球价值链分工背景下，一国的出口贸易所包含的增加值并非完全由本国创造，也可能包含其他国家所创造的增加值，这导致以商品总值为统计口径的传统关镜统计法难以准确反映一国的真实出口规模及其在全球价值链中的角色。对此，时任 WTO 秘书长的 Lamy 在 2011 年的一篇文章中指出，按照传统关镜统计法统计，2009 年中国在 iPhone 上对美国的贸易顺差为 19 亿美元，但若按照增加值贸易统计法统计，在该产品上中国对美国的贸

---

① 作者根据 OECD 数据库整理计算所得。

② 胡仁霞、赵洪波：《俄罗斯亚太战略的利益、合作方向与前景》，载《东北亚论坛》2012 年第 5 期。

易顺差仅为 7300 万美元。为了规避传统关镜统计法存在的缺陷，WTO 和 OECD 于 2013 年联合提出了增加值贸易统计法，该方法可测算出一国出口总额中所包含的本国增加值，因而可准确反映一国的真实出口规模。在构建增加值贸易与全球价值链特征的测度指标方面，Hummels 等最早构建了垂直专业化率指标，以此反映一国的增加值贸易规模、全球价值链位置及参与度，其研究成果使全球价值链的方法和实证研究取得突破性进展，对后续相关研究产生了深远的影响[①]。由于 Hummels 等的研究是在 4 个严格的假设条件下进行，所以，根据其方法测算的增加值贸易和垂直专业化率不够准确。为弥补该方法的不足，Koopman 等和 Wang 等对增加值贸易与全球价值链特征的测度指标进行了较为系统的改进，并构建了较完善的增加值贸易核算体系和全球价值链位置及参与程度的测度指标[②]，这些指标已成为目前学术界测度增加值贸易、刻画全球价值链特征的主要工具，也是本文刻画亚太价值链特征及俄罗斯角色的主要分析工具。例如，罗长远、张军与王岚等国内学者借鉴 Koopman 等的方法，从不同视角对中国在全球价值链中的角色进行研究，结果发现中国的全球价值链地位和参与度均呈现不断上升的态势[③]。事实上，正如 Baldwin 和 Lopez – Gonzalez 所言，全球主要产品的各价值增值环节主要呈现区域化特征，而非全球化特征，目前全球已形成了以美国为核心的北美价值链、以德国为核心的欧洲价值链及以日本和中国为核心的亚洲价值链，各经济体

---

① Hummels, D., Ishii, J. and Yi, K. – M., "The nature and growth of vertical specialization in world trade", *Journal of International Economics*, 2001, Vol. 54, No. 1, pp. 75 – 96.

② Koopman Robert, Powers, et al., "Give Credit Where Credit Is Due: Tracing Value Added in Global Production Chains", NBER Working paper, No. 16426, 2010. Wang Z., Wei S – J., Zhu k., "Quantifying International Production Sharing at the Bilateral and Sector Levels", NBER Working Paper, No. 19677, 2014.

③ 罗长远、张军：《附加值贸易：基于中国的实证分析》，载《经济研究》2014 年第 6 期。王岚：《融入全球价值链对中国制造业国际分工地位的影响》，载《统计研究》2014 年第 5 期。

主要通过嵌入各区域价值链来参与全球生产分工网络①。因此，许多学者借鉴 Koopman 等的方法，对区域价值链②展开研究。较为典型的代表为，刘重力等和 João Amador 等分别对东亚价值链和欧元区价值链进行研究，结果发现，东亚地区和欧元区内部的价值链联系日益紧密，区域内各经济体在区域价值链中的角色在不断变化③。

伴随俄罗斯亚太战略付诸实施，其融入亚太经济一体化的进程逐步加快，有关俄罗斯参与亚太生产分工网络与融入亚太经济一体化进程的现状、成果、动因、障碍及未来前景，已成为学术界关注的热点话题。需特别说明的是，亚太经济一体化本质上就是亚太价值链的形成与深化过程。综合相关研究文献发现，现有研究主要从政治经济学视角对俄罗斯参与亚太经济一体化展开定性分析，且得出较多一般性结论。相关研究普遍认为，亚太地区地缘政治与地缘经济的重要性日益凸显，俄罗斯强力振兴西伯利亚与远东地区经济是俄罗斯融入亚太经济一体化的主要动因；借助于西伯利亚与远东地区的地缘、资源和交通运输优势参与亚太经济合作是主要途径；西伯利亚与远东地区经济发展落后且与亚太地区的经济联系薄弱是主要障碍；加强同中国的经贸合作仍存在较大潜力④。

综上所述，从研究方法来看，目前对俄罗斯融入亚太经济一体

---

① Baldwin, R. E. and Lopez – Gonzalez, J, "Supply – chain Trade: A Portrait of Global Patterns and Several Testable Hypotheses", *The World Economy*, 2015, Vol. 38, No. 11, pp. 1682 – 1721.

② Baldwin and Lopez – Gonzale 认为，区域价值链主要指生产分工主要发生在区域内的不同经济体之间，全球价值链生产环节主要在区域内配置完成，区域一体化组织在全球价值链生产中发挥更大的作用，形成了"区域工厂"模式，如"亚洲工厂"、"欧洲工厂"和"北美工厂"等。

③ 刘重力、赵颖：《东亚区域在全球价值链分工中的依赖关系》，载《南开经济研究》2014 年第 5 期。João Amador, Rita Cappariello and Robert Stehrer, "Global value chains: a view from the euro area", ECB Working Paper, No. 1761, March, 2015.

④ 富景筠：《俄罗斯与东亚合作——动因、制约因素及前景》，载《俄罗斯中亚东欧研究》2012 年第 2 期。宋魁：《俄罗斯亚太战略及对中俄合作的意义》，载《当代亚太》2007年第 1 期。

化的相关研究缺乏定量分析，因而难以准确测度俄罗斯融入亚太经济一体化的程度及模式；从研究视角看来，相关文献主要从政治经济学视角展开研究，事实上，亚太经济一体化主要由亚太价值链分工所驱动，亚太价值链分工是亚太经济体一体化的本质特征和内在反映，这意味着只有从亚太价值链视角进行研究，才能更客观精准地刻画俄罗斯在融入亚太经济一体化过程中所扮演的角色，但相关研究对此并未涉足。有鉴于此，本文将借助于多区域投入产出模型（MRIO）和 OECD 最新编制的国际投入产出表（WIOT），借鉴 Koopman 等构建全球价值链相关测度指标的思路，构建并测度增加值出口、亚太价值链参与度指数和亚太价值链地位指数，借此从亚太价值链联系和亚太价值链地位横纵两个维度全面考察俄罗斯在亚太价值链中的角色及其演变态势。

一 指标构建与数据说明

（一）指标构建

伴随着国际投入产出表的成功编制，借助于各种测度指标来考察全球价值链分工状况，成为近期全球价值链领域研究的热点课题与重要成果。本文将借鉴全球价值链测度指标领域的最新研究成果，构建能够全面刻画俄罗斯在亚太价值链中角色的相关指标体系。其中，增加值出口和亚太价值链参与度指数可用于考察俄罗斯在亚太价值链联系中的角色，进而有助于我们从横向维度考察俄罗斯在亚太价值链中的角色；亚太价值链地位指数可用于考察俄罗斯在亚太价值链中的地位状况，进而有助于我们从纵向维度考察俄罗斯在亚太价值链中的角色。

1. 增加值出口

在全球价值链分工已成为全球贸易主要形态的背景下，最终产品的生产往往被分割成不同生产环节和工序并由多国协作完成，因此，在最终产品完工之前，用于生产最终品的中间品①会数次穿越国境以实现最终品生产的有序推进。在全球价值链分工体系下，中间品在国家间的流转导致了以商品总值为统计口径的传统关镜统计法会高估一国的出口规模及利得。例如，有三个国家参与某一产业的全球价值链分工，国家 A 向国家 B 出口 100 美元的中间品，国家 B 通过加工组装创造了 50 美元增加值，然后再将总价值 150 美元的产品向国家 C 出口，如果按照传统关镜统计法核算，国家 B 的出口额为 150 美元，但事实上，真正由国家 B 创造并出口的增加值仅为 50 美元，即国家 B 的实际出口额为 50 美元，传统关镜统计法下国家 B 的实际出口额被高估了 100 美元。为了规避传统关镜统计法的欠缺，Johnson and Noguera 提出了以增加值为统计口径的增加值贸易统计法②，与传统关镜统计法下的总值出口不同，增加值贸易统计法下的增加值出口是指一国创造的最终被其他国家吸收的增加值，因而既能真实反映一国出口贸易的实际规模及利得，也可反映不同经济体之间的真实贸易联系，该统计方法现已得到 WTO、OECD 等众多国际组织的认可。以经济体 s 向经济体 r 的增加值出口为例，其核算公式可表示为：

$$VAX^{sr} = V^s B^{ss} E^{sr} \tag{1}$$

其中，VAX^{sr}（$N \times 1$）为经济体 s 向经济体 r 的增加值出口额矩阵，N 为行业数；V^s（$N \times N$）为经济体 s 的直接增加值系数对角矩阵，对角元素为各行业的直接增加值系数；$B^{ss} = (I - A)^{-1}$。B^{ss}（$N \times N$）为里昂惕夫逆矩阵，表示国家 s 一单位最终品产出所引致自身的总产出量，A（$N \times N$）是直接投入产出（IO）系数矩

①　本文所指的中间产品是除最终品外被用于再生产的所有产品。

②　Johnson, R. C. and Noguera, G. , " Accounting for Intermediates: Production Sharing and Trade in Value Added", Journal of International Economics, Vol. 86, No. 2, pp. 224 – 236.

阵，即国家每增加一单位总产出所需要的中间投入品量；E^{sr}（$N \times 1$）为经济体 s 向经济体 r 的总值出口额矩阵。

2. 亚太价值链参与度指数

在全球价值链分工日益深化的背景下，经济体既可以通过嵌入垂直生产分工过程中的上游环节参与全球价值链分工，也可以通过嵌入垂直生产分工过程中的下游环节参与全球价值链分工，因此，我们借鉴 Koopman 等构建衡量一国参与全球价值链分工程度指标的思想[①]，利用一经济体的亚太价值链前向参与度与后向参与度之和来反映其参与亚太价值链的程度，具体指标构建如下：

$$APVCP_i^s = \frac{IV_i^s}{E_i^s} + \frac{FV_i^s}{E_i^s} \tag{2}$$

其中，$APGVP_i^s$ 为 s 经济体 i 行业的亚太价值链参与度，N 为行业数，E_i^s 为 s 经济体 i 行业向其他亚太经济体的总值出口。$\frac{IV_i^s}{E_i^s}$ 为 s 经济体 i 行业的亚太价值链前向参与度，$\frac{FV_i^s}{E_i^s}$ 为 s 经济体 i 行业的亚太价值链后向参与度。IV_i^s 为 s 经济体 i 行业的间接增加值出口，即由 s 经济体 i 行业创造并通过中间品形式出口到另一亚太经济体经加工后再出口的增加值，也就是其他亚太经济体总值出口中包含的该经济体增加值，FV_i^s 为 s 经济体 i 行业总值出口中包含的其他亚太经济体增加值。$APGVP_i^s$ 越大，表明 s 经济体 i 行业参与亚太价值链分工的程度越深，也标明亚太价值链对 s 经济体 i 行业的重要性越强。需特别说明的是，依据公式（2），既可从整体层面也可从行业层面核算某一经济体参与亚太价值链的程度状况。

---

① Koopman Robert, Powers, et al., "Give Credit Where Credit Is Due: Tracing Value Added in Global Production Chains", NBER Working paper, No. 16426, 2010.

IV_i^s 和 FV_i^s 核算公式的矩阵表达式分别为:

$$IV^s = \sum_{r \neq s}^{G} V^s B^{sr} E^r \, (r = 1,2,\cdots,G,\text{为除经济体} s \text{外的其他亚太经济体}) \, (3)$$

$$FV^s = \sum_{r \neq s}^{G} V^s B^{sr} E^s \, (r = 1,2,\cdots,G,\text{为除经济体} s \text{外的其他亚太经济体}) \, (4)$$

在式(3)、式(4)中,$E^r (N \times 1)$ 和 $E^s (N \times 1)$ 为经济体 r、s 的总值出口向量

$V^s (N \times N)$ 和 $V^r (N \times N)$ 的定义与式(1)相似,$B^{sr} (N \times N)$ 为里昂惕夫逆矩阵,表示国家 r 一单位最终品产出所引致国家 s 的总产出量,$B^{rs} (N \times N)$ 则恰好相反。由式(3)、式(4)可测度亚太各经济体之间的价值链联系。

3. 亚太价值链地位指数

通常而言,如果一国位居某产业全球价值链的高端环节(主要包括原材料供给、研发、设计、品牌和营销等增加值环节),其往往会通过向其他国家提供中间品参与全球价值链分工,也就是说,如果一国主要通过出口中间品而非进口中间品的方式参与全球价值链分工,那么,该国在全球价值链中的地位就往往较高。依此思想,Koopman 等构建了可全面反映一国出口增值能力和全球价值链控制能力的全球价值链地位指数[①]。借鉴 Koopman 等构建全球价值链地位指数的思想[②],本文利用一亚太经济体的亚太价值链前向参与度与后向参与度之差来反映其在亚太价值链中的地位状况,具体指标构建如下:

$$APVC\_Position_i^s = Ln(1 + \frac{IV_i^s}{E_i^s}) - Ln(1 + \frac{FV_i^s}{E_i^s}) \tag{5}$$

---

① Koopman Robert, Powers, et al., "Give Credit Where Credit Is Due: Tracing Value Added in Global Production Chains", *NBER Working paper*, No. 16426, 2010.

② Koopman Robert, Powers, et al., "Give Credit Where Credit Is Due: Tracing Value Added in Global Production Chains", *NBER Working paper*, No. 16426, 2010.

其中，i 为行业，s 为经济体，$APVC\_Position_i^s$ 为 s 经济体 i 行业在亚太价值链中的地位指数，亚太价值链指数 $APVC\_Position_i^s$ 越大，表明 s 经济体 i 行业在亚太价值链中的地位越高，即位居亚太价值链高端生产环节。需特别说明的是，依据公式（5），既可从整体层面也可从行业层面核算某一经济体的亚太价值链地位状况。

（二）数据说明

本文采用由 OECD 编制的国际投入产出表进行核算，该表包含了全球 57 个经济体 33 个行业的 1995 年、2000 年、2005 年、2007年、2009 年、2010 年和 2011 年七个年份数据，其中涵盖了亚太经合组织 21 个正式成员中的 19 个成员①（仅几内亚和巴布亚新几内亚两个经济体未包含），19 个亚太经济体 GDP 总和与出口贸易总和占亚太经合组织 GDP 和出口贸易的 95% 以上，从而能够充分反映亚太地区的经济活动，本文将以这 19 个经济体为样本来考察亚太价值链特征及俄罗斯在亚太价值链中的角色。

为便于从行业视角考察俄罗斯在亚太价值链中的角色，借鉴 Rahman 和 Zhao 的做法②，按照要素密集度和行业特质性，我们将 33 个行业重新整理匹配并最终划分为初级产业、劳动密集型工业、资本密集型工业、技术密集型工业和服务业五个大类，其中，初级产业包括农、林、牧、渔和采矿业；劳动密集型工业包括纺织业与服装鞋帽皮革制品业、木材与木制品业和其他制造业与回

---

① 19 个经济体分别为澳大利亚（AUS）、加拿大（CAN）、智利（CHL）、日本（JPN）、韩国（KOR）、墨西哥（MEX）、新西兰（NZL）、美国（USA）、文莱（BRU）、中国（PRC）、中国香港（HKG）、印度尼西亚（IDN）、马来西亚（MYS）、菲律宾（PHL）、俄罗斯（RUS）、新加坡（SGP）、中国台湾（TWN）、泰国（THA）和越南（VNM），其中，中国指中国大陆。

② Rahman J., and Zhao M. T., *Export Performance in Europe: What Do We Know from Supply Links*, International Monetary Fund, 2013, p. 45.

收业；资本密集型工业包括食品与烟草加工业，纸浆纸张印刷出版业，焦炭、炼油与核燃料加工业，橡胶与塑料制品业，其他非金属矿物品业和基本金属制品业；技术密集型工业包括化学品与化学制品业，通用设备、光电设备和运输设备制造业；服务业包括所有的服务部门。

二 俄罗斯在亚太价值链联系中的角色

本部分试图从增加值贸易联系和外国增加值来源地构成两个视角探讨俄罗斯在亚太价值链联系中的角色，进而从横向维度考察俄罗斯在亚太价值链中的角色。

（一）基于增加值贸易联系视角的考察

1. 俄罗斯在亚太增加值贸易联系中的角色：基于整体视角

区域内各经济体之间的增加值贸易往来反映了不同经济体之间的相互依赖关系及其程度，是价值链联系的外在体现。根据式（1）和国际投入产出表，我们核算了亚太各经济体之间的增加值贸易额占亚太地区内部增加值贸易总额之比。表 1 给出了2011 年各经济体之间的增加值贸易流的信息，其中，各行表示各经济体向其他亚太经济体增加值出口的地理分解，也就是说，沿着行的边际分布反映了各经济体向其他经济体的增加值出口占亚太地区内部增加值贸易的份额（后文简称增加值出口份额），而沿着列的边际分布则反映了各经济体从其他经济体的增加值进口占亚太地区内部增加值贸易的份额（后文简称增加值进口份额）。

表 1 各行和各列数据反映了各经济体向亚太其他经济体的增加值出口和进口占亚太地区内部增加值贸易的份额，比较增加值出口和进口份额发现，中国、美国、日本在亚太地区增加值贸易联系中

处于核心地位，亚太地区内部增加值贸易（除文莱外）主要围绕这三国开展，其增加值出口份额分别为 19.2%、18.9% 和 13.1%（由表 1 最后一列可知），增加值进口份额分别为 16.1%、29.5% 和 13.1%（由表 1 最后一行可知），三国的增加值出口和进口总额分别占亚太地区内部增加值贸易总额的 51.2% 和 58.7%，共同扮演着亚太增加值贸易"中转站"的枢纽角色。总体而言，俄罗斯在亚太增加值贸易联系中扮演着依附角色，俄罗斯增加值出口和进口份额均位于中等水平，分别为 3.7% 和 2.7%，在亚太地区排名第八位和第九位。从贸易伙伴来看，俄罗斯增加值进出口的主要伙伴集中于中国、美国和日本，三国分别占其增加值出口和进口份额的 72% 和 64%，而其他各亚太经济体的增加值出口和进口份额均较低，均不足 0.4%。这说明俄罗斯同亚太地区各经济体之间的增加值贸易联系存在较大差别。

进一步，比较表 1 最后一行和最后一列的差异可以反映各经济体增加值贸易余额占亚太地区内部增加值贸易的份额，以此来考察各经济体在亚太地区增加值贸易中扮演的角色。通过分析发现，俄罗斯的增加值出口份额大于进口份额，在亚太增加值贸易中扮演着增加值贸易顺差国角色，是亚太地区第三大增加值净出口国，2011 年顺差比重为 1%，仅次于中国（3.1%）和新加坡（1.4%），其中，美国、日本、墨西哥和菲律宾为俄罗斯增加值贸易顺差的主要来源国，2011 年顺差比重分别为 0.7%、0.2%、0.1% 和 0.1%。需特别说明的是，俄罗斯之所以能够成为亚太地区的第三大增加值贸易顺差国，并非因为其增加值出口规模较大，其主要原因是俄罗斯加工工业发展相对滞后，增加值进口规模相对较小。从行、列的边际分布来看，美国是俄罗斯增加值出口的主要目的地，而中国是俄罗斯增加值进口的主要来源地，需特别说明的是，俄罗斯向美国的增加值出口主要是通过其他亚太经济体间接地向美国出口来实现。

表 1　2011 年亚太地区内部增加值流量分布百分比

From\To	澳大利亚	加拿大	智利	日本	韩国	墨西哥	新西兰	美国	文莱	中国	中国香港	印度尼西亚	马来西亚	菲律宾	俄罗斯	新加坡	中国台湾	泰国	越南	总和
澳大利亚		0.1	0.0	1.3	0.4	0.0	0.2	0.7	0.0	1.6	0.1	0.2	0.1	0.0	0.1	0.1	0.1	0.1	0.1	5.1
加拿大	0.1		0.0	0.4	0.2	0.3	0.0	6.2	0.0	0.5	0.0	0.1	0.0	0.0	0.1	0.0	0.1	0.0	0.0	8.0
智利	0.0	0.0		0.2	0.1	0.0	0.0	0.3	0.0	0.3	0.0	0.0	0.0	0.0	0.0	0.0	0.0	0.0	0.0	1.1
日本	0.6	0.4	0.1		1.0	0.3	0.1	4.0	0.0	3.5	0.2	0.5	0.3	0.1	0.4	0.1	0.7	0.5	0.2	13.1
韩国	0.2	0.2	0.1	0.8		0.1	0.0	1.6	0.0	1.8	0.1	0.2	0.3	0.1	0.3	0.1	0.2	0.1	0.1	5.9
墨西哥	0.1	0.4	0.0	0.1	0.0		0.0	3.9	0.0	0.2	0.0	0.0	0.0	0.0	0.0	0.0	0.0	0.0	0.0	4.9
新西兰	0.2	0.0	0.0	0.1	0.0	0.0		0.1	0.0	0.1	0.0	0.0	0.0	0.0	0.0	0.0	0.0	0.0	0.0	0.7
美国	1.1	4.9	0.3	3.0	1.2	2.8	0.0		0.0	2.6	0.3	0.3	0.3	0.2	0.6	0.4	0.5	0.2	0.1	18.9
文莱	0.0	0.0	0.0	0.1	0.0	0.0	0.0	0.0		0.0	0.0	0.0	0.0	0.0	0.0	0.0	0.0	0.0	0.0	0.3
中国	1.0	1.0	0.2	3.5	1.2	0.5	0.1	7.5	0.0		0.6	0.6	0.3	0.2	0.9	0.2	0.6	0.4	0.3	19.2
中国香港	0.1	0.1	0.0	0.2	0.1	0.0	0.0	0.4	0.0	0.7		0.0	0.0	0.1	0.0	0.1	0.1	0.0	0.0	1.9
印度尼西亚	0.2	0.1	0.0	0.8	0.3	0.0	0.0	0.6	0.0	0.7	0.0		0.2	0.1	0.0	0.1	0.0	0.1	0.1	3.4
马来西亚	0.2	0.1	0.0	0.5	0.2	0.0	0.0	0.5	0.0	0.7	0.0	0.2		0.0	0.0	0.2	0.1	0.1	0.1	2.8
菲律宾	0.0	0.0	0.0	0.2	0.1	0.0	0.0	0.3	0.0	0.2	0.0	0.0	0.0		0.0	0.0	0.0	0.1	0.0	1.0
俄罗斯	0.1	0.1	0.0	0.6	0.2	0.1	0.0	1.3	0.0	0.9	0.0	0.1	0.1	0.1		0.0	0.1	0.1	0.0	3.7
新加坡	0.2	0.1	0.0	0.3	0.1	0.0	0.0	0.6	0.0	0.4	0.1	0.2	0.2	0.1	0.0		0.1	0.1	0.0	2.6
中国台湾	0.1	0.1	0.0	0.4	0.2	0.1	0.0	0.9	0.0	1.2	0.1	0.1	0.1	0.1	0.1	0.0		0.1	0.1	3.6
泰国	0.2	0.1	0.0	0.4	0.1	0.0	0.0	0.5	0.0	0.5	0.0	0.2	0.2	0.1	0.1	0.0	0.1		0.1	2.5
越南	0.1	0.0	0.0	0.2	0.1	0.0	0.0	0.3	0.0	0.1	0.0	0.0	0.0	0.0	0.0	0.0	0.1	0.1		1.1
总和	4.5	7.7	0.9	13.1	5.4	4.4	0.7	29.5	0.1	16.1	1.7	3.0	1.9	1.1	2.7	1.2	2.8	2.3	1.1	100

注：表格中的数据为从行经济体到列经济体的增加值出口占亚太地区内部增加值贸易总额的百分比，下同。

资料来源：根据 OECD – TiVA 数据库整理所得。

2. 俄罗斯在亚太增加值贸易联系中的角色：基于分行业视角

上文从整体层面探讨了俄罗斯与亚太其他经济体的增加值贸易联系，本部分进一步从分行业视角探讨俄罗斯在亚太地区增加值贸易联系中的角色。为便于分析，依据表1的核算思路，本文仅考察2011年亚太地区内部初级产业、制造业与服务业增加值流量分布百分比，具体核算结果如表2、表3和表4所示。

就初级产业而言，由表2可知，与整体层面分析结论不同，中国、加拿大和澳大利亚为亚太地区初级产业增加值的主要出口国，而美国、日本和中国为亚太地区初级产业增加值的主要进口国，由此可见，中国是亚太其他经济体的主要初级产业增加值贸易伙伴国，在亚太初级产业增加值贸易联系中扮演着"中转站"的枢纽角色。具体到俄罗斯而言，由表2的最后一列和最后一行可知，尽管凭借丰裕的自然资源禀赋优势，俄罗斯成为亚太地区重要的能源、木材等原材料出口国，但由于其农、牧、渔业发展滞后，出口规模相对有限，总体来看，俄罗斯初级产业增加值出口份额在亚太地区仅位居中上游位置（排在第七位）。此外，由于俄罗斯对外部原材料依赖性较弱，所以，其初级产业增加值进口份额相对较小，排在第十一位，综合而言，俄罗斯在亚太地区初级产业增加值贸易中扮演着净增加值出口国角色。进一步从增加值贸易的边际分布来看，中国和美国是俄罗斯最大的初级产业增加值贸易伙伴国，俄罗斯主要围绕中国和美国开展初级产业增加值贸易，因此，在俄罗斯与亚太其他经济体的初级产业增加值贸易联系中，中国和美国处于主导地位，而俄罗斯处于被动的附庸地位。

就制造业而言，由表3可知，与总体层面分析结果相似，中、美、日的制造业增加值进出口份额在亚太地区位居前三名，它们都是各亚太经济体的主要制造业增加值贸易伙伴国，即亚太制造增加值贸易主要围绕这三国展开，在亚太制造业增加值贸易联系中扮演着"中转站"的枢纽角色。需特别说明的是，由表3的最后一列

表2 2011年亚太地区内部初级产业增加流量分布百分比

From＼To	澳大利亚	加拿大	智利	日本	韩国	墨西哥	新西兰	美国	文莱	中国	中国香港	印度尼西亚	马来西亚	菲律宾	俄罗斯	新加坡	中国台湾	泰国	越南	总和
澳大利亚		0.2	0.0	4.6	1.2	0.1	0.1	1.1	0.0	5.3	0.1	0.5	0.2	0.1	0.1	0.1	0.4	0.3	0.2	14.4
加拿大	0.1		0.1	1.0	0.4	0.5	0.0	11.1	0.0	0.9	0.0	0.1	0.0	0.0	0.1	0.0	0.1	0.0	0.0	14.8
智利	0.0	0.1		0.5	0.1	0.0	0.0	0.3	0.0	0.5	0.0	0.0	0.0	0.0	0.0	0.0	0.0	0.0	0.0	1.7
日本	0.1	0.0	0.0		0.2	0.0	0.0	0.2	0.0	0.2	0.0	0.0	0.0	0.1	0.0	0.0	0.1	0.0	0.0	0.9
韩国	0.0	0.0	0.1	0.2		0.0	0.0	0.1	0.0	0.1	0.0	0.0	0.0	0.0	0.0	0.0	0.0	0.0	0.0	0.5
墨西哥	0.0	0.6	0.1	0.3	0.1		0.0	6.8	0.0	0.6	0.0	0.0	0.0	0.0	0.0	0.0	0.0	0.0	0.0	8.7
新西兰	0.3	0.0	0.0	0.1	0.0	0.0		0.1	0.0	0.2	0.0	0.0	0.0	0.0	0.0	0.0	0.0	0.0	0.0	0.9
美国	0.3	2.3	0.2	1.6	0.7	2.3	0.1		0.0	1.5	0.1	0.2	0.1	0.1	0.2	0.1	0.3	0.1	0.1	10.1
文莱	0.2	0.0	0.0	0.7	0.1	0.0	0.0	0.1		0.2	0.0	0.1	0.0	0.0	0.0	0.0	0.0	0.0	0.0	1.7
中国	0.8	0.8	0.0	3.2	1.2	0.1	0.0	5.4	0.0		0.5	0.6	0.3	0.2	0.8	0.2	0.5	0.3	0.3	15.6
中国香港	0.0	0.0	0.0	0.0	0.0	0.0	0.0	0.0	0.0	0.0		0.0	0.0	0.0	0.0	0.0	0.0	0.0	0.0	0.0
印度尼西亚	0.0	0.8	0.0	3.1	1.0	0.0	0.0	1.4	0.0	2.5	0.1		0.5	0.2	0.1	0.3	0.4	0.3	0.2	11.1
马来西亚	0.0	0.0	0.0	1.5	0.3	0.0	0.0	0.5	0.0	1.0	0.0	0.4		0.1	0.1	0.1	0.2	0.2	0.1	5.3
菲律宾	0.0	0.0	0.0	0.2	0.0	0.0	0.0	0.2	0.0	0.2	0.0	0.0	0.0		0.0	0.1	0.0	0.0	0.0	0.7
俄罗斯	0.0	0.2	0.0	0.8	0.5	0.0	0.0	2.0	0.0	2.2	0.0	0.1	0.0	0.2		0.0	0.0	0.2	0.0	7.8
新加坡	0.0	0.0	0.0	0.0	0.0	0.0	0.0	0.0	0.0	0.0	0.0	0.0	0.0	0.0	0.0		0.0	0.0	0.0	0.1
中国台湾	0.0	0.0	0.0	0.1	0.0	0.0	0.0	0.1	0.0	0.2	0.0	0.0	0.0	0.0	0.0	0.0		0.0	0.0	0.3
泰国	0.2	0.1	0.0	0.5	0.2	0.1	0.0	0.5	0.0	0.6	0.0	0.2	0.2	0.0	0.0	0.0	0.1		0.1	3.0
越南	0.2	0.1	0.0	0.5	0.2	0.0	0.0	0.5	0.0	0.3	0.0	0.0	0.0	0.0	0.0	0.0	0.0	0.1		2.7
总和	3.6	4.6	0.7	19.6	6.2	3.7	0.6	30.4	0.0	16.7	0.9	2.6	1.5	1.1	1.7	0.8	2.4	1.8	1.0	100

注：表格中的数据为从行经济体到列经济体的初级产业增加值出口占亚太地区内部服务业增加值出口总额的百分比。

和最后一行可知，中国是亚太地区最大的制造业增加值净出口国，而美国则是亚太地区最大的制造业增加值净进口国。具体到俄罗斯而言，由表3的最后一列可知，俄罗斯制造业增加值出口份额为2.6%，显著低于中国（23.9%）、美国（18.6%）、日本（16.5%）、韩国（8.5%）等制造业较为发达的经济体，在亚太地区排名第9位，位居中上游水平，其中，美、中、日是俄罗斯三大制造业增加值出口伙伴国，俄罗斯向三国的制造业增加值出口份额总和为2.0%。与制造业增加值出口相似，由表3的最后一行可知，俄罗斯制造业增加值进口份额也位居亚太第9位，为3.1%，且美、中、日仍为俄罗斯三大制造业增加值进口伙伴国，俄罗斯从三国的制造业增加值进口份额总和为2.2%。由以上分析可知，俄罗斯的制造业增加值贸易主要围绕中国、美国和日本而展开，在亚太制造业增加值贸易联系中扮演着依附者角色。此外，俄罗斯制造业增加值进出口存在明显失衡，制造业出口增值能力相对较弱，因而在亚太制造业增加值贸易中扮演着净进口国角色。究其原因，俄罗斯虽然凭借能源、矿产等原材料禀赋优势嵌入亚太价值链分工体系，并处于价值链上游的原材料供应环节，2000~2011年，俄罗斯初级产业和资源型产品出口发展最快[1]，但由于工艺技术发展缓慢，经济发展进程中"三化"（即经济原材料化、出口原材料化、投资原材料化）问题明显，其制造业尤其是高技术制造业发展显著滞后[2]，如此，俄罗斯制造业增加值出口规模及竞争力相对有限，但为了满足国内经济发展需求，制造业增加值进口规模却相对较大。

---

[1] 《2000~2011年，俄罗斯初级产品和资源型产品部门出口分别增长3%和10%》，资料来源见Gary Gereffi and Timothy Surgen（2013）文献。

[2] 陆南泉：《俄罗斯经济结构调整趋势与制约因素》，载《俄罗斯中亚东欧研究》2009年第1期。

表3　2011年亚太地区内部制造业增加值流量分布百分比

From \ To	澳大利亚	加拿大	智利	日本	韩国	墨西哥	新西兰	美国	文莱	中国	中国香港	印度尼西亚	马来西亚	菲律宾	俄罗斯	新加坡	中国台湾	泰国	越南	总和
澳大利亚		0.0	0.0	0.3	0.1	0.0	0.1	0.3	0.0	0.4	0.0	0.1	0.1	0.0	0.0	0.0	0.0	0.1	0.0	1.7
加拿大	0.1		0.1	0.2	0.1	0.2	0.0	4.6	0.0	0.3	0.0	0.0	0.0	0.0	0.1	0.0	0.0	0.0	0.0	5.8
智利	0.0	0.1		0.1	0.1	0.1	0.0	0.3	0.0	0.4	0.0	0.0	0.0	0.0	0.0	0.0	0.0	0.0	0.0	1.3
日本	0.7	0.6	0.1		1.3	0.4	0.1	4.8	0.0	4.6	0.2	0.6	0.4	0.2	0.5	0.1	0.9	0.7	0.2	16.5
韩国	0.3	0.3	0.1	1.0		0.2	0.0	2.3	0.0	2.7	0.1	0.3	0.1	0.2	0.4	0.1	0.2	0.2	0.2	8.5
墨西哥	0.1	0.5	0.0	0.1	0.0		0.0	3.8	0.0	0.1	0.0	0.0	0.0	0.0	0.0	0.0	0.0	0.0	0.0	4.8
新西兰	0.1	0.0	0.0	0.1	0.0	0.0		0.0	0.0	0.1	0.0	0.0	0.0	0.0	0.0	0.0	0.0	0.0	0.0	0.4
美国	1.1	4.9	0.3	2.5	1.0	3.2	0.3		0.0	2.9	0.2	0.3	0.3	0.2	0.5	0.2	0.5	0.2	0.1	18.6
文莱	0.0	0.0	0.0	0.0	0.0	0.0	0.0	0.0		0.0	0.0	0.0	0.0	0.0	0.0	0.0	0.0	0.0	0.0	0.0
中国	1.2	1.3	0.3	4.2	1.5	0.7	0.1	9.7	0.1		0.7	0.8	0.4	0.2	1.2	0.2	0.7	0.5	0.3	23.9
中国香港	0.0	0.0	0.0	0.0	0.0	0.0	0.0	0.0	0.0	0.1		0.0	0.0	0.0	0.0	0.0	0.0	0.0	0.0	0.1
印度尼西亚	0.2	0.0	0.0	0.5	0.1	0.0	0.0	0.5	0.0	0.4	0.0		0.2	0.1	0.1	0.0	0.1	0.1	0.0	2.3
马来西亚	0.1	0.1	0.0	0.3	0.1	0.0	0.0	0.3	0.0	0.6	0.0	0.2		0.0	0.0	0.0	0.0	0.1	0.0	2.4
菲律宾	0.0	0.0	0.0	0.2	0.1	0.0	0.0	0.3	0.0	0.3	0.0	0.0	0.0		0.0	0.0	0.0	0.0	0.0	1.1
俄罗斯	0.1	0.1	0.0	0.3	0.2	0.0	0.0	0.5	0.0	0.6	0.0	0.1	0.0	0.0		0.0	0.1	0.1	0.0	2.6
新加坡	0.2	0.0	0.0	0.2	0.2	0.0	0.0	1.2	0.0	0.4	0.1	0.2	0.1	0.0	0.0		0.0	0.1	0.0	2.1
中国台湾	0.1	0.1	0.0	0.5	0.5	0.0	0.0	0.5	0.0	1.6	0.1	0.1	0.1	0.0	0.1	0.0		0.1	0.1	4.5
泰国	0.2	0.0	0.0	0.5	0.1	0.0	0.0	0.2	0.0	0.5	0.1	0.1	0.1	0.1	0.1	0.0	0.1		0.1	2.7
越南	0.0	0.0	0.0	0.2	0.0	0.0	0.0	0.1	0.0	0.1	0.0	0.0	0.0	0.0	0.1	0.0	0.1	0.1		0.7
总和	4.7	8.1	0.9	11.1	5.0	5.1	0.6	30.8	0.1	15.9	1.6	3.1	1.9	1.0	3.1	0.8	2.8	2.2	1.3	100

注：表格中的数据为从行经济体到列经济体的制造业增加值出口占亚太地区内部制造业增加值贸易总额的百分比。

就服务业而言，由表4可知，整体来看，美国、中国和日本是亚太地区服务业增加值进出口份额最大的三个经济体，也是亚太其他经济体最重要的三大增加值贸易伙伴，在亚太服务业增加值贸易联系中扮演着"中转站"的枢纽角色，其中，美国在亚太服务业增加值贸易联系中的枢纽角色最为凸显，中国次之。亚太地区内部服务业增加值贸易联系呈现以美国、中国和日本为核心的"三足鼎立"格局。具体到俄罗斯而言，俄罗斯对亚太地区的服务业增加值出口、进口份额显著高于制造业，为3.3%和2.8%，分别处于亚太第11位和第9位，其中，中国、美国和日本是俄罗斯最大的三个服务业增加值贸易伙伴国，俄罗斯向这三个国家的服务业增加值出口、进口份额总和分别为2.5%和1.9%。由此可见，与制造业相似，在亚太服务业增加值贸易联系中，俄罗斯紧紧围绕美、中、日三大核心，扮演着依附者角色。与制造业不同的是，俄罗斯服务业增加值出口显著大于进口，在亚太服务业增加值贸易中扮演着净出口国角色，此外，与俄罗斯开展服务业增加值贸易联系的经济体共有9个，而制造业为8个。这说明，与制造业相比，俄罗斯服务业在亚太增加值贸易联系中的地位相对更高。

（二）基于外国增加值来源地构成视角的考察

首先我们考察俄罗斯和其他亚太经济体的亚太价值链参与程度情况，通常而言，如果一经济体的亚太价值链参与程度越深，意味着其对亚太价值链的依赖性越强。为深入考察各经济体的亚太价值链参与程度，本文借助于亚太价值链参与度指数进行分析，式（2）为具体核算公式，核算结果如图1所示。为进一步考察俄罗斯在亚太价值链联系中所扮演的角色，我们通过解构各经济体总值出口中的外国增加值来源地构成来考察各经济体的亚太价值链联系。式（3）和式（4）为具体核算公式，所得核算结果如图2所示。

表 4　2011 年亚太地区内部服务业增加值流量分布百分比

To \ From	澳大利亚	加拿大	智利	日本	韩国	墨西哥	新西兰	美国	文莱	中国	中国香港	印度尼西亚	马来西亚	菲律宾	俄罗斯	新加坡	中国台湾	泰国	越南	总和
澳大利亚		0.1	0.0	0.9	0.3	0.0	0.2	0.8	0.0	1.3	0.1	0.2	0.1	0.0	0.1	0.1	0.1	0.2	0.1	4.7
加拿大	0.1		0.0	0.4	0.2	0.2	0.0	5.7	0.0	0.4	0.1	0.1	0.0	0.0	0.1	0.0	0.1	0.0	0.0	7.4
智利	0.0	0.0		0.1	0.0	0.0	0.0	0.2	0.0	0.2	0.0	0.0	0.0	0.0	0.0	0.0	0.0	0.0	0.0	0.7
日本	0.7	0.5	0.1		1.0	0.3	0.1	4.5	0.0	3.6	0.2	0.5	0.3	0.1	0.4	0.2	0.8	0.6	0.2	14.2
韩国	0.2	0.2		0.8		0.1	0.0	1.6	0.0	1.6	0.1	0.1	0.1	0.0	0.2	0.1	0.0	0.1	0.1	5.6
墨西哥	0.0	0.3	0.0	0.1	0.0		0.0	3.1	0.0	0.1	0.0	0.0	0.0	0.0	0.0	0.0	0.0	0.0	0.0	3.8
新西兰	0.3	0.0	0.0	0.1	0.0	0.0		0.2	0.0	0.1	0.0	0.0	0.0	0.0	0.0	0.0	0.0	0.0	0.0	0.9
美国	1.4	5.8	0.4	3.9	1.5	2.7	0.2		0.2	2.9	0.4	0.4	0.3	0.2	0.7	0.6	0.6	0.3	0.1	22.4
文莱	0.0	0.0	0.0	0.0	0.0	0.0	0.0	0.0		0.0	0.0	0.0	0.0	0.0	0.0	0.0	0.0	0.0	0.0	0.0
中国	0.8	0.9	0.2	3.1	1.1	0.4	0.1	6.5	0.0		0.7	0.5	0.3	0.2	0.8	0.2	0.6	0.4	0.2	16.8
中国香港	0.1	0.1	0.0	0.3	0.1	0.2	0.0	0.8	0.0	1.5		0.1	0.1	0.0	0.0	0.1	0.1	0.1	0.0	3.8
印度尼西亚	0.2	0.0	0.0	0.3	0.1	0.0	0.0	0.4	0.0	0.3	0.0		0.1	0.0	0.0	0.0	0.0	0.1	0.0	1.9
马来西亚	0.0	0.0	0.0	0.2	0.1	0.0	0.0	0.5	0.0	0.6	0.0	0.2		0.0	0.0	0.0	0.1	0.1	0.0	2.3
菲律宾	0.1	0.1	0.0	0.5	0.2	0.0	0.0	0.2	0.0	0.2	0.0	0.0	0.0		0.0	0.0	0.0	0.1	0.0	1.0
俄罗斯	0.4	0.1	0.0	0.5	0.2	0.1	0.0	1.2	0.0	0.8	0.2	0.0	0.0	0.0		0.0	0.0	0.0	0.0	3.3
新加坡	0.1	0.1	0.0	0.5	0.1	0.0	0.0	0.9	0.0	0.6	0.2	0.3	0.2	0.1	0.0		0.1	0.2	0.1	3.9
中国台湾	0.2	0.1	0.0	0.3	0.1	0.1	0.0	1.0	0.0	1.3	0.2	0.0	0.0	0.0	0.0	0.1		0.1	0.1	4.0
泰国	0.0	0.0	0.0	0.1	0.1	0.0	0.0	0.4	0.0	0.4	0.0	0.2	0.1	0.0	0.0	0.0	0.1		0.1	2.3
越南	0.0	0.0	0.0	0.1	0.1	0.0	0.0	0.2	0.0	0.1	0.0	0.0	0.0	0.0	0.0	0.0	0.0	0.0		0.8
总和	4.7	8.4	0.8	12.5	5.4	4.1	0.7	28.3	0.1	16.1	2.0	3.0	1.9	1.1	2.8	1.7	2.8	2.4	1.0	100

注：表格中的数据为从行经济体到列经济体的服务业增加值出口占亚太地区内部服务业增加值贸易总额的的百分比。

1. 俄罗斯的亚太价值链参与程度

图 1 给出了 1995～2011 年不同年份亚太各经济体的亚太价值链参与度。由于亚太各经济体在资源禀赋、区位优势、经济发展水平等方面存在较大差异，各经济体的亚太价值链参与程度大相径庭。总体而言，菲律宾、马来西亚、中国台湾、文莱、韩国等经济体的亚太价值链参与程度相对较高，而俄罗斯的亚太价值链参与程度最低，这说明俄罗斯融入亚太价值链分工体系的深度相对有限，对亚太价值链的依赖性还较弱。长期以来，俄罗斯的经济重心主要在欧洲地区，与亚太地区相比，俄罗斯与欧盟的经济贸易合作更为密切。2010 年俄罗斯与欧盟的贸易额占俄罗斯对外贸易总额之比高达 49%，而与亚太经合组织的贸易额占比仅为 23.3%[①]。进一步，由图 4 给出的俄罗斯总值出口中的外国增加值来源分布状况可知，俄罗斯总值出口中所包含的其他亚太经济体增加值占其总外国增加值之比仅为 30% 左右，此外，由于俄罗斯的出口产品结构以矿产能源产品为主，这就意味着俄罗斯主要通过向下游外国企业提供原材料和初级产品参与亚太价值链分工，也就是说，俄罗斯主要借助前向参与方式参与亚太价值链分工体系，实际数据显示，在考察期间内，俄罗斯亚太价值链前向参与度均在 6.6% 以上。在 2008 年国际金融危机期间，受国际油价和天然气价格下跌的影响，俄罗斯出口增值能力减弱，前向参与度快速下滑，进而导致其亚太价值链参与度由 2005 年的 10.9% 下降到 2009 年的 10.7%。

从变动趋势来看，1995～2011 年，俄罗斯亚太价值链参与度总体趋于上升，具体到各时期而言，呈现先上升后下降然后再上升的 N 形变动轨迹，其中，1995～2005 年是俄罗斯亚太价值链参与度的上升期，在此段时期，亚太地区经济快速增长，全球石油和天然气价格飞速上涨，俄罗斯石油天然气出口高速增长，2001～2005

[①] 根据 OECD 数据库整理计算所得。

年俄罗斯石油出口年均增长近 10%①，此外，近年来俄罗斯经济结构调整取得了一定成效，特别是 2002 年以来，俄罗斯加工工业得以快速发展，2002～2006 年期间年均增长率高达 9.2%，增速超过采掘业等原材料部门②，这意味着俄罗斯经济对进口中间品的需求日益增加。由以上分析不难推断，1995～2005 年，原材料出口与加工工业引发的中间品进口共同助推俄罗斯参与亚太价值链程度日趋深化。随着 2008 年全球金融危机的爆发及其蔓延，亚太地区经济增长陷入低迷，其对石油等原材料需求随之下降，加之全球石油等原材料价格快速下滑，导致俄罗斯向亚太地区的石油及其他原材料出口下滑，此外，在全球金融危机冲击下，亚太价值链中的某些环节可能会发生破损甚至断裂，这也会导致俄罗斯的亚太价值链参与程度下降。与此同时，中国和新加坡的亚太价值链参与程度呈下降趋势，而其余 16 个经济体都呈现不同程度的上升趋势。这说明，1995～2011 年，亚太各经济体的亚太价值链参与程度的变动趋势存在显著的差异。

2. 俄罗斯与其他亚太经济体的价值链联系

进一步考察俄罗斯和亚太各经济体的价值链联系。图 2 给出了 19 个经济体总值出口中的外国增加值来源地构成情况，为简化分析，我们将一经济体的外国增加值来源地按地理和经济因素分为中国、美国、日本、韩国、俄罗斯、东南亚国家、太平洋国家、其他美洲国家及其他国家 9 个部分，其中，中国、美国、日本、韩国和俄罗斯的外国增加值来源地由除本国外的 8 个部分构成。

从后向参与模式来看，即俄罗斯总值出口中的外国增加值来源分布状况，由图 2 可知，俄罗斯总值出口中的外国增加值主要源自

---

① 曲文轶：《俄罗斯经济增长模式探析——兼与中国比较》，载《俄罗斯中亚东欧研究》2006 年第 3 期。

② 陆南泉：《俄罗斯经济结构调整趋势与制约因素》，载《俄罗斯中亚东欧研究》2009 年第 1 期。

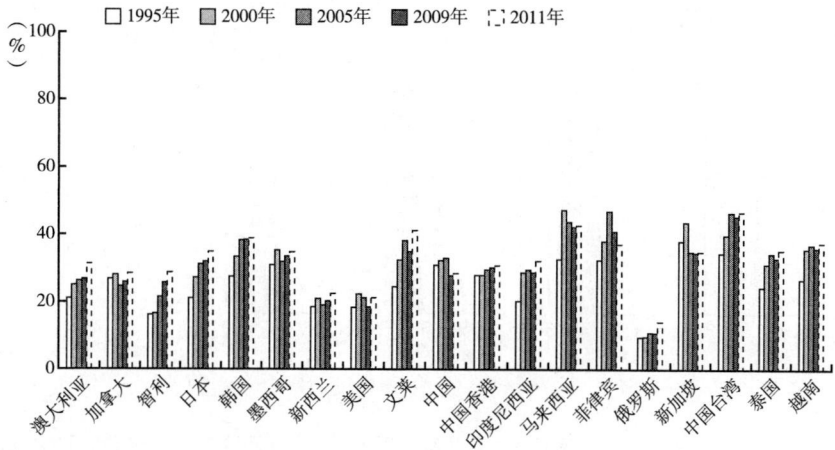

图 1　各经济体的亚太价值链参与度

其他国家，源自其他国家的增加值占比（具体定义为源自其他国家的增加值占某一经济体总外国增加值之比，以下与此相同）高达 68% 以上，这说明俄罗斯主要同亚太地区外的其他经济体进行后向价值链联系，也就是说，其同亚太其他经济体的后向价值链联系并不密切。就亚太地区而言，中国、美国和日本是俄罗斯重要的外国增加值来源地，俄罗斯主要同中国、美国和日本开展后向价值链联系，即俄罗斯主要从中国、美国和日本进口中间品再加工出口，2011 年源自中国、美国和日本的增加值占比分别为 11.3%、7.3% 和 5.6%。需特别说明的是，源自中国的增加值占俄罗斯总外国增加值之比不断攀升，截至 2011 年，中国已是俄罗斯最大的亚太地区中间品进口国，这说明俄罗斯与中国的后向价值链联系日益紧密。

从前向参与模式来看，即各经济体外国增加值中源自俄罗斯部分的占比，总体来看，亚太各经济体外国增加值中的俄罗斯部分占比相对较小，这是因为俄罗斯向亚太各经济体的能源、矿产等中间品出口规模相对有限。由于俄罗斯主要依靠能源类原材料出口参与

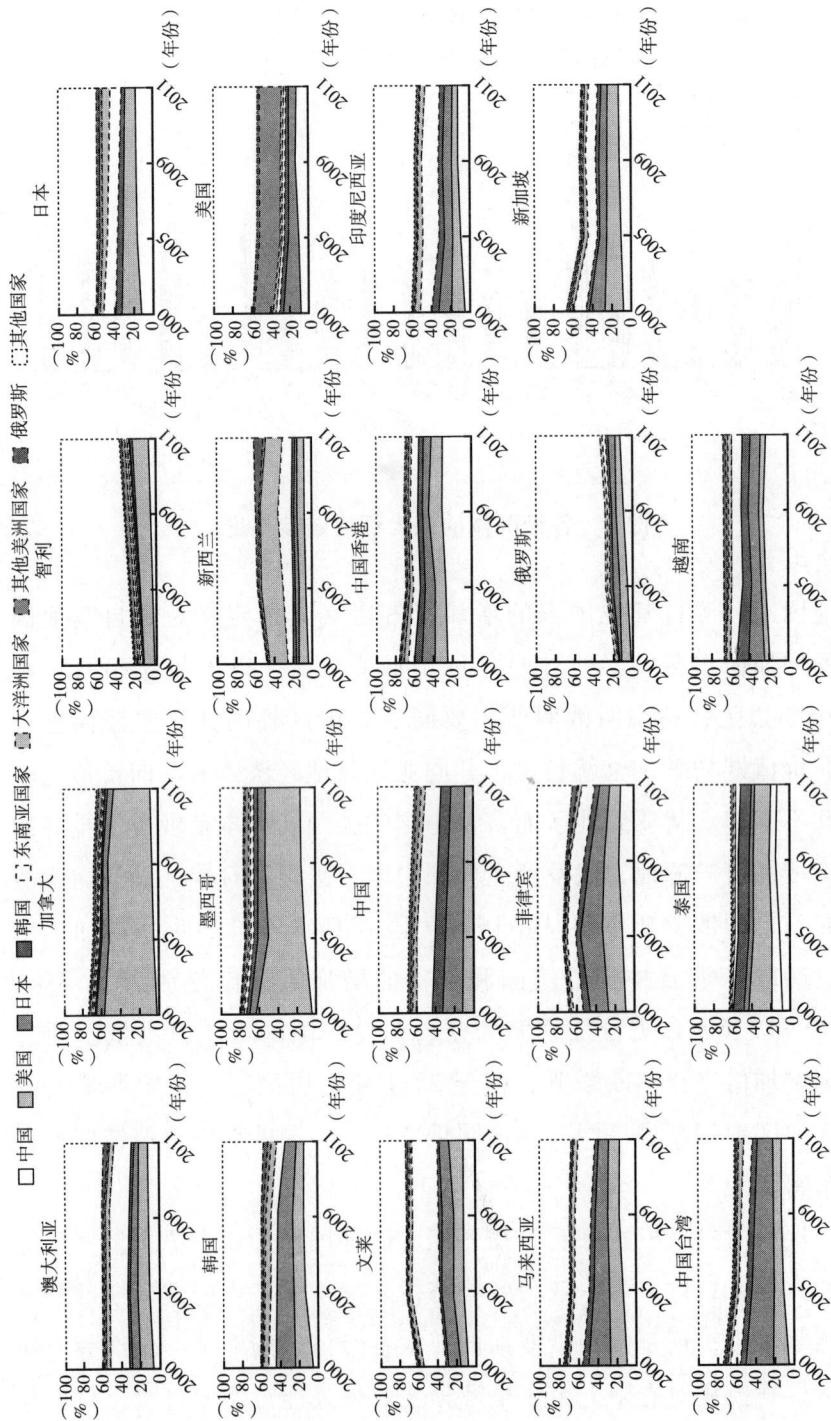

图 2 各经济体总值出口中的外国增加值来源

亚太价值链分工，因此，与俄罗斯亚太价值链前向联系较为密切的经济体大都是能源稀缺型经济体，如新西兰、菲律宾、日本、韩国、泰国、越南、中国、中国台湾、澳大利亚等，其中，新西兰和菲律宾外国增加值中的俄罗斯部分占比相对较高，2011 年两国总值出口中源自俄罗斯的增加值占比分别为 5.7% 和 8.5%。需要特别说明的是，尽管俄罗斯与亚太各经济体的价值链前向联系深度不够，但其几乎与所有亚太经济体都存在价值链前向联系，即其亚太价值链前向联系广度较高，这说明俄罗斯出口市场多元化战略在亚太地区已取得成效。由以上分析不难发现，对于仅以原材料出口嵌入亚太价值链分工的俄罗斯来说，在参与亚太价值链分工过程中能取得如此成绩实属不易。

从变动趋势来看，从 2000 年到 2011 年，俄罗斯出口中源自其他国家的增加值占比呈快速下降趋势，占比从 2000 年的 83.2% 下降到 2011 年的 68%，下降了 15.2 个百分点，而源自亚太其他经济体的增加值占比呈不断上升趋势，其中，源自中国、日本、韩国以及东南亚国家的增加值占比均呈现不同幅度的上升趋势，而源自美国的增加值占比呈不断下降趋势。这说明俄罗斯与亚太其他经济体（特别是中日韩）之间的后向价值链合作不断深化，亚太地区对俄罗斯的重要性趋于增强，但同美国的价值链后向联系趋于弱化。源自俄罗斯的增加值占新西兰、日本、韩国和菲律宾总外国增加值之比呈不断上升趋势，说明俄罗斯与新西兰、日本、韩国和菲律宾的价值链前向联系趋于增强。这在一定程度上反映了，2000 年以来，俄罗斯"东向政策"取得了显著成果，其对外经济联系的多元性与平衡性有了初步进展。

三 俄罗斯的亚太价值链地位分析

本部分将进一步探寻俄罗斯在亚太价值链中的地位及其演进态

势。我们借助于亚太价值链地位指数 *APVC_ Position* 来度量各经济体的亚太价值链地位状况，并从纵向维度考察俄罗斯在亚太价值链中的角色。根据式（5），我们测度了各经济体及其各行业的亚太价值链地位指数，并根据指数从大到小进行了排名，指数越大，排名越靠前。具体核算结果如图3至图8所示，其中，图3给出了亚太各经济体的亚太价值链地位排名状况，图4至图8给出了亚太各经济体分行业的亚太价值链地位排名状况。

（一）基于整体视角的考察

首先我们考察俄罗斯在亚太价值链中的地位整体排名情况。由图3可知，整体而言，俄罗斯在亚太价值链中的地位相对较高，1995～2011年，其排名始终居前四位，这说明，凭借着资源禀赋优势，依托原材料出口，俄罗斯位居亚太价值链的高端生产环节，在亚太价值链中处于主导地位。此外，资源丰裕型经济体（如文莱、智利、澳大利亚）和知识技术丰裕型经济体（如美国、日本和中国香港）的亚太价值链地位也普遍较高，而加工制造业较发达的中国、墨西哥、菲律宾、马来西亚和泰国等经济体的亚太价值链地位相对较低，这反映了不同经济体由于在资源禀赋、区位优势、经济发展水平等方面存在较大差异，其在亚太价值链中的地位和扮演的角色也不同：知识技术丰裕型经济体凭借着先进技术优势在亚太价值链中处于主导地位，资源丰裕型经济体凭借着原材料和初级产品出口优势在亚太价值链中也具有较强的影响力，而加工贸易较发达的经济体在亚太价值链分工中扮演着被支配的依附角色。

从变动趋势来看，从1995年到2011年，俄罗斯的 APGV_ position 排名呈现小幅下滑的趋势，从1995年的第二位下降到2011年的第四位，这是因为在考察期内，其他资源丰裕型经济体（如文莱、印度尼西亚和智利）也积极开展原材料出口贸易，加之这些经济体大都实施资源导向型发展战略，加工工业发展滞后，进口商品结构以消费品为主导，因而，这些经济体的亚太价值链地位逐渐赶超了俄罗斯。需特别说明的是，韩国、美国和日本等发达经济体的 APGV_ position 排名出现大幅下滑，而菲律宾、马来西亚、越南、智利等 11 个经济体的 APGV_ position 排名呈现不同幅度的上升趋势，其中，菲律宾和新加坡 APGV_ position 排名的上升幅度最大，这说明新兴经济体在亚太价值链分工中的作用和重要性在不断增强。

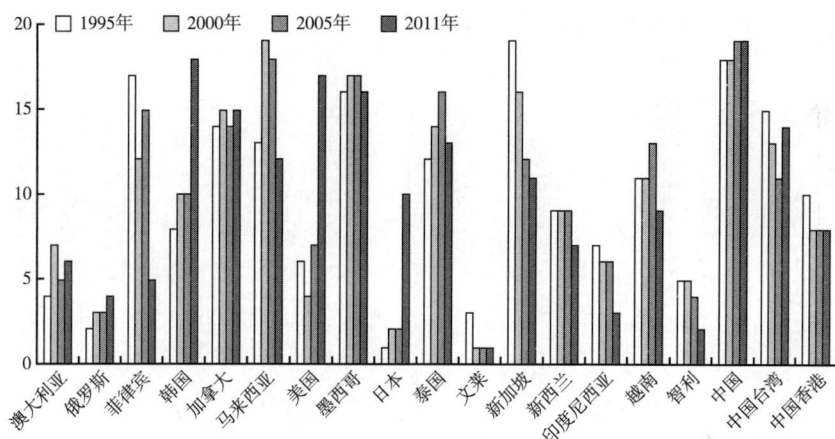

图 3 各经济体的 APGV_ position 排名

（二）基于分行业视角的再考察

进一步从分行业视角考察俄罗斯各行业在亚太价值链中的角色及演进态势。图 4、图 5、图 6、图 7 和图 8 分别给出了 1995～2011 年各经济体初级产业、劳动密集型工业、资本密集型工业、技术密集型工业和服务业的亚太价值链地位状况。

就初级产业而言，由图 4 可知，凭借能源、矿产等原材料禀赋优势，俄罗斯成功嵌入亚太价值链的高端环节，位居亚太价值链上游的原材料供应环节，因此，俄罗斯初级产业在亚太价值链中的地位相对较高，其同文莱、印度尼西亚、澳大利亚及越南共同成为亚太初级产业价值链的主导者，而自然资源较为匮乏的新加坡、中国香港、中国台湾、日本及韩国在亚太初级产业价值链中的地位相对较低，它们在亚太初级产业价值链中扮演着依附者的角色。从时间变动趋势上来看，1995 年到 2011 年俄罗斯初级产业 APGV_position 排名的波动幅度相对较小，这同其他亚太经济体（除越南外）的情形基本相似，表明各经济体在亚太初级产业价值链上的地位相对稳固，所承担的增值环节和价值链合作相对稳定。

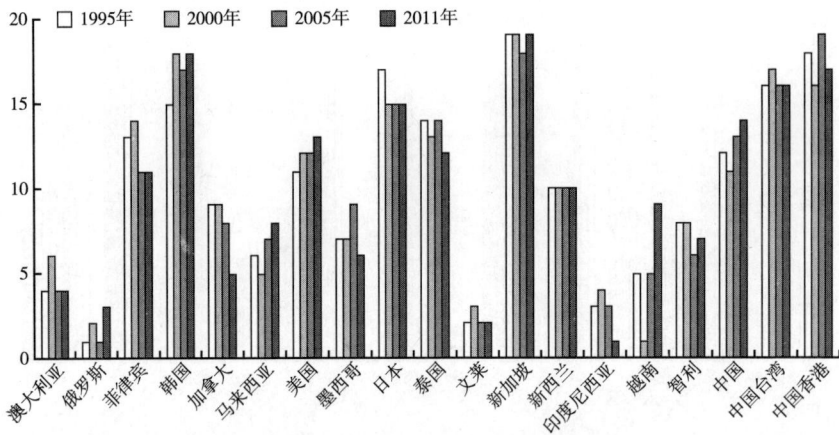

图 4　初级产业的 APGV_ position 排名

就工业而言，俄罗斯工业的亚太价值链地位状况存在显著的要素密集度差异，劳动、资本密集型工业的亚太价值链地位相对靠前，而技术密集型工业相对靠后。

首先来看劳动密集型工业，由图 5 可知，直到 2005 年，俄罗斯劳动密集型工业的 APGV_ position 排名一直居前 2 位，但到 2011 年其排名急速下滑到第 9 位。与俄罗斯相反，从 2005 年到 2011 年，菲律宾、越南和中国等新兴经济体劳动密集型工业的 APGV_ position 排名大幅上升。尽管 2011 年俄罗斯劳动密集型工业的 APGV_ position 排名有所下滑，但总体而言，俄罗斯在亚太劳动密集型工业价值链中位居中高端生产环节，拥有一定的主导权和控制权。与劳动密集型工业不同，由图 6 可知，俄罗斯资本密集型工业的 APGV_ position 排名相对稳定，一直处于第 3 ~ 4 名，远远高于资源或资本较为匮乏的中国香港、越南、文莱和泰国等经济体，也显著高于加工贸易较发达的墨西哥、中国和菲律宾等经济体。在考察期内，俄罗斯之所以能在亚太劳动和资本密集型工业价值链中位居高端生产环节，主要是因为劳动密集型工业（如木材与木制品业等）与资本密集型工业（如纸浆纸张印刷出版业、焦炭炼油和金属加工业等）大都与俄罗斯的资源禀赋密切相关，在俄罗斯丰裕资源禀赋的支撑下，这些产业得到了长足发展，并具有较强的出口竞争力，此外，由于俄罗斯资源禀赋优势凸显，其劳动和资本密集型工业对国外的原材料等中间品依赖相对较弱。

需特别注意的是，受 2008 年金融危机影响，各经济体的亚太劳动和资本密集型工业价值链地位发生了大幅调整，俄罗斯的亚太劳动与资本密集型工业价值链地位均呈现不同幅度的下降，与俄罗斯相似的还有中国台湾、韩国和文莱。与俄罗斯相反，中国、印度尼西亚、菲律宾、墨西哥和马来西亚等新兴经济体的劳动和资本密集型工业 APGV_ position 排名呈现不同幅度的上升趋势。

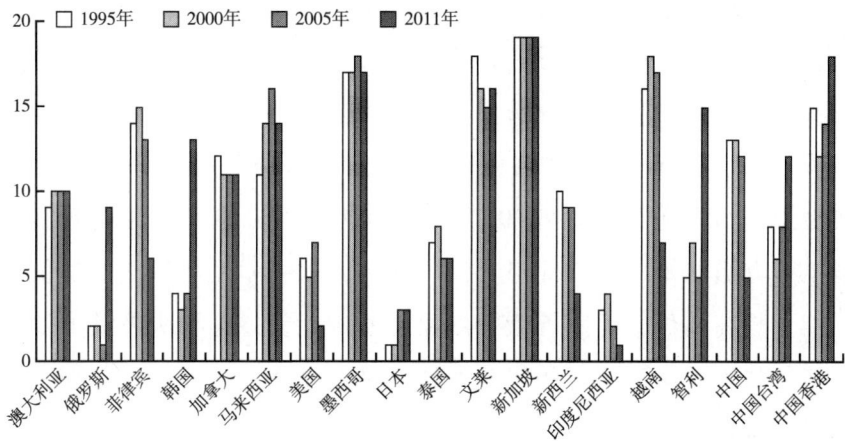

图 5 劳动密集型工业的 APGV_ position 排名

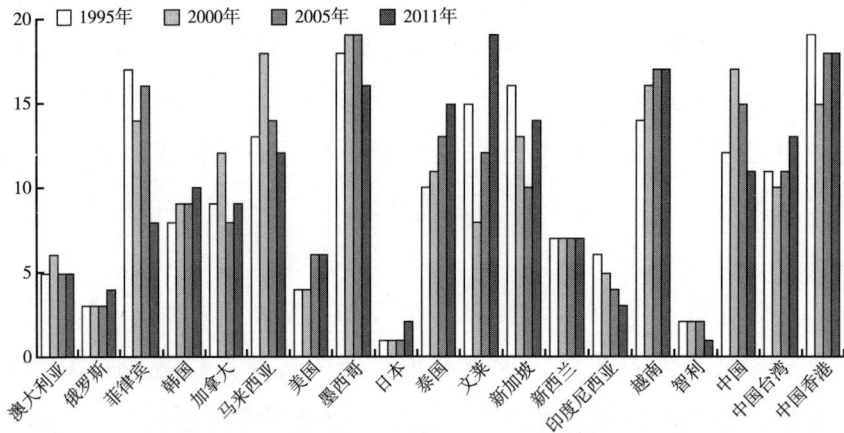

图6 资本密集型工业的 APGV_ position 排名

就技术密集型工业而言，由图7可知，2005年以来，俄罗斯技术密集型工业的 APGV_ position 排名一直相对靠后，位居第15名，与拥有先进技术优势的日本、美国、新加坡和韩国，以及传统加工工业较发达的菲律宾和印度尼西亚相比差距较大。长期以来，整体商业环境不佳和进入壁垒森严，不仅难以为国内高新技术产业发展提供良好的制度保障，也限制了发达经济体跨国公司进入俄罗斯，使其难以享受发达经济体先进技术的溢出效应，最终导致俄罗斯技术密集型工业发展滞后，国际竞争力低下[1]。从长期变动趋势来看，俄罗斯在亚太技术密集型工业价值链中的地位呈现显著下降趋势，APGV_ position 排名由1995年的第3位下降到2011年的第15位，这说明在20世纪90年代中后期，凭借原苏联在技术密集型工业方面的雄厚基础优势，俄罗斯在亚太技术密集型工业价值链中拥有较高地位，但随着俄罗斯原有基础优势逐渐消失及其他亚太经济体技术密集型工业的快速发展，俄罗斯在亚太技术密集型工业

---

① 徐坡岭、贾春梅、徐纪圆：《中俄对外贸易结构比较及相互合作机会：基于贸易增加值的分析》，载《俄罗斯中亚东欧研究》2014年第5期。

价值链中的地位随之大幅下降，由亚太技术密集型工业价值链的高端生产环节生产者逐渐转变为中低端生产环节生产者。

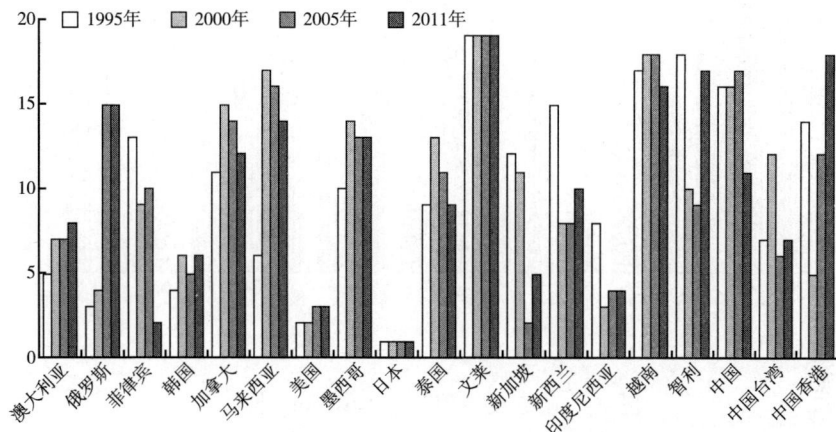

图7　技术密集型工业 APGV_ position 排名

就服务业而言，由图 8 可知，在考察期内，俄罗斯服务业的 APGV_ position 排名始终靠后，位居第 17 ~ 18 名。长期以来，俄罗斯继承了苏联时期重"重"轻"轻"的畸形产业政策，这使俄罗斯国内经济结构单一，制造业和服务业难以形成良性互动，进而有限的国内市场需求导致俄罗斯生产性服务业发展严重滞后，国际竞争力相对较弱，出口规模相对较小，而进口规模却相对较大，因而其在亚太服务业价值链中位居中低端生产环节。与俄罗斯不同，墨西哥、中国、越南、泰国和马来西亚等发展中经济体，通过主动承接发达经济体发包的服务生产环节，逐渐培养起一支服务技能强且规模庞大的服务业从业大军，加之拥有完善的服务基础设施和优惠的政策优势，其在亚太服务业价值链中位居高端生产环节。

四　主要结论

借鉴全球价值链研究领域的最新研究成果，本文主要从亚太价

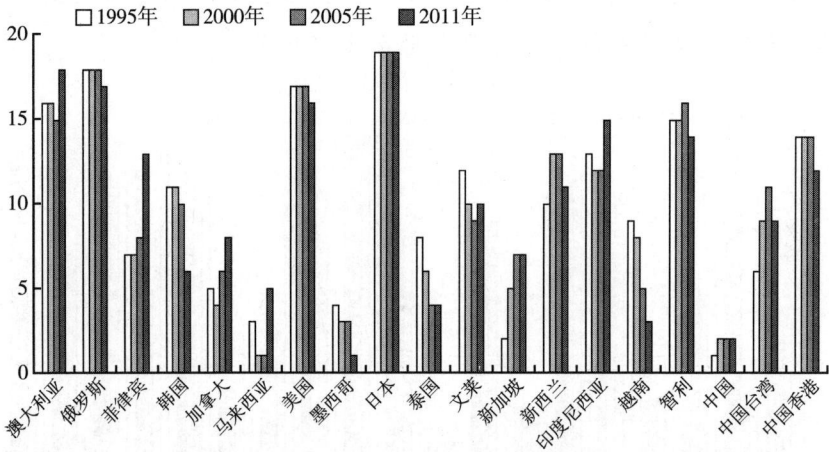

图 8　服务业 APGV_ position 排名

值链联系和亚太价值链地位横纵两个维度考察俄罗斯在亚太价值链中所扮演的角色及其演变态势，为得到更丰富的发现和更可靠的结论，本文又从整体和分行业视角对以上两个维度展开深入分析，所得主要结论如下：

就亚太增加值贸易联系而言，亚太地区形成了以中国、美国和日本为核心并由它们主导的增加值贸易"三足鼎立"格局，亚太各经济体主要围绕这三国开展增加值贸易联系，其中，中国在亚太增加值贸易联系中的枢纽角色最为凸显。俄罗斯紧紧围绕中国、美国和日本开展增加值贸易活动，在亚太增加值贸易联系中扮演依附者角色。这说明，尽管近年来俄罗斯试图加强同亚太地区的经贸联系，但其在亚太经贸联系中仍处于较尴尬的依附地位，当然，这也意味着，未来俄罗斯融入亚太地区经贸活动存在巨大的空间和潜力。

就亚太价值链联系而言，凭借着丰裕的能源、木材等原材料禀赋优势，俄罗斯主要通过以原材料出口为主要特征的前向参与模式嵌入亚太价值链，与亚太其他经济体的价值链前向联系较为密切。

由于加工工业发展滞后并积极施行进口替代政策，俄罗斯与亚太价值链上游经济体之间的价值链后向联系并不密切，相反，主要与亚太价值链下游经济体（如新西兰、菲律宾、日本、韩国、泰国、越南、中国、中国台湾、澳大利亚等能源稀缺型经济体）进行价值链前向联系和合作，显然，俄罗斯是在充分考虑自身要素禀赋优势的基础上选择亚太价值链分工的参与模式。事实上，从长远来看，单一的亚太价值链嵌入模式对于俄罗斯更有效地融入亚太价值链分工并无益处，为此，俄罗斯可借助于广阔的地理空间和丰裕的资源禀赋，吸引亚太地区高技术型外资进入俄罗斯远东地区投资设厂，以此可推动俄罗斯逐步依靠后向参与模式嵌入亚太价值链。进一步从变动态势来看，随着时间的推移，俄罗斯与亚太地区的价值链联系日益深化，亚太价值链对俄罗斯经济发展的重要性日趋凸显，这在一定程度上表明俄罗斯的"东向政策"逐步取得成效，其融入亚太经济一体化进程不断加快。

就亚太价值链地位而言，总体来看，凭借着资源禀赋优势，依托原材料出口，俄罗斯在亚太价值链中位居高端生产环节，享有较高的亚太价值链地位，并在亚太价值链中扮演着高附加值获得者角色。尽管近年来，俄罗斯在亚太价值链中的高端地位有所弱化，但并未撼动其对亚太价值链的控制力。这说明，俄罗斯凭借原材料出口嵌入亚太价值链，不仅获得了较高的增加值收益，也增强了其对亚太价值链的控制力和影响力，因此，该嵌入策略总体上是成功的，也是值得肯定的。具体分行业而言，由于俄罗斯主要依托西伯利亚与远东地区的地缘、资源和交通运输优势参与亚太经济合作，因此，其与资源联系最为密切的初级产业在亚太价值链中的高端位置最为凸显，与资源联系相对较强的资本密集型工业次之，劳动密集型工业最弱，与以上行业不同，由于俄罗斯西伯利亚与远东地区的技术密集型工业和服务业发展严重滞后，这导致了俄罗斯服务业和技术密集型工业在亚太价值链中只能承担低附加值的低端生产环节，只能扮演参与者角色。未来，俄罗斯无疑应该继续巩固其在亚太初级产业价值链中的高端地位，与此同时，还应通过技术创新和进口替代逐步实现技术密集型工业和服务业的生产效率及国际竞争力提升，进而推动这两类行业的亚太价值链地位向高端跃升。

第二章
"一带一路"与"欧亚经济联盟"的对接

"丝绸之路经济带"与"欧亚经济联盟"：
两个全球性战略的对接合作

〔俄〕叶·斯·巴热诺娃*

2013 年秋天，中华人民共和国主席习近平宣布开始实施"一带一路"倡议，其主要目标是建立三条欧亚经济走廊和两条海上航线，连通东亚和欧洲各经济发达国家。可以预期，如此大规模建设的实施将使亚洲国家迈入世界舞台的前列。这是一项长期工程，面向欧亚地区所有国家。"一带一路"构想立足于曾经贯穿整个欧亚大陆的古代商路，反映了各国家经济全球化和区域化有利于本地区国家发展的当代趋势。中国提出的"一带一路"倡议以复兴古代丝绸之路为前提，并进一步开辟新的线路，以保障亚洲和欧洲之间自由的政治、经济和商贸关系。

一 "一带一路"倡议的提出是在积极寻求国际
合作的新模式，寻求解决全球性政治、
经济问题的新途径，它将成为促进全球
和平发展的积极因素

2015 年初，俄罗斯联邦总统普京宣布成立欧亚经济联盟，

---

* 〔俄〕叶·斯·巴热诺娃，俄罗斯科学院远东研究所研究员，经济学副博士。

成员国包括俄罗斯联邦、白俄罗斯、哈萨克斯坦、吉尔吉斯斯坦和亚美尼亚。最初的设想是建立一个欧亚经济联盟与中国的自由贸易区。之后，经欧亚经济联盟和中国领导层决定，在2015年5月，发表了《中华人民共和国与俄罗斯联邦关于丝绸之路经济带建设和欧亚经济联盟建设对接合作的联合声明》。声明表示，双方"将共同协商，努力将欧亚经济联盟建设和丝绸之路经济带建设相对接"，并且"通过双边和多边机制，特别是上海合作组织平台开展合作"（引自《中华人民共和国与俄罗斯联邦关于丝绸之路经济带建设和欧亚经济联盟建设对接合作的联合声明》）。俄罗斯联邦总统普京认为，"欧亚经济联盟建设和丝绸之路经济带建设相对接表示双方伙伴关系迈上了一个新台阶，本质上意味着欧亚大陆共同经济空间的形成。"在丝绸之路经济带建设框架下，欧亚经济联盟成员国和中华人民共和国可以在交通基础设施改造、建筑、能源、自然资源开采及高新技术开发等领域开展合作。两个项目同时也都致力于加强各成员国之间的文化联系。

二 "一带一路"建设是一项系统工程，它要求严格遵循共商、共建、共享的原则。必须积极推进沿线各国家民族发展战略的相互协调。应该加强各国间的科技合作，建立联合研究中心，促进科技人员的交流，合作开展重大科技攻关，共同提升科技创新能力。也就是说，要联合各国专家的力量为两个项目的对接合作建造一个学术平台

中国可以充分利用国内各地区的相对优势及独特的地理条件，发挥内蒙古自治区与俄罗斯和蒙古国相接壤的优势，改善黑龙江省

与俄罗斯的铁路运输，加强黑龙江、吉林和辽宁三省与俄罗斯远东地区在陆路及海上运输领域的合作。可以利用辽阔的地域空间、丰富的劳动力资源和内陆地区的工业化基地，依托一些城市群，比如哈尔滨—长春—沈阳城市群，推进区域合作，推动产业群的发展。在俄罗斯，远东地区滞后的基础设施建设必须加以完善，需要修建阿穆尔河和乌苏里江大桥、边防通道、公路和机场，要扩建港口，以实现与中国东北地区的合作。

在欧亚经济联盟成员国俄罗斯、白俄罗斯和哈萨克斯坦领土上，沿多斯特克—阿拉木图—奥伦堡—喀山—莫斯科—明斯克一线、交通基础设施（公路和铁路）得以发展的地区，其经济也将加速发展，就如同 19 世纪末至 20 世纪初修建的西伯利亚大铁路和中东铁路沿线地区一样。如此长距离铁路的修建必将促进各国人口的流动并提供铁路沿线新的就业岗位。西伯利亚大铁路和中东铁路的经验表明，这些通往出海口的长距离铁路一开始修建，其沿线地区很快就得到开发。比如，俄罗斯境内的东西伯利亚和远东地区，以及中国境内的黑龙江、吉林和辽宁三省当年就是这样被开发的。

欧亚经济联盟建设和丝绸之路经济带建设两个大型战略的对接，一方面，为俄罗斯和其他欧亚经济联盟成员国提供了巨大的过境区域，方便其货物从欧洲运往亚洲，扩大其产品在中国及亚洲其他国家的销售；另一方面，中国能获得更多机会扩大其制造品销售市场，同时，获取经济发展所必需的原材料。

两个战略的对接还将在很大程度上明显扩大上海合作组织成员国之间的经贸合作。丝绸之路经济带的北线通过上合组织的三个主要成员国——俄罗斯、中国和哈萨克斯坦。随着项目的推进，会有一条线路从中国经中亚、西亚到达波斯湾和地中海。这不仅会吸纳上合组织其他几个成员国——吉尔吉斯斯坦、塔吉克斯坦和乌兹别克斯坦，而且还能吸收一些中亚和西亚的邻国，因为互利合作具有良好的经济前景。今后还将会建起新的亚欧大陆桥，以及"中国—蒙古—俄罗斯"、"中国—中亚—西亚"和"中国—印度支那半岛"等几条国际经济合作走廊。一些以核心城市为支撑点、在重要的经贸和生产区域设立合作平台的大型国际线路将成为经济走廊建设的基础。

对接工作下一步要做的是减少直至消除丝绸之路经济带成员国之间的贸易和投资壁垒。这项工作十分必要，有利于发掘成员国之间的贸易和投资潜能、加速正在形成中的经济体系内部的资本流动、协调各成员国的货币体系、转向使用成员国货币，直至逐渐取消成员国之间的美元结算。

对于欧亚经济联盟和丝绸之路经济带两个战略的对接来说，必须最大限度地发挥一些新成立的金融机构，如亚洲基础设施投资银行和丝绸之路基金的作用，以便能够同时解决多个与丝绸之路经济带框架下进一步活跃投资及经贸合作有关的问题。

这一切都将有助于国际关系的活跃，不仅仅是丝绸之路经济带成员国之间，还有丝绸之路经济带和上海合作组织成员国之间，同时涉及所有亚洲及欧盟那些有意参与丝绸之路经济带战略和丝绸之路经济带与欧亚经济联盟对接战略的国家。

2017 年 5 月 14～15 日，在北京举办了一场大规模的政治盛宴，同时它也具有重大经济意义。在中华人民共和国倡导下，举办了"一带一路"世界经济发展问题全球会议。来自 100 多个国家的代表参加了会议，有 29 个国家的元首出席。此次论坛的主旨是增进相互了解、协调发展战略、联通运输线路、简化贸易及货币流通程序。它为建立多边关系、商讨涉及新时期伙伴关系的重大社会经济问题搭建了一个现今所需要的平台。本次会议的重要意义在于中国首次担当世界经济和世界金融未来领袖的角色，而习近平主席在演讲中再次提出"独立自主的全球化"理念。针对习近平主席所说的中国所奉行的全球化不会强制推行任何意识形态或政治及经济制度，普京总统补充了一个重要的理论命题，即必须将欧亚共同体和上海合作组织与中国的"丝绸之路"经济带倡议相对接。显然，丝绸之路经济带倡议首先旨在优化中国的出口物流。在未来30～50年，在丝绸之路经济带各沿线的确有望形成世界经济新格局。实施丝绸之路经济带建设的重要方式是中国对于伙伴国实体经济的投资，特别是交通基础设施和补充定点生产领域。倡导丝绸之路经济带建设是中国为获取全球领导地位所迈出的一步，而参与这一倡议也符合俄罗斯的利益。而且，俄罗斯完全可以寄希望于在参与过程中的特殊地位，因为它在原材料、科技、军事和地缘政治等领域具有很大的潜力。在5月14～15日于中国北京举行的"一带一路"高峰论坛上所发表的演讲中，俄联邦总统表达了这一立场，并指出，北京在实施其丝绸之路经济带框架下的各项新倡议时应与俄罗斯领导下的欧亚一体化计划相协调。中俄两国在过去有着丰富的合作经验，而在当今及未来关系的发展中两国又互不可缺：俄罗斯拥有优秀的学术研究成果，有一些发展前景良好的项目，而中国拥有高新技术以及快速增长的经济。双方合作将会使两个国家的经济产生协同效应。在俄中两国伙伴关系进一步加强，并签署一系列进一步发展的协议之际，当务之急是要建立一些能促进两国大中型企业一体化的国际经济平台。丝绸之路经济带将成为俄中两国在重要经济领域开展多层面合作的有力并有效的工具。

当今，中国正在变成一个超级大国，成为它的盟友和合作伙伴于俄罗斯有利。中国对于欧亚大陆经济的影响力正逐步扩大。在丝绸之路经济带等全球性经济项目框架下与中国合作必将使世界整个宏观经济的格局发生质的改变。

俄罗斯智库积极行动，为俄罗斯参与中国各项倡议及大欧亚伙伴关系与丝绸之路经济带对接制定科学依据。2017年3月30日，在"2017莫斯科经济论坛"框架下，由俄罗斯科学院欧亚一体化、现代化、竞争力及可持续发展综合问题学术委员会（以下简称俄罗斯科学院学术委员会）等组织召开了题为"大欧亚伙伴关系：

挑战、问题、机遇"的联合圆桌会议。

会议的组织者包括俄罗斯科学院学术委员会、皮特里姆·索罗金与尼古拉·康德拉季耶夫国际研究所、经济战略研究所、莫斯科国立大学、俄罗斯科学院远东研究所、雅尔塔文明合作俱乐部以及国际全球化问题研究所。会议通过以下提议:俄罗斯联邦总统普京所提出的建立大欧亚伙伴关系和"一体化中的一体化"倡议是对中国国家主席习近平提出的建立丝绸之路经济带和海上丝绸之路("一带一路")倡议的重要补充,是解决全球危机、在文明合作基础上建立稳定的多极世界秩序、消除欧亚大陆上的战争和恐怖主义以加强全球安全的关键因素。与会代表认为,必须按照中俄 2015年 5 月 8 日和 2016 年 6 月 25 日的联合声明为大欧亚伙伴关系、欧亚经济联盟与丝绸之路经济带的对接提供保障,全力支持塑造大欧亚伙伴关系构想的实施以及欧亚经济联盟与丝绸之路经济带的平等对接。为此,他们提出了一个系统方案,即制订一个战略性和指导性计划,包括构想、规划、优先投资项目池、国际合约和联合项目清单以及路径图。这些文件将明确俄罗斯在建立新的世界经济秩序中的地位,以及未来在此基础上进行的一体化建设。

该计划包括建立一些中央性机构,以规划欧亚经济空间的发展。为使规划切实可行,俄罗斯货币当局应考虑建立一些中央信贷机构,为欧亚一体化投资项目提供贷款。例如,可将欧亚经济联盟的反危机基金和欧亚发展银行进行重组,将其法定资金转为卢布,并通过有针对性的低息债券发行使其数额成倍增长。

有针对性的信贷发行所服务的优先投资项目,首先,应该包括所有已经宣布但尚未实施的项目。其中包括:

——建设洲际高速铁路及公路干线(由欧亚发展银行制订项目计划)。该项目有望成为欧亚经济联盟与丝绸之路经济带对接倡议实施的基础;

——建立欧亚飞机制造联盟,生产各种型号尺寸的航空设备

（最大限度发挥"伊柳辛""图波列夫""安东诺夫"等公司的工程潜力）；

——铺设碳氢化合物管道网，构建欧亚大陆市场框架；

——建立"跨欧亚发展带"，引入海关手续简化机制，实行货物通关"绿色通道"，由各国家海关当局监管。

优先投资项目池的形成应采取公私合作机制，签订专门投资合同，私人投资者负责现代化改造及生产增长，而国家提供税收优惠、长期贷款及稳定的宏观经济政策。这些合同将构成大欧亚伙伴关系指导性规划的基础。

对于一些最具一体化成效的重要投资项目，应与国际发展机构共同出资建设，包括亚洲基础设施投资银行、金砖国家开发银行、欧亚开发银行、世界投资银行、世界经济合作银行、独联体国家跨国银行等。为实施巩固欧亚经济联盟构架并在当今一体化道路上将其进一步扩大的各项既定步骤，必须制定欧亚一体化思想体系，旨在证明一体化客观上有利于各参与国的国家利益。

"丝绸之路经济带"与"欧亚一体化"战略对接的风险

〔俄〕巴·鲍·萨林*

"丝绸之路经济带"与"欧亚一体化"战略的对接能够产生改变欧亚大陆和周边地区力量平衡的实质性效果（本文中指的是对这一战略的广义理解，不只是指欧亚经济联盟）。两个子系统对接战略的实施能够避免这个战略像"圈外玩家"所说的"在一个圈子里玩"的情况。西方国家和俄罗斯首先把丝绸之路经济带隐晦地理解为中国产品向欧洲输出的手段，也就是说，这首先是对中国有利的提议。然而丝绸之路经济带也可以实现产品的反向运输。

尽管作为消费地区，欧洲生产数量巨大的包括农业产品在内的工业产品。在这种情况下，高要求的生态标准使它适应亚太地区，特别是中华人民共和国的规模不断扩大的中产阶级对消费产品的生态状况的日益增长的要求，从而变得更有竞争力。这样，丝绸之路经济带允许双方实现互惠的交流，而不只是在"购买中国货"的原则下产生互动。

俄罗斯能够在丝绸之路经济带的框架下直接参与对亚太地区的

---

* 〔俄〕巴·鲍·萨林，法学副博士，俄罗斯联邦政府附属财经大学政治研究中心主任。邮箱：salpavbor@ mail. ru，电话：+79035598390。

农产品供应。2016 年秋天俄罗斯农业部制定了《农工产品产销联合公司食品出口发展》的纲要，根据这一纲要，中国、东南亚国家和近东是俄罗斯农产品出口的优先方向，而肉类和肉制品、谷物和碎米及油脂类食品，还有深加工农产品是其出口的主要商品，在这种情况下，根据俄罗斯联邦出口中心的统计：中国占俄罗斯出口总量的 10.1%，土耳其为 9.2%，埃及为 7.9%，朝鲜为 7.8%，哈萨克斯坦为 7.1%。2016 年这五国成为俄罗斯农产品的主要消费者。它们在 2015 年就是俄罗斯农产品的五大进口国，当时土耳其居第一位。

在欧亚北部地区，这种正在形成的紧密的经济一体化打破了既有的具有传统影响的中心，以及力量投射范围的地缘政治图景。按照它的规模，这个战略可以和曾经是新组织与地区结构建构中心的罗马帝国相提并论，这一帝国不仅通过武力，而且通过基础设施建设获取利益。重构西方世界空间的交通网，它是以罗马帝国在欧洲的优势地位作为条件的，即使是在帝国的军事、经济和人口潜力遭到了实质性的削弱之后，这个交通网依然起着重要的作用（由此在西方文化中出现了一句著名的俗语"条条大路通罗马"）。丝绸之路经济带（它是欧亚北部运输经济走廊）以另一种方式构建欧亚北部地缘空间，这使不喜欢这一战略的某些圈外玩家成为现有的稳固的经济—政治关系的受益者。

由此，对于维持现有局面感兴趣的势力试图阻挠这一方案的实现，利用丝绸之路经济带战略准备建设的脆弱的交通线（欧亚一体化与丝绸之路经济带参与国的内部问题），这里要说的不是人为的因素，而是可能导致初步形成的新关系的破坏和运输成本的明显提高等已经出现苗头的情况。

首先要提到的是两种主要的政治风险：

第一，这是恐怖主义的威胁。这种威胁使该路线的关键节点出现不稳定性和降低它对参与者的吸引力。首先提到的就是作为丝绸之路经济带三条路线中两条关键节点的中亚地区。这一地区同大近东的东界毗邻，数十年来大近东地区就以动荡著称。中亚同阿富汗相邻增加了向区域内国家输入极端主义的风险。现在伊斯兰教极端主义对地区稳定的破坏已经出现了苗头，但这些国家的政府目前成功地缓解了这种威胁。

但是从整体上看，对本地区恐怖威胁的评估可能是负面的。目前从叙利亚和其他地区被国际力量逐出的武装恐怖主义分子正在集中于中亚的南部边界，这有可能提高恐怖主义跨境传播的可能性，甚至会出现类似于 20 世纪 90 年代发生在塔吉克斯坦的大规模越境武装冲突，这样与中亚接壤地区的形势只能继续恶化。如果说 2016 年发生在阿富汗的恐怖主义行动占世界范围内恐怖主义行动的 22%，那么在 2017 年的头几个月已经达到了 30%。这些国家的政府及其盟友明显不能有效地控制这种危险的趋势。阿富汗境内恐怖主义势力潜在的被清除的可能性对于"圈外玩家"来说也是微乎其微的。它作为全球极端主义者大本营的吸引力在继续增长。

在这种情况下，中亚地区国家的公民成为以阿富汗和一系列相邻国家为基地的恐怖主义组织积极参加者的主力。当下恐怖组织正在为提高他们来到中亚地区的积极性和为破坏局势稳定创造必要的信息和组织条件进行积极的活动。

同时丝绸之路经济带建设的成就在许多方面将是以正在实施这一战略的国家（也就是一体化战略潜在参与者，这既包括军事的也包括经济和人文方面的）对它的参与为条件的。

实施在欧亚地区建立新的稳固经济关系战略的成功可能会刺激"圈外玩家"出现利用类似于像伊斯兰极端主义这样的手段来破坏局势稳定的企图。消除这种风险的可能战略是把已经在本地区确立的军事政治战略纳入丝绸之路经济带和欧亚一体化战略的对接之中。首先是集安组织，2016 年集安组织参与国通过了到 2015 年的集安组织集体安全战略。其中反对恐怖主义和极端主义是该组织活动的最重要的原则之一。按照这个条约成立的专门武装力量被纳入集安组织作战反应的集体武装力量。消除恐怖威胁恰好是这种专门武装力量的主要任务。

具有发生"颜色革命"潜在可能性的参与国的政治失稳是第二个严重的风险。在这种威胁下方案潜在参与国的脆弱性既来自第一个威胁，即恐怖主义地下活动的活跃性，也来自同它们的政治体制特性相关的局势。这样后者的脆弱性是与前者紧密相连的，因为在中亚发生"颜色革命"的时候更可能是"混合革命"（会出现比"颜色革命"更多的人员伤亡情况），恐怖主义地下活动正是它的基础。在打着恐怖主义组织的旗号成功地在中亚地区制造混乱局面的时候这种不稳定就会转移到丝绸之路经济带的部分地区，首先是新疆维吾尔自治区。

可以按照针对"颜色革命"的脆弱性的标准，在风险区域把丝绸之路经济带潜在参与国发生动荡的原因分成两类。第一类是在某些丝绸之路经济带参与国或是与它们相邻国家通过权力更替来实现。实际上最近一段时间这种风险的可能性已经略有降低。乌兹别克斯坦在上任领导人伊斯兰·卡里莫夫去世后，沙夫卡特·米尔济约耶夫被选为新总统，这并没有导致局势的失稳。可以明确的是，在以政治体制高度集中著称的这个国家精英集团的更替刚刚开始，政权更替的第一个阶段在没有发生对立的情况下顺利完成了，尽管它也具有突发性（领导人突然死亡），这样就能够寄希望于这个国家继续保持稳定。同样位于风险区域的土库曼斯坦，在2017年2月进行了总统选举，现任总统库尔班古力·别尔德穆哈梅多夫成功连任，而且没有引起对抗。同样位于高风险区域的哈萨克斯坦也发生了政权更替的进程（宪法改革），这可能会出现被"圈外玩家"利用的精英集团的冲突。实际上，目前这种情况并没有出现，试图把外部因素用于内部斗争的精英代表们已经被孤立了。俄罗斯经历了总统选举，这种变化目前仍然是不清晰的，而民众情绪对于政权来讲则是消极的。可以推测,最近两年俄罗斯发生政治动荡的可能性是很高的,它极有可能出现政权无法控制的局面。

第二类是与客观环境相联系,并以欧亚一体化参与国和丝绸之路经济带潜在参与国发生的经济危机为前提的。在这种情况下,除了中亚国家以外的白俄罗斯也会面临这样的风险。它是在 2014 年乌克兰局势失稳以后最可能在通向西欧之路战略中被实施政权更替的国家。目前的白俄罗斯政府成功地应对了这种威胁,但是局势正在发生改变。白俄罗斯成为"丝绸之路经济带"薄弱的环节的可能性仍然很大。这是由于丝绸之路经济带建设的构想者们把这个国家视为主要的欧亚交通的北部经济走廊。在明斯克郊外建立的"巨石"经济特区正是以此为条件的,它一直以来被定位于工业园区,而目前它实际上是一个全方位的综合体。

应该指出,中国对于白俄罗斯经济参与度的增大正在引起无法同中国商品进行竞争的当地商界的不满,而且这种不满通过商界影响到了那些担心失去工作的当地居民。因此不排除试图在白俄罗斯进行"颜色革命"时会在反对中国的旗号下发生,但目前这种情况的发生看起来还不现实。

预防"颜色革命"发生的可行性方案在于中国、俄罗斯和风险区域国家政府的共同合作。类似的工作正在进行中,各国在交流经验,但目前还没有形成机制。

应该指出,还存在着至少与中亚国家相连的消除这两种风险的战略。欧亚运输北部经济走廊从中亚通过。这可以理解为在推进丝绸之路经济带的过程中中方的兴趣在于推动同相邻地区和东北地区相比发展较为落后的西北地区的发展。正因为如此,乌鲁木齐成为整个丝绸之路经济带欧亚运输走廊的节点。沿着西伯利亚的交通干线发展经过远东的公路、铁路交通作为安全的(有保障的,而不是替代的)丝绸之路经济带欧亚北部运输走廊路线完全是合理的。除了"用两条腿走路"的想法,在中亚地区出现动荡的情况下,这将会推动中国东北与俄罗斯远东地区跨境合作的发展，促进它们的经济繁荣。

参考文献

［1］《农工产品产销联合公司食品出口发展优先方案说明》，http：//government. ru/media/files/cMQSd7VmfBXrGXLv6nc G3ZNq8QtzOvAH. pdf。

［2］A. 玛胡科娃、H. 诺沃巴辛娜：《根据 2017 年统计中国成为俄罗斯食品最大进口国》，《俄罗斯商业咨询公司日报》2017 年 3 月 31 日。

［3］集安组织集体安全战略（至 2015 年），http：//www. odkb-csto. org/documents/detail. php？ELEMENT_ ID = 8382。

带盟对接的认知基础：以俄罗斯人对中国的评价为例

曲文轶[*]

中俄在"丝绸之路经济带"与"欧亚经济联盟"框架下的合作能否成功推进，前提条件之一是观念认知上能否对接。俄罗斯民众对于中国国际角色的看法就是这种认知的基础。

迄今为止，围绕"一带一路"倡议和建设问题已经发表了巨量文献，其中绝大多数是我国智库和高校研究人员撰写的阐释性文章，以及国外尤其是美国智库对于中国提出倡议的背景与战略意图、现实阻碍以及可能的影响的分析。将国外的反应——无论是从认知还是实践层面——作为学术研究对象的成果还极其有限。王灵桂主编的《国外智库看"一带一路"》（社会科学文献出版社，2015），以及曹卫东主编的《外国人眼中的"一带一路"》（人民出版社，2016）提供了大量样本国家的信息。一些论文则专注于特定国家观点信息的收集。例如，陈文玲（2014）对于俄罗斯、哈萨克斯坦、土耳其，以及赵会荣（2015）和李秀蛟（2015）关于俄罗斯反应的综述。从研究方法上看，现有文献局限于从"精英"层面刻画特定国

　＊ 曲文轶，辽宁大学转型国家经济政治研究中心、国际关系学院教授，博士生导师。

家的认知状况，比如蒋希蘅和程国强（2014）以及李秀蛟（2015）从专家，以及吴素霞（2016）从政要、学者和媒体角度进行的梳理。

上述文献为我们了解国外对于我国提出的"一带一路"倡议的态度提供了丰富的信息，但也存在较大不足：对于认知主体的选取，多局限于政府层面的官方声明和文件，以及学者尤其是智库学者发表的公开文章和言论，缺少对于普通民众态度的关注。但对于一般民众态度的研究至少是同等重要的，因为民意基础是根本性的、发挥长久影响的因素。有鉴于此，我们聚焦于俄罗斯普通民众对于中国国际形象的主观认知作为研究对象，并对这种认知的成因进行计量分析，以探究俄罗斯人如何评价中国的国际经济政治地位，并揭示塑造这种认知模式的影响因素。

一　俄罗斯镜像中的中国

我们可以通过两项调查概览俄罗斯普通民众是如何看待中国的国际政治经济角色的（见表1、表2）。

表1　俄罗斯人对于中国的国际政治经济角色的评价

类别	2001 年		2011 年	
	数量	%	数量	%
正面的	676	43.2	750	43.1
负面的	362	23.1	502	28.8
难以回答	528	33.7	489	28.1
总计	1566	100.0	1741	100.0

资料来源：俄罗斯科学院社会学所组织的调查［Исследование：Новая Россия：десять лет реформ глазами россиян（ИКСИ）；20 лет реформ глазами россиян］这两份问卷中有同一问题："当提到在国际政治经济中扮演重要角色的国家——中国时，你的感觉怎样？"

表2 "总体上，你怎样看待中国？"

单位：%

类别	2011 年 3 月	2013 年 4 月	2014 年 6 月	2014～2015 年
好	69.8	62.8	76.9	74.6
不好	18.6	24.8	7.9	12.6
难以回答	11.6	12.4	15.2	12.8
总计	100	100	100	100

资料来源：根据列瓦达中心调查数据整理。

总体上，俄罗斯民众心目中中国国家形象较为积极正面，对我国的国际角色给予肯定评价的居多，持否定态度的是少数（见表1和2）。如果与俄罗斯人对美国国际角色的评价相比，这种"亲中国"的态度更加明显。例如，2011 年俄罗斯科学院社会学所组织的调查显示，受访者中对中国国际角色持正面评价的占比为 43%，而对美国持正面评价的为 34%，相反，否定中国国际角色的占比为 29%，而否定美国国际角色的则高达 48%（见表3）。

表3 俄罗斯人对于中美两国的国际政治经济角色的评价

类别	中国		美国	
	数量	%	数量	%
正面的	750	43.1	583	33.5
负面的	502	28.8	830	47.7
难以回答	489	28.1	328	18.8
总计	1741	100.0	1741	100.0

资料来源：俄罗斯科学院社会学所 2011 年组织的调查（20 лет реформ глазами россиян）。

那么，是什么决定了俄罗斯镜像中的中国形象？本文尝试将观念分析框架与国际政治研究结合起来，并采用计量回归方法对此进行实证分析。

二　俄罗斯人的中国认知：实证分析

俄国人对于中国国际角色的评价，首先是一个观念问题，是对于中国的国际角色所作出的主观判断。其次，它也是国际关系问题，是对于中国在国际政治经济舞台上的表现以及国际影响，尤其是对于俄罗斯国家安全与利益所产生的影响的认知。基于这一理论前提，本文首先遵循一般的观念分析框架，认为个体的人口学特征，例如年龄、性别、教育程度、居住地址和经济地位等变量，可能会从经济福利或者纯粹价值观念上影响俄罗斯微观个体对于中国国际角色的认知。再次，除了上述一般性的个体特征变量，俄罗斯居民个体的思想政治倾向也可能对于中国国家形象认知产生重要影响。最后，对于中国的国际影响，尤其是对俄罗斯国家利益产生的影响的感知，对于塑造俄国人心目中的中国形象也会发挥独特作用。

（一）计量模型与数据说明

对于中国国际角色认知的影响因素的考察，是一个典型的二值响应模型，通常我们应用函数形式服从正态分布的 Probit 模型，模型形式如下：

$$P_i = Pr(Y_i = 1 \mid X_1, \cdots, X_n) = F(\beta'X) = \int_{-\infty}^{\beta'X} \frac{1}{\sqrt{2\pi}} exp$$
$$[-(t^2/2)]dt = \Phi(\beta'X)$$

上式中 Y_i 表示受访的俄罗斯居民中第 i 个个体对中国的国际角色持肯定态度。我们利用俄罗斯科学院社会学所 2011 年组织的调查"俄国人眼中的改革 20 年"数据对这种态度的决定因素进行实证分析。调查问卷中有针对这一认知的测试。原题是："当提起这些在世界政治与经济中发挥重要作用的国家（例如中国）时你的感觉如何？"①主要是积极的；②主要是消极的；③难以回答。我们将选项①设为虚拟变量1，作为我们计量分析的被解释变量，即对中国国际角色持肯定态度，其他的选项设为0，为解释变量。其中，核心解释变量分为两类，第一是个体的思想政治倾向。个体的政治偏好以及有关民族和国家主权的价值观和意识形态可能会产生实质性影响。与强调领导人的政治倾向和政治偏好不同，我们这里实证考察普通居民的政治倾向是否也产生重要影响。通常的观念研究文献，是考察党派归属的影响。我们遵循这一惯例，首先估算俄罗斯三个主要政党的支持者是否对于中国形象认知的塑造发挥实质影响，然后检验思想政治流派（特别关注是不是自由市场的拥戴者以及俄罗斯特色发展道路的拥趸）的作用。

第二是对于中国的国际影响，尤其是在俄罗斯国际博弈中的地位和作用的认知。有学者指出，国际关系感知是决定中国国家形象的重要因素。例如，许华认为，世界格局与国际形势的变化以及中俄两国关系的发展水平，在俄罗斯政治精英对中国形象的评价和态度形成中发挥主要作用。① 俄罗斯学者拉琳娜（2015）的调查研究也显示，远东居民对于外国喜好的主要决定因素之一，是认为该国对于俄罗斯的国家安全和利益不构成威胁。② 本文认为，俄国人对于中国国际角色的评价，主要是根据中国在国际关系体系中的地位和行为，特别是对于俄罗斯国家利益的影响。

现存的国际舞台上，俄罗斯始终致力于推动国际治理的多元化和民主化，并且常常与以美国为首的西方国家产生矛盾甚至激烈的对抗。从国际博弈的视角看，中国可以成为平衡以美国为首的西方国家在国际上挤压俄罗斯的重要对冲。俄罗斯政治家对此并不讳

---

① 许华：《从"冷眼"到"热盼"——俄罗斯政治精英眼中的中国形象与俄中关系》，《国外社会科学》2015年第1期。

② 拉琳娜 Л. Л.：《公众舆论认知中的现代中国和俄罗斯——中俄关系：太平洋沿岸俄罗斯居民的观点》，《西伯利亚研究》2015年第2期。

言。首任总统叶利钦在 1995 年克里姆林宫的一次会议上阐述了对华关系的基本立场："俄罗斯的未来取决于能否与中国成功合作。与中国的关系从全球政治的角度来考量也是极其重要的。在与西方打交道的过程中我们可以依靠中国的力量。西方也会因此对俄罗斯怀有敬意。"① 普京在首次当选总统后不久也对中国在俄罗斯外交中的地位和作用发表了观点："俄罗斯在国际政策方面的主要任务是，保持国际舞台的力量和利益的平衡……从这一意义上说，中国是俄罗斯解决这些问题且消除其可能的消极后果的最主要伙伴之一。"②

学界精英中也不乏这种平衡三角论的支持者。清华大学的阎学通教授就认为，当前中俄之间的战略合作基础就是双方面临着来自美国的战略压力。在两国 2016 年 6 月签署《中俄关于加强全球战略稳定的联合声明》后，他更明确提出："美国对俄构成的战略压力，是中俄针对美国进行安全战略合作的原因。"③ 中国军事科学院研究员陈学惠少将也以联合反导为例提出，中俄合作是维护国际道义和秩序，并且，除了中俄联手，"没有其他力量来主持国际公道"。俄罗斯外交学院现代国际问题研究所专家安德烈沃洛金认为，中俄正联手改变全球均势。

综上所述，国际关系层面，中俄两国主流观点认为，中国之于俄罗斯，是平衡美国挤压政策的重要对冲，中俄合作甚至是抗衡美国霸权的前提条件。由此引申的假说是，若俄国人能够感知到西方对于俄罗斯的"敌意"，或者不满于美国的霸权，则将有助于形成对中俄平等大国关系以及中国作为俄美关系平衡器作用，乃至中国国际角色的积极评价。我们把问卷中有关俄罗斯人对于美国国际作

---

① Лукин А. В., Санакаев С. Ф. Российский подход к Китаю на рубеже веков: проблемы и решения// Аналистические записки. Научно-координационный совет по международным исследованиям МТИМО（У）МИД России. Вып. 5（7）, 2005.
② 《普京文集：文章和讲话选集》，2002 年，第 117 页。
③ 凤凰网，2016 - 07 - 04 17：16。

用的评价，以及对于西方与俄罗斯关系的认知作为解释变量，考察它们对于俄国人心目中的中国国际形象是否具有解释力。

X_i 为反映个人特质的控制变量，其选取遵循一般的做法（Eble and Koeva 2002；Hayo 2004），包括了收入水平、性别、教育、年龄、健康状况，所有制隶属和居住地特性。

全部数据均来源于俄罗斯科学院社会学所 2011 年组织的调查研究"俄国人眼中的改革 20 年"。该调查采取随机抽样的方式在全俄罗斯的地域范围内进行，共调查了 1741 位俄罗斯公民。剔除无效问卷后，本文使用的有效数据为 843 份。

（二）估计结果

普罗比回归结果显示，首先，一些个体的人口统计学变量对于预测俄罗斯人对于中国的态度具有较强解释力。其中，居住地特征和收入水平产生最为显著的影响。与农村居民相比，俄罗斯城市居民显著地提高了对于中国国家形象的认同。收入水平则与中国认知之间存在反向联系，即越富有的俄罗斯人越消极看待中国的国际角色。一个可能的解释是，传统上中国商品在俄罗斯市场上的低端形象，虽然获得中下阶层喜爱，但高收入阶层因有能力追求高端消费，从而缺乏对于中国的国际经济角色的认同。其他个体特征变量的影响并不显著。大学教育这一重要的观念影响变量对于俄罗斯人的中国形象认知并未产生显著影响，但符号却很稳定，表明与低学历群体比较，受过大学教育的俄罗斯居民倾向于正面看待中国的国际角色（方程 1）。

思想政治倾向方面，我们分别考察政党归属与思想政治观念的影响。估计结果显示，尽管影响并不显著，但不同政党的影响符号却非常稳定，统俄党和自民党的支持者倾向于正面评价我国，而共产党的支持者则倾向于消极看待我国的国际角色（方程 2）。此外，我们再看思想政治流派的作用（方程 3）。如果是自由市场的支持者，则会显著提高对于我国角色正面评价的可能性，并且置信度达到99%以上。相反，坚持俄罗斯应该走本国独特发展道路的，则倾向于否定中国的国际角色，尽管影响并不显著。比较而言，思想政治观念较政党归属对于俄国人的中国认知具有更强的解释力。

最后，让我们考察国际关系变量的解释力。首先，考察对于美国国际形象的感知是否影响到俄罗斯居民对于中国的评价（方程4）。估计结果显示，对于美国的负面评价会显著提高消极看待中国角色的可能性。即，若俄罗斯居民个体否定美国在国际政治经济舞台上的作用，则会显著降低对于中国的国际角色的认同，而非如理论所暗示的，将会有利于形成对于中国在改善国际治理，以及对冲西方挤压的积极作用的认知。而且，当我们把这种对于美国的负面评价替换成对于西方挤压俄罗斯的危险感知变量时（方程5），符号仍然为负，尽管影响的显著性降低了。

这表明，尽管中俄两国政治高层以及专家学者高度认可中俄美平衡三角关系，以及中俄联手抗衡美国霸权并改善国际治理的潜力，但普通俄罗斯民众对此尚未形成共识。相反，普通俄罗斯民众层面，若强烈反感美国的国际角色，或者对于西方打压俄罗斯的危险高度敏感，则会显著提高负面看待中国国际角色的可能性。事实上，将中国看成对俄罗斯有同样的威胁，而非抗衡美国打压的平衡器，在俄罗斯也是大有人在，自民党主席日里诺夫斯基就是代表。他的经典言论是："今天俄罗斯有两个重要对手——美国和中国，他们想毁灭我们。"[1]

为进一步检验思想政治偏好和国际关系变量对于俄国人认知中国的解释力，我们引入方程6~9做稳健型检验。估计结果显示，

---

① Гельбрас В. Г. Азиатско-Тихоокеанский регион: проблемы экономической безопасности России, Ин-т микроэкономики при Минэкономики Российской Федерации, 1995, С. 43.

控制个体特征变量后，思想政治偏好和国际关系感知变量的影响方向稳定，尤其是对于自由市场的拥戴以及对于美国的不满，能显著影响对于中国国家角色的评价，并且均在99%的置信区间上影响显著，尽管二者的影响方向相反。

三　结语

调查显示，俄罗斯居民对于中国的国际形象总体上持有较为积极的评价，这为两国开展合作，尤其是带盟建设对接奠定了良好的观念基础。本文进一步考察了影响这种态度的决定因素，普罗比回归结果显示，一些个体人口学变量确实发挥了显著影响。其中，城市居民较农村居民更倾向于积极评价中国的角色，而随着收入的增加，差评中国的概率则显著上升。教育变量尽管影响不显著，但符号为正，意味着受过大学教育的俄罗斯人倾向于肯定中国的国际影响。在控制个体特征变量的基础上，我们重点考察了思想政治偏好与对国际关系的感知在中国国家形象认知上发挥的作用，发现，思想观念较政党归属能产生更为显著的影响。统俄党和自民党的支持者倾向于正面评价中国角色，而俄罗斯共产党的拥趸则相反，倾向于负面看待中国的角色。拥护市场经济的自由派则明显对于中国角色持积极评价，并且这一身份的影响在99%的置信区间上影响显著。对于国际关系，尤其是对于美国国际角色的评价也在俄罗斯人的中国认知上产生显著影响，具体而言，对美国的国际角色持否定观点与俄罗斯人的中国角色认知之间存在着显著的负向联系，这意味着，对美国的负面感知并未如理论预测的那样，促进俄罗斯民众对于中国作为平衡角色的认知，相反，这种对于美国的不信任和敌意自然地转换成对于中国国际角色的否定。

长期以来，中俄两国"政热经冷"是政府与学界关注的主要双边关系议题之一。"丝绸之路经济带"与"欧亚经济联盟"建设对接协议的签署为拓展双边经济合作开辟了广阔前景，两国的政治互信以及国际舞台上的紧密合作也为对接建设提供了政治保障，但归根结底，经济合作的成功取决于两国人民之间的互信与企业之间的自愿经济往来。截至目前，关于两国观念对接的研究成果主要集中于政治精英和专家学者层面，本文聚焦于俄罗斯居民对于中国的国际角色的主观态度，利用俄罗斯科学院在全俄罗斯随机抽样的代表性居民问卷调查的大样本数据，采用计量经济方法实证分析了塑造俄罗斯人心目中的中国国家形象的决定因素。主要结论之一，是与学者关于"意识形态、价值观的色彩淡化"的判断不同，我们发现，思想政治倾向仍旧在俄罗斯人的中国认知中发挥着重要作用。只不过与传统意义上以资本主义和社会主义作为国际关系基础的意识形态外交不同，这里指的是不论是对于自由市场的拥戴还是对于本国独特性的强调，这都与俄罗斯人看待中国的态度之间存在显著联系，而且，党派归属也影响对于中国的认知，统俄党的支持者倾向于肯定中国的角色，而俄共的支持者则偏向于负面看待中国的角色。

另外，我们的研究证实了地缘政治因素，尤其是中美俄三角关系感知在塑造俄罗斯人的中国态度中的重要性，但影响的方向却与主流观念相反——对于美国霸权的不满以及对于西方打压俄罗斯的威胁的感知，并未如精英阶层那样转化为对于对方国际角色的肯定乃至促进双边合作，相反，反西方倾向会导致对于中国国际角色的否定。

本文依据的是 2011 年的俄罗斯居民主观数据，5 年间俄罗斯对外关系出现了重大改变。其中，最为主要的是，是因乌克兰危机和克里米亚归属以及叙利亚内战问题引发的与美国日益尖锐的对抗。俄罗斯居民对于中国的认知也出现了进一步改善的迹象，实践层面也看到了两国政治经济乃至军事领域的进一步接近。但本文的分析显示，美国对于俄罗斯的战略挤压很可能导致俄国人反美情绪高涨，而民族主义高涨的潜在风险之一，就是对于崛起中国的敌视。反美亦反中的日里诺夫斯基并非孤家寡人，因此，改善两国人民之间的相互认知以为经济合作奠定观念基础，看来也是任重道远。

附录：回归结果

	（1）	（2）	（3）	（4）	（5）	（6）	（7）	（8）	（9）
age	−0.106	−0.083	−0.082	0.030	−0.103	0.052	−0.080	0.044	−0.083
	0.0033	0.0034	0.0034	0.0035	0.0034	0.0035	0.0034	0.0036	0.0034
gender	0.041	0.049	0.026	0.162	0.050	0.146	0.035	0.164	0.056
	0.0948	0.0955	0.0955	0.0986	0.0951	0.0992	0.0958	0.0993	0.0957
education	0.142	0.139	0.122	0.083	0.151	0.066	0.131	0.086	0.147
	0.1086	0.1091	0.1092	0.1123	0.1088	0.1128	0.1094	0.1128	0.1093
income	−0.223**	−0.211**	−0.242**	−0.197**	−0.230**	−0.213**	−0.248**	−0.188*	−0.218**
	0.0000	0.0000	0.0000	0.0000	0.0000	0.0000	0.0000	0.0000	0.0000
Entrepreneur	0.155	0.155	0.165	0.136	0.161	0.138	0.172	0.136	0.160
	0.4882	0.5005	0.4995	0.5183	0.4927	0.5257	0.5045	0.5330	0.5036
worker	−0.028	−0.030	−0.042	−0.068	−0.031	−0.080	−0.046	−0.071	−0.032
	0.1132	0.1137	0.1140	0.1165	0.1132	0.1172	0.1141	0.1169	0.1138
ownership	−0.059	−0.055	−0.052	−0.017	−0.060	−0.008	−0.053	−0.012	−0.056
	0.1045	0.1048	0.1050	0.1086	0.1048	0.1092	0.1053	0.1089	0.1050
location	0.290***	0.287***	0.301***	0.299***	0.286***	0.308***	0.297***	0.295***	0.284***
	0.0993	0.0996	0.0996	0.1030	0.0994	0.1033	0.0998	0.1032	0.0997
health	0.064	0.082	0.052	0.119	0.085	0.106	0.072	0.132	0.098
	0.1518	0.1531	0.1527	0.1566	0.1530	0.1575	0.1539	0.1579	0.1540
UnitedRussia		0.181*						0.144	0.164
		0.1025						0.1065	0.1032
Communist		−0.076						−0.046	−0.070
		0.1454						0.1489	0.1458
LDPR		0.131						0.157	0.120
		0.1491						0.1541	0.1494

	(1)	(2)	(3)	(4)	(5)	(6)	(7)	(8)	(9)
liberal			0.294***			0.271***	0.292***		
			0.1985			0.2066	0.1982		
independent			-0.083			-0.059	-0.080		
			0.1588			0.1631	0.1584		
AgainstUSA				-0.886***		-0.877***		-0.882***	
				0.0968		0.0972		0.0973	
WeakenRussia					-0.176*		-0.173*		-0.146
					0.0907		0.0910		0.0917
N	843	843	843	843	843	843	843	843	843
adj. R^2	0.0157	0.0215	0.0251	0.0920	0.0190	0.0991	0.0283	0.0962	0.0237

Standardized beta coefficients; Standard errors in second row　 * $p < 0.1$, ** $p < 0.05$, *** $p < 0.01$.

从官方到民间：中亚各国对中国
"一带一路"倡议的认知分析

〔哈〕纳比坚·穆哈穆德罕*

哈萨克斯坦、吉尔吉斯斯坦、塔吉克斯坦、乌兹别克斯坦和土库曼斯坦即中国学界习惯所称的"中亚五国"。在历史上，上述国家作为古老的丝绸之路沿线国家，在沟通中国与西方关系、东方与欧洲关系方面发挥了极其特殊和重要的作用。

2013 年 9 月中国国家主席习近平首次访问中亚国家，在哈萨克斯坦纳扎尔巴耶夫大学演讲时提出了共建"丝绸之路经济带"构想，并建议从加强政策沟通、道路联通、贸易畅通、货币流通、民心相通方面着手逐步实施，引起很大的反响。

中亚各国对中国政府提出的共建"丝绸之路经济带"的倡议给予了特别的关注，但比较而言各国政府和民间的认知和反应有所差别，值得学界认真研究和思考。

一 中亚各国官方对"丝绸之路经济带"的
认知和回应

哈萨克斯坦总统纳扎尔巴耶夫在 2014 年度国情咨文中提出

---

* 〔哈〕纳比坚·穆哈穆德罕，历史学博士，教授，哈萨克斯坦共和国阿里 – 法拉比国立大学汉学教研室主任，当代中国研究中心主任。

"光明之路"新经济政策[1]。哈国新经济政策，把交通运输基础设施、工业基础设施、能源基础设施和公共基础设施作为优先发展项目。该计划旨在通过一系列投资促进哈萨克斯坦经济结构转型，实现经济增长。这都与中国的倡议直接衔接。从此两国高层互访更加频繁，在"一带一路"框架下签订了一系列的合作协议。2014年12月中国总理李克强访问哈国，双边签署了总额达140亿美元的30多项合作协议；签署了《关于共同推进丝绸之路经济带建设的备忘录》，并就价值"180亿美元的哈中合作框架协议"达成共识。两国初步确定了16个早期收获项目和63个前景项目清单，涉及水泥、钢铁、平板玻璃、矿业、化工、能源、电力等领域。2015年3月哈国总理马西莫夫访华期间，两国签署了加强产能与投资合作备忘录和总金额为236亿美元的产能合作协议。2015年，中国企业宣布了12个对哈萨克斯坦的"绿地投资"项目，总投资额约12亿美元，中国成为哈萨克斯坦对外直接投资的最大来源国[2]。

2015年8月31日，哈国总统纳扎尔巴耶夫访华，哈中双方签署了《哈萨克斯坦共和国和中华人民共和国关于全面战略伙伴关系新阶段的联合宣言》，并签署了《产能与投资合作政府间框架协议》[3]，这是中国与外国签订的首个产能合作协议。为保证协议落实，中国还建立了部门间工作机制，同时设立产能合作基金，其中确定了52个项目并签订了总金额为230亿美元的25项协议。其中汽车组装、聚丙烯项目、阿斯塔纳市轻轨项目已开工或竣工，而钢铁、冶炼、水泥等领域十余个项目正在启动之中。哈国总统纳扎尔巴耶夫在2017年度国情咨文中敦促政府优先实施哈中签署的合作项目[3]。

2017年5月在北京召开的"一带一路"高峰论坛上哈国总统纳扎尔巴耶夫发表讲话，他认为："一带一路"项目的付诸实施，必将使丝路沿线国家，其中包括中亚地区获得崭新的发展模式。他称赞"光明之路"和"一带一路"衔接所取得的成就，并建议下一步在"科技创新领域加深合作"[4]。因为他在本年度国情咨文中提出发展科技、教育创新、增强国人竞争力政策。由此可以看出哈国总统制定的新政策都有乘"一带一路"东风而推行之意。

哈萨克斯坦驻华大使努雷舍夫认为，哈萨克斯坦与中国在落实"一带一路"倡议的重要组成部分——"丝绸之路经济带"的问题上保持着密切协作。"目前，我们与中方在产能合作领域共同落实了51个总价值达260亿美元的项目。我相信，这些计划的成功实施不仅将推动哈萨克斯坦的发展，还将推动整个地区的发展"[5]。

无论是哈萨克斯坦政府层面还是学术界都认为"一带一路"和"光明之路"两个发展规划存在战略对接的多重互补性。哈萨克斯坦政治学家埃达尔·安姆列巴耶夫（Айдар Ә миребаев）认为："中国对我们来说，首先并不是威胁而是给我们提供发展机遇。有些人认为'中国是无比大国，将会吞并我们'。这不对，你看看，在亚太地区的'四小老虎'哪一个不是利用中国市场发展起来的，它们很好地利用了中国的对其有利因素。我们是中国的近邻，中国给我们提供了更多的发展机遇。"[6]

中国学者认为：首先，中哈两国在产业分工和资源禀赋上存在极大互补性。制造业是中国的比较优势。占据全球制造业的1/5，中国制造业竞争力指数在136个国家中排名第七位，制造业净出口居世界第一位，钢铁、水泥、汽车等220多种工业品产量居世界第一位。中国作为制造业大国，也是能源和资源消费大国，而中国恰恰又是能源和资源相对缺乏的国家，石油的对外依存度已突破60%。而哈萨克斯坦被称为"世界能源和原材料基地"，其中已探明的石油储量39亿吨，位居全球第12位，天然气储量1.3万亿立方米，居世界第20位。用于核燃料和制造核武器的铀的产量位居世界第一。被称为"铀库"。哈国金属矿产十分丰富，已探明的矿藏有90多种，钨的储量居世界第一位，铜、铅、锌、钼和磷的数量占亚洲第一位，铬和磷矿石居世界第二位。能源合作过去相当时期一直是支撑中哈经济合作的基础。中哈原有管道年输油量超过1000万吨，中国还是哈萨克斯坦第二石油出口国。

其次，中哈在基础设施建设及加工制造业方面的产能合作具有巨大潜力。中国国内基础设施建设基本饱和，钢铁、水泥、电力、电解铝等大宗产品及机电产品均出现产能过剩问题。而对哈萨克斯坦来说，通过与中国的产能合作来实现产业结构的升级，从而提升经济增长空间和拓展潜力。中国具有性价比优势的产能，如钢铁、水泥、玻璃等基础设施的能力在哈萨克斯坦有着大量需求。中国企业到哈萨克斯坦投资建设钢铁厂、水泥厂、平板玻璃厂，一则可以就地消化哈萨克斯坦的石油、天然气等优质清洁能源，降低生产成本；二是可以满足哈国内市场需求，减少进口，增加出口，提高哈国经济竞争力；三是发展制造业有利于哈国增加就业，改善民生。

再次，中哈产能合作将推动哈萨克斯坦经济发展摆脱能源出口依赖，帮助哈国建立独立的工业体系[7]。

中哈已经签署了一系列合作文件：《关于共同推进丝绸之路经济带建设的谅解备忘录》（2014年12月）、《关于加强产能与投资合作的框架协议》（2015年8月）以及有关产能、能源、海关、质检、金融、旅游等领域十余个双边合作文件（2015年12月），另外还签署了《中哈关于"丝绸之路经济带"建设与"光明之路"新经济政策对接合作规划》（2016年9月）等。中哈产能合作正在向全方位、深层次、多领域发展。这些事实说明"一带一路"框架下的哈中双边互利合作已经取得实效，并显示出广阔的发展前景。这无疑对"一带一路"沿线中亚地区的合作将产生示范效应。

知行合一硕果。中哈之所以能够在产能合作方面取得实效，其根本动因是中哈两国已建立起牢固的政治互信。哈萨克斯坦总统纳扎尔巴耶夫在2016年9月参加杭州G20峰会期间直接告诉习近平主席，哈萨克斯坦愿同中国保持传统友好和高度政治互信[8]。这次"一带一路"峰会上哈国总统纳扎尔巴耶夫又强调"更好地实施

"一带一路"规划在利益国家之间建立稳定的互信、平等法权和全面合作心态的重要性"。习近平主席赞成哈国总统的观点并称哈萨克斯坦为"陆路国境运输的冠军"[9]。

2014年12月的中哈产能合作第一次对话会，双方就确立了产能合作要坚持"政府引导、企业对接、务实高效、互利共赢"的原则。2016年9月，G20杭州峰会期间，中哈两国领导人决定以2017年建交25周年为契机，弘扬睦邻友好，深化互利合作，加强战略协调，携手打造真诚互信、团结互助、安危与共、合作共赢的中哈全面战略伙伴关系[10]。所以哈国总统在2017年度国情咨文中特别提到哈中合作项目的付诸实施问题。由此可见，哈国对与中国合作关系的重视程度。

吉尔吉斯斯坦共和国制定的"2013～2017年吉尔吉斯斯坦经济发展五年规划"，将发展交通、电力工业等作为优先项目。这亦与中国构想契合。所以吉尔吉斯斯坦外交学院院长诺尔兰－阿依莫扎耶夫（НурланАйтмурзаев）认为：中国"丝绸之路经济带"倡议是具有合作前景的项目，吉尔吉斯斯坦的长远国家发展计划的未来与中国的"丝绸之路经济带"计划相关联。而吉尔吉斯斯坦共和国议员达斯丹－巴克舍夫（Дастан Бекешев）则认为"丝绸之路经济带"倡议对沿线国家都有利，该项目的成功实施必将推动中亚国家的经济、贸易、文化和实业的发展。吉尔吉斯斯坦总理2016年12月访问中国时签订了三项合作协议：1）中国－吉尔吉斯斯坦－乌兹别克斯坦铁路建设协议；2）中国至沿热湖西行公路建设协议；3）中国的一些工业企业搬迁吉尔吉斯斯坦协议。这是中吉两国在"丝绸之路经济带"项目框架下签订的重要协议。吉国总理认为，中国－吉尔吉斯斯坦－乌兹别克斯坦铁路的建成，不仅推动了吉尔吉斯斯坦交通运输和基础设施的发展，而且增加了吉尔吉斯斯坦过境运输税收。吉尔吉斯斯坦共和国总统阿坦拜耶夫在"一带一路"高峰会议上发言时高度评价"一带一路"构想对区域发展带来的新机遇之价值，并建议：中国把通到欧洲的光缆扩大路经到吉尔吉斯斯坦境内（расширения волоконно-оптических линий передачи из Китая в Европу через Киргизию）；建立电子商务、物流中心以及启动"中国－吉尔吉斯斯坦－乌兹别克斯坦"铁路建设的重要性[11]。

塔吉克斯坦共和国方面认为，中国提出的共建"丝绸之路经济带"倡议，对塔吉克斯坦社会经济发展有利。2014年9月中国国家主席习近平访问塔吉克斯坦时，中塔两国领导人签署了实施"一带一路"（"丝绸之路经济带"）计划备忘录。塔国认为中国的"丝绸之路经济带"构想，与塔吉克斯坦实现其发展战略计划相衔接，是塔吉克斯坦摆脱交通运输闭塞状况的历史机遇。

塔吉克斯坦政治评论家拉什德－加尼－阿卜杜拉（Рашид Гани Абдулло）认为，塔吉克斯坦比起别的中亚国家对中国提出项目中的利益更多些。因为俄国已经把劳务移民发回本国的汇款金额大大降低了。所以要开拓外汇来源，除了靠中国资金，没有别的可靠的外汇渠道。当然中国为本国利益要疏通中亚交通走廊，这客观上为塔吉克斯坦交通运输摆脱闭塞创造了有利条件。

乌兹别克斯坦共和国方面认为，中国提出的共建"丝绸之路经济带"倡议，不仅将乌兹别克和中国的历史关系重新连接起来，而且将两国民心也沟通起来。近年来，乌兹别克在"丝绸之路经济带"框架下与中国的经济合作成绩显著。2014年8月，在乌兹别克斯坦总统卡里莫夫访华期间，双方签署了"中华人民共和国和乌兹别克斯坦共和国联合宣言"，表示"支持并愿共同落实中方关于建设'丝绸之路经济带'的倡议，将确定新的、具有前景的经济合作方向，进一步推动重点项目"。卡里莫夫总统访华期间，双方还签署了22份合作协议，合同金额超过60亿美元。另外，两国还制订了《中华人民共和国和乌兹别克斯坦共和国战略伙伴关系发展规划（2014～2018年）》，以推动具体合作项目的落实。

2015 年 6 月中乌签署了《关于在落实建设"丝绸之路经济带"倡议框架下扩大互利经贸合作的议定书》，并建立了中乌新的融资机制。

刚刚上任不久的乌兹别克斯坦共和国第二任总统米尔济约耶夫（Шавкат Мирзияев/ShavkatMirziyoyev）在 2017 年 5 月的北京"一带一路"高峰会议上发言时高度赞扬"一带一路"倡议，他说道"我相信涵盖世界人口的 60% 的该项目，将促进和平地带的形成，促进繁荣、昌盛和社会进步，增进团结和友谊"[12]。乌兹别克斯坦总统在与会期间和中方探讨了暂缓停建的"中国－吉尔吉斯斯坦－乌兹别克斯坦铁路"建设问题，并签署了价值 2.3 亿美元的合作协议。

土库曼斯坦共和国积极回应中国提出的"一带一路"倡议和实施进程。因为，"一带一路"倡议与土库曼斯坦总统别尔德穆哈梅多夫（Gurbanguly Mälikgulyýewiç Berdimuhamedow）提出的"复兴古丝绸之路"的国际倡议在内容上是不谋而合的。土库曼斯坦方面倡议开展多边国际合作，在中亚地区发展现代化的基础设施网络，包括公路、铁路和天然气管道。

从以上事实中可以看到，中亚国家都对中国提出的"一带一路"倡议持积极回应和参与态度，并把本国的社会发展政策和规划不同程度地与其相衔接，取得了初期成果。

二 中亚各国民间对"丝绸之路经济带"的理解和解读

中亚各国社会知识界和民众对中国提出的"丝绸之路经济带"有不同的理解和解读。有些人认为中国出于本国的外交和经贸利益而提出"一带一路"倡议；"丝绸之路经济带"计划的付诸实施，必将增强中国在中亚的影响力，使中亚诸国依附于中国；"丝绸之路经济带"计划在中亚的推行将使中亚诸国成为中国的欠债国；

中国对中亚国家的经济扩张将会增强。中国在中亚实施"丝绸之路经济带"计划有诸多不利因素，即中亚国家之间存在的社会政治矛盾和国家利益冲突等问题。

三 结论

中亚各国官方都对中国提出的共建"丝绸之路经济带"倡议表示赞成，并积极回应，在制订发展社会经济计划方面都制定了与中国倡导的"丝绸之路经济带"对接的政策或原则，并调整了相应的配套政策，并在"丝绸之路经济带"框架下签订了一系列合作协议，取得了显著成绩。中国提出的共建"丝绸之路经济带"计划在经济危机年代里给中亚各国带来了发展机遇，使它们感知到共同利益所在和合作共赢的实惠。所以中亚国家都将其社会经济的发展，特别是社会基础设施发展寄托于中国的"一带一路"建设上。这被 2017 年 5 月的北京"一带一路"高峰会议上中亚各国领导人提出的建议所证实。在此次峰会上，中国国家主席习近平的主旨演讲和国务院副总理张高丽的致辞均深刻阐述了丝路精神的内涵，描绘了"一带一路"建设的美好愿景和前进方向，使中亚国家（不仅是中亚诸国，而且是所有参与国家）加深了对中国倡议的理解，增强了参与信心，开创了深度合作的新阶段。据此可以说，在"丝绸之路经济带"框架下中亚国家和中国的合作关系将得到全面发展，也必将推动中亚社会经济的发展。

但也要看到，中亚各国社会中存在着对中国的一种"恐惧感"，这是苏联时代中苏关系对抗的心理遗产。这种遗留下来的心态将会存在较长时间，即"丝绸之路经济带"项目实施成果真正惠及它们为止。所以它们对中国与中亚各国合作发展态势及其实际效果比较敏感，特别是关系到国家切身利益和个体利益时。对此中国和中亚各国都应该在民心沟通方面多做有益工作，并让人民群众享受到"一带一路"合作共赢所带来的成果，使他们体会到命运共同体形成的蕴意尤为重要。

参考文献

［1］《哈萨克斯坦独立报》2014 年 11 月 11 日。

《中国成哈萨克斯坦 FDI 最大来源国》，载英国《金融时报》（Financial Times），www. ft. com，2016 年 8 月 18 日。

［2］［7］王志民：《"一带一路"背景下中哈产能合作及其溢出效应》，《东北亚论坛》2017 年第 1 期。

［3］［4］纳扎尔巴耶夫：《使中亚焕然一新的倡议》，载哈萨克斯坦《明报》（Aikyn）2017 年 1 月 16 日。

［5］努雷舍夫：《"光明大道"与"一带一路"积极对接将打造合作典范》。2017 年 5 月 12 日，《每日经济新闻》，http：//finance. sina. com. cn/roll/ 2017 - 05 - 12/ doc - ifyfecvz 1021606. shtml。

［6］《埃达尔·安姆列巴耶夫访谈录》，2017 年第四期。

［8］《习近平同哈萨克斯坦总统纳扎尔巴耶夫举行会谈》，《人民日报》，2016 年 9 月 3 日。

［9］哈萨克斯坦《明报》（Aikyn）2017 年 1 月 16 日。

［10］《中哈签署"丝绸之路经济带"建设与"光明之路"新经济政策对接合作规划》，载《中国经济导报》2016 年 9 月 7 日。

［11］［12］http：//www. ca - portal - article：35064.

大欧亚与中俄战略伙伴关系

〔俄〕德·瓦·叶夫列缅科*

近几年来，"大欧亚"（Greater Eurasia）这一术语在俄罗斯及西方的国际关系文献中被越来越频繁地使用。本文中的"大欧亚"概念旨在研究欧亚大陆及其毗连的非洲大陆（也可能是整个非洲）地缘政治及地缘经济转型的主要进程。大欧亚的提出并不是为了打造中心地带的经典地缘政治概念，其空间因素不应被视为当前变化的唯一决定因素。毋庸置疑，空间具有重要的意义，且意义巨大。但对当前转型本质的认识，要考虑到历史时间因素、和平发展道路的多种变量，甚至还要考虑到选择进程的可能性，甚至是对昨天还无法选择的过程进行抉择。今天，我们看到的是，全球化是过去和现在的世纪之交的一种明显的抉择。如果再确切点说的话，构建大欧亚是一个全球性的转型，代表着 20 世纪 90 年代至 21 世纪初几种趋势激进的加强，同时也反映出与后两极世界秩序相关的一些全球化特征的限制或是削弱。

著名的《其他国家的崛起》一书认为，构建大欧亚的一个十分重要的先决条件是：一些非西方的大国必须形成合力。这些国家

---

* 〔俄〕德·瓦·叶夫列缅科，政治学博士，俄罗斯科学院社会科学信息研究所常务副所长，E – mail：efdv2015@ mail. ru。

要善于搭乘全球化的顺风车并快速赶上西方工业发达大国。非西方国家对其自身主体地位的主张是在人类现代史中形成的。当时，全球化给从原料生产国到宣称自己突破后工业化的国家的所有国家都迅速带来了实惠。众所周知，这个阶段已于 2008 年结束。

2008 年金融危机显示出，一度被全世界热捧的自由政治经济模式——全球化停滞不前了。2008 年后，为维护西方的主导地位，许多全球化进程被紧急倒转。事实上，共产党领导的中国是最成功地应对危机的国家。中华人民共和国不仅巩固了自己世界第二大经济体的地位，还推出了自己的全球抱负。同时，近年来，中国几乎用尽了此前依靠出口战略获得的经济增长红利。在新一代中国领导人习近平和李克强的领导下，中国顺应时代开始调整经济政策。他们的名字与中国经济逐步向国内需求发展调整，进行结构改革，克服比例失调、刺激创新等一系列举措联系在一起。同时，与其前辈相比，习近平更为果敢地向欧亚、非洲和太平洋区域国家展示中国的经济实力。

中国国家主席习近平的"一带一路"倡议，就其规模和空间、时间范畴而言，是史无前例的。这是自瓦斯科·达·伽马出航以来，第一次尝试建立融通东方与西方的经济合作体系。中国一直致力于对外展示其自身的经济实力，在欧亚大市场间建立一个紧密的交通、经济和贸易网络，被称为自身利益的体现。中国竭力将邻国和偏远国家转为自身发展的额外资源。事实上，中国的确不会做任何不利于自己的事情，中国长期战略规划的政治管理更倾向于创造有利的外部条件实现大国数十年的繁荣。对中国来说，实现这种繁荣的先决条件是那些同时维护中国利益的国家必须能够保证稳定和经济富足。

中国国家主席习近平的"一带一路"倡议不同于西方国家妄图在激烈竞争条件下实现速胜的战略思维，这一倡议远离零和博弈的逻辑，其面向所有准备加入其中的国家，并以自己的视野、经验和资源使他们富足起来。没有选择性或是歧视性，从发展交通基础设施到创建自由贸易区，无论是双边还是多边合作，"一带一路"倡议对于中国来说基本上都是稳操胜券的。当然不言而喻的是，该倡议也将导致国家间产生新的角逐，相互争夺中国的投资和贷款，让能够保障大欧亚一体化的交通基础设施从自己的领土过境。但更重要的是，中国开启的进程还蕴含着自身的一个内在逻辑，即将那些致力于建立自己物流链的国家争取融入中国计划中来。"南北"交通走廊的加速建设就是近来的一个典型例子，这条走廊经阿塞拜疆将俄罗斯和伊朗连在一起，未来还将连接印度。根据针对欧亚的运输项目计划的实施，企业间的竞争将会加剧。例如，从莫斯科到喀山的高铁建设（未来连通中国和俄罗斯首都的跨洲干线的一段），尽管德国对俄罗斯仍在实施制裁，但德国投资者（"德国倡议"财团）却向中国投资方（"丝路"基金）提供了选择。俄罗斯希望实质扩大在能源和发展俄罗斯远东基础设施领域的合作，而日本领导人对解决日俄领土争端的最新立场，多半不会给中国提出倡议的机会。

这样一来，大欧亚的构建开始被视为一种自我组织的进程。其前提条件是经过长期的酝酿后才能成熟起来，但从整体上看，一些必要条件只有在现在才能形成。来自中国的推力十分巨大，使得大欧亚的国家和地区间的各类相互依存开始激进并缠绕在一起。与此同时，对于世界秩序中最重要的次级转型体系——大欧亚来说，一些因素将对其获得主体地位产生消极或不稳定的影响。

美国对中国和俄罗斯巨大的外围威慑政策就是因素之一。有意无意地向俄罗斯西部边境推进北约的军事地面设施、加强防御联盟在亚太地区的存在，这都表明美国力求对俄罗斯和中国的战略目标能够趋于一致，其目的就是实现更大的政治协调，同时，被拉入这场对抗的许多国家都处在两难的境地，因为其国家目标是积极参与到大欧亚的构建进程中来。但是，不得不对比地看待这些国家的这些想法——它们的想法更屈服于美国的军事战略利益。韩国就是个典型的例子，该国同意在自己的领土上部署美国萨德导弹防御系统。根据美国与韩国的官方声明，导弹防御系统旨在应对朝鲜的核威胁。毫无疑问，对于韩国来说，应对朝鲜核威胁是主要的，因为无论是与北部邻居共处，还是在遥远的未来国家恢复统一，韩国都必须保障自己的安全。与此同时，韩国不会对导弹防御系统的基础设施做任何监控，其使用的所有决定都要由美军做出。而对于美国来说，在朝鲜半岛部署导弹防御系统则意味着可能削弱中国的核导能力，也会对俄罗斯的核导潜力有些许影响。俄罗斯和中国对这一决定的第一反应当然是十分异常的，这也是不足为怪的。韩国实际上是在助推对中国和俄罗斯的遏制战略，那么到时就可以最大限度地利用构建大欧亚这个机会，推进国家和平统一，这符合其长期的国家愿景。因而，韩国在努力寻找一个中间点，希望既能继续得到美国盟友的安全保障，又能参与跨洲合作与分工。

2016 年 11 月唐纳德·特朗普在美国总统大选中获胜，其导致了世界政治发生了一系列重大的改变。退出跨太平洋伙伴关系协定就是特朗普政府最重要的决定之一。其产生的长期后果，可以与1920 年 3 月美国国会拒绝批准《凡尔赛和约》相提并论。特朗普拒绝多边主义而觊觎国家间协作的双边主义，其力争增加美国作为经济和军事超级大国在与其他大多数国家协作中的优势。特朗普从内部破坏了跨太平洋伙伴关系协定，这样一来，不仅维护了国家工业资本的利益，又对与其结成同盟的亚太地区国家的协同结构进行了重组，使其符合自身利益。然而，退出跨太平洋伙伴关系协定并没有给美国造成与该同盟"火车头"之一的日本之间的经济协作上的损失。两国领导人强调要加强双边贸易及扩展投资关系。因此，现在说多边贸易和投资合作的领导地位已经自动从美国转向了中国的话还为时尚早。但是，毋庸置疑的是，采取这一措施，使美国正在丧失奥巴马在跨太平洋伙伴关系协定和跨大西洋贸易与投资伙伴关系协定中竭力取得的国家间协作多边体系的优势地位。而如果说贝拉克·奥巴马政府的跨太平洋伙伴关系协定是限制中国经济和政治实力的主要手段之一的话，那么特朗普政府显然用军事政治机制达到了同样的目的。显然，美国对全球和地区霸权的觊觎并没有消失，但现在这种觊觎将靠其更具优势的实力来实现。

需要指出的是，特朗普政府拒绝跨太平洋伙伴关系协定就是将构建像欧洲大西洋、跨太平洋空间和大欧亚这样的共同大空间的趋势扼杀。一方面，在上述任何情形下都会涉及地缘政治和地缘经济项目的竞争，而其中任何一个项目的实施都将会带来全球性的影响。而另一方面，在任何情形下，现有的跨区域联系，相互依存，内部和外部威胁已经是区域经济一体化进程、安全结构和通信基础设施发展的客观因素。中国作为主要发起人，将跨太平洋地区的跨太平洋伙伴关系替换为区域全面经济伙伴关系，这是完全有可能的。但是，目前最有前景的是在大欧亚形成跨区域共同体。

构建大欧亚的进程将是亚洲、欧洲和非洲三者相互依存而又十分复杂和充满冲突的过程，这主要是由客观因素所致，但当前由中国和俄罗斯倡导的加速推进的"向东转"战略也对此产生了重要的影响，为该进程提供相适应的制度构建也是很合理的。因此，一些国家也开始以某种形式进行国家间的相互协作。然而，共同愿景与找到最佳的制度框架之间还相差甚远。

目前，上海合作组织作为一个能够规范大欧亚构建制度的组织，是最能发挥国际组织作用的。在不久前公布的十五年规划中，上海合作组织表示已完成了一系列涉及中亚地区的重要任务，在安全和反恐领域建立了相对有效的多边协作。但上海合作组织在经贸领域的成就就没有那么理想了。上海合作组织为地区维稳做出了贡献，既实现了中俄的各自利益，也没有使俄罗斯和中国之间产生竞争，这让美国打入中亚国家受到了很大的限制。与此同时，作为一个权威的多边对话平台，上海合作组织能够保留对其他亚洲国家的吸引力，讨论的议题已远远超出了中亚地区的问题范围。同时，印度和巴基斯坦加入上海合作组织，显然使得该组织的地区日程和使命发生了质的改变。实际上，上海合作组织在安全、经济、文化和科技合作领域有机会发挥跨地区论坛的作用，也就是说，其能够成为影响大欧亚构建进程的组织。

然而，今天还没有足够的理由过于乐观地看待上海合作组织的能力。整体上看，无论是中国还是俄罗斯，都不想扩大上海合作组织的规模而丧失两国自身在该组织的基柱地位。同时，接纳印度和巴基斯坦加入上海合作组织，会引发这两国在组织内的竞争，可能会加剧阻碍一系列决议和倡议的通过，从而降低达成共识的决策效率。有一种可能是，上海合作组织当前的制度框架还不足以应对快速扩张的负担，而在扩员等一些远景任务的背景下，建立新的制度框架只能空转。要解决的问题还在于，未来的上海合作组织应少一点自负，构想更加实际。一方面，高度的适应能力能够增强上海合作组织作为亚、欧、非国家对话和定期协作的平台作用。但与此同时，必须避免沿用以前签署的一些通用性文件，如 1975 年的赫尔辛基协定。另一方面，上海合作组织不应该只是跨洲合作的演说场（亚欧论坛就已足够了）。要保持第一个 15 年实现的成就，上海合作组织就应该在安全、贸易、生态、文化和科技合作等领域发挥孵化器的作用，出台更多的协议和倡议。前行应该是逐步的（当然，不仅有上海合作组织的参与），随着这一进程的发展，应开始构建地区、地区间和跨地区层面的系统化的关系网、伙伴关系和制度网，并最终形成大欧亚范围内的关系网。

因此，协调好中国丝绸之路经济带倡议与后苏联空间区域经济一体化进程具有重大意义。对于欧亚经济联盟的发展，曾几何时，大有前途的后苏联空间区域的一体化项目并没有上升前行，反而呈现明显的动力不足，这已不是秘密。造成这一局面的原因很多，其中一点源于俄罗斯的自然优势，结果造成欧亚经济联盟所有成员国过多地依赖俄罗斯的经济状况。俄罗斯现行经济发展模式危机、西方制裁和载能体价格下跌，导致了欧亚经济联盟的伙伴都遭受了不小的经济损失。试图将损失最小化的白俄罗斯和哈萨克斯坦希望从美欧制裁俄罗斯和俄罗斯报复性制裁的博弈中获利，毫无疑问，虽是自私的，却也是合理的。

欧亚经济一体化与中国丝绸之路经济带倡议的对接思想或多或少存在一些保护主义色彩。未来，在欧亚经济联盟的发展和中国在后苏联空间区域的积极行为之间，不可避免会产生某些不可调和的竞争，而该思想恰恰可以缓解其中的紧张状态。在认识到中国在其中的作用并宣布协商性参与中国规划的同时，俄罗斯与欧亚经济联盟其他成员国也在努力巩固这一联盟的地位，因为联盟还将遭遇许多严峻的挑战。

目前，像哈萨克斯坦和白俄罗斯这样国家政策的多向量性已开始对欧亚经济联盟的进一步演化产生越来越大的影响。比如，哈萨克斯坦面临国家领导人更换和政府过渡时期的维稳问题，使国家的不确定性明显增强。阿克托别事件后，哈萨克斯坦在中亚地区的支柱形象大打折扣，不管这些事件是否与地区精英内讧或激进伊斯兰集团的行动有关。必须明白一点：如果俄罗斯不参与解决这些问题的话，那么哈萨克斯坦推进欧亚一体化进程的难题将是长期性的；很明显，中国对哈萨克斯坦的进程不会漠不关心。

哈萨克斯坦取得欧亚经济联盟成员国资格的行为，特别是在经济危机时取得的这个资格（绝不是所有成员国都与欧亚一体化有直接的关系），既被统治集团指责，又受到哈国内反对派的批评。纳扎尔巴耶夫总统本人主要是对欧亚一体化机制和体制的无效性表示了不满，他的批评并不是为了实现这方面的突破，更重要的是为了提高巩固哈萨克斯坦在欧亚经济联盟内外的地位。很明显，纳扎尔巴耶夫对大欧亚的理解与俄罗斯相差甚远。

最合理的解释是，纳扎尔巴耶夫希望以这种方式使自己的国家能从以中国、欧盟、俄罗斯和伊斯兰世界为基础的新模式中获得最有利的地位。纳扎尔巴耶夫在圣彼得堡经济论坛上提出了欧盟与欧亚联盟对接的想法，这就是一个鲜明的实证。初一看，纳扎尔巴耶夫总统是想在逻辑上完善大欧亚思想。然而，要是按照他提出的欧盟和欧亚联盟的制度化对话方案，哈萨克斯坦将比其他国家更能从中获利，甚至都不会太考虑两者制度规划的实际对接。其完全不是想推动两个一体化项目的实际对接。要知道在当前的形势下（英国脱欧的支持者公投获胜后），很难说谁能比比利时提出更好的建议了，比利时建议欧亚经济联盟成员国全盘接受欧盟的规范和准则。

对于哈萨克斯坦的领导人来说，号召以欧洲标准推动停滞的欧亚一体化项目可能是克服欧亚经济联盟成员国水土不服的一种尝试。但也不排除哈萨克斯坦会在改善或是破坏欧亚经济联盟的两难中摇摆。比如说，从自由贸易制度中缩减豁免清单就是在削弱一体化项目本身。毫无疑问，哈萨克斯坦所能接受的入世条件属于后者，因为哈萨克斯坦的关税政策不同于欧亚经济联盟所有成员国商定的统一关税利率。

恰恰是在哈萨克斯坦实施丝绸之路经济带倡议框架时与中国的经济合作取得了很大的成果。2016年初，实现了五十多个联合工业和物流项目，项目总值超过240亿美元。哈萨克斯坦与中国的合作领域明显超过了俄罗斯。事实上，其中一些努力是徒劳的，俄罗斯暂时没有这样做的原因在于：比如"西欧－中国西部"公路不知通往俄哈边境的哪里。同时，哈萨克斯坦正在参与铺设经里海和南高加索国家绕过俄罗斯的线路。很显然，哈萨克斯坦领导人希望把自己的国家变成最重要的交通物流枢纽，哈俄在这里的利益不完全一致。与此同时，如果发展交通基础设施，只有中俄哈三国的共同合作才是最有前景的方向。再说，如果合作是按照欧亚经济联盟框架内早先商定的方针执行，那么俄哈的地位就会得到提升。

欧亚经济联盟制度上的欠缺已经被多次讨论了。众所周知，在欧亚经济委员会框架内通过决议时，各方的否决权和平等原则是平衡俄罗斯在欧亚经济联盟中自然经济优势的主要机制，也起到平衡俄罗斯经济在欧亚经济联盟中发挥主导地位的作用。事实上，各方平等原则并不能体现在该制度的融资制定上，几年来，这方面的工作价值呈指数增长。作为一个超国家机构，欧亚经济委员会的能力被最小化，这一结构甚至已经丧失了对欧亚经济联盟进一步发展合作提出建议的自主倡议权。似乎协商原则已经失效，亚美尼亚和吉尔吉斯斯坦加入欧亚经济联盟也只是彰显出了制度效率难题的尖锐性。可以预见，通过采取决议改变机制来解决问题的做法（在某些时候是不得不做）将挑起欧亚经济联盟成员国之间关系的严重危机。重新定义欧亚经济联盟的使命及其制度并把它们转变为集体制度，从而实现经济联盟各成员国以最有效的方式构建大欧亚关系网，这可能是应对这场危机的选择。

或许，欧亚经济联盟体制的新使命在于：无论是在欧亚还是在全球范围内，使成员国对经贸合作的多重一体化倡议和框架问题形成统一立场。中国的新丝绸之路经济带对于欧亚经济联盟国家来说，是一个最重要的挑战，但绝不是唯一的。然而，如果俄罗斯成功说服自己的欧亚经济联盟伙伴放弃分立主义立场，转而对中国的欧亚大陆经济开放战略实行统一的政策，这可能就被视为一个重大成就。完全可以在这里投下大的赌注，重新审视欧亚经济联盟制度模式完全是有根据的。

还想重申一下，总的来说，来自中国的强大推力加速了全球转型，也将对大欧亚区域各种关系的密集型网络形成有力保障。虽然俄罗斯是被动地应对这些转型，但它能对转型的下一步进程产生实质性的影响。问题在于，如果地区和全球性对抗同时加剧，而这些对抗变得更复杂，不仅涉及安全、经济、贸易、金融领域，还包括信息流和虚拟空间，这时，在这一进程中的风险与威胁可能成为现实。

对俄罗斯来说，与中国的战略协作伙伴关系是很关键的。这种伙伴关系不会上升为形式上的军事政治同盟而去针对美国或其他某个国家，但中俄两国将团结协作改变以美国为中心的世界格局并在欧亚和整个世界建立更加公平、安全的国际经济和政治关系体系。俄罗斯不应回避承认中国的集体领导权体制，但俄罗斯应同时能够在提升与第三国战略伙伴关系时保持平等且足够灵活的手段。应该指出的是，唐纳德·特朗普上台唤起了一部分俄罗斯专家对俄美全球交易（大买卖）寄予的希望。但这些期望没有得到证实。重要的是，无论是与美国的谈判中缓解双边关系的紧张局势，还是建立一个特定的伙伴关系模式，对于俄罗斯来说，都将存在一条"红线"。其中最重要的是中俄关系，其具有极其重要的意义，甚至在"大买卖"的框架内对两国关系的讨论与修改的假设本身都将会导致俄罗斯与中国以及美国的进一步协作中其地位的削弱。与此同时，维系作为国际关系常青树的中俄战略伙伴关系，将大大地贬低特朗普政府眼中"大买卖"的意义。总的来说，进一步加强中俄战略伙伴关系的政策不能取决于美俄的关系。

除了与中国，俄罗斯还在发展与印度、越南、伊朗、以色列、埃及的战略伙伴关系或是建设性对话关系。在特定条件下，俄罗斯将发展与土耳其、沙特阿拉伯、日本和韩国的关系，力求使大欧亚成为一个拥有多重力量中心、更为平衡的体系。如此一来，俄罗斯不仅能实现有利于自己的力量平衡，也能最大限度地扩大国家朋友圈，能够在信任、利益协商的基础上完成共同的使命。

同时，俄罗斯应把自己对后苏联空间区域的影响融入大欧亚一体化进程中来，从而实现与盟国协同提升欧亚经济联盟和集体安全条约组织体制的效力与灵活性。未来将是复杂的，最开始的问题就是经验不足、专家人才匮乏、易受原有关系的惯性影响。与此同时，建立带有后苏联空间区域性质的大欧亚是一个必然的进程。如果能够保证第三国经济更快、更高质量地增长，那么发展进程将实现协同，风险也将被化解和被双赢所取代。

俄罗斯最终仍是欧洲文明国家中的一员，但我们现在不谈论俄罗斯如何打开通往欧洲的窗口。不久前，欧盟主要国家还都对于大欧洲的"从里斯本到符拉迪沃斯托克"的构想不屑一顾。而目前俄罗斯正面临着亚洲的世界经济巨人打开通往欧洲的最短路径，尽管它对仅发挥一种过境作用并不满意。俄罗斯有能力构建自己可靠的供应链，不仅包括交通、港口和物流中心、原料商品、农产品、军事工业综合体和航天技术服务，还包括安全类产品。如果说全球经济增长的亚洲中心是对旧欧洲稳定产生威胁的源头，那么其还同时提供了最可靠的将大欧亚连成一体的经济型交通优势、自由贸易和投资能力。俄罗斯为反恐做出了贡献，打击了伊斯兰网络恐怖主义，将叙利亚、伊拉克被伊斯兰恐怖主义控制的部分领土解放出来。这都表明，俄罗斯充当了大欧亚秩序的维护者。俄罗斯单方面希望发挥这样的作用是无可厚非的，但是，在与大欧亚其他有影响的国家专业分工的情况下，俄罗斯对外提供的安全保障在政治和经济上对谁都是有利的。

俄罗斯拥有必要的经验和能力应对大欧亚构建过程中的风险与动荡。与中国、后苏联空间区域国家、亚洲及非洲其他国家在战略伙伴关系的框架内的最佳分工就是一个成功的表现。从长远看，未来更要与欧洲主要的大国做好分工。成功的另一个表象就是经济的稳定增长、保持国家现代化治理下的政治稳定、保障社会制度的有效运作。中国和其他一些亚洲国家的经验将对俄罗斯制定经济发展模式有借鉴意义，但要保证俄罗斯应有的地位，最终还要依靠俄罗斯政府和社会内部的协同工作才能实现。

"欧亚经济联盟"：现状及发展前景

〔哈〕斯·日·萨巴诺夫[*]

在本文中我们打算对后苏联空间一体化发展进程中的某些问题进行探讨，其中既包括历史回顾，也包括欧亚经济联盟的发展现状。

一 哈萨克斯坦共和国总统纳扎尔巴耶夫在独联体国家相互关系一体化形成过程中欧亚提议的作用

纳扎尔巴耶夫提出的欧亚思想，无论是从理论上来看，还是从实践出发都是独创的观点，与特鲁别茨科及他的拥护者以及古米廖夫、杜金的欧亚主义都有着根本的区别。

通常人们强调，纳扎尔巴耶夫的欧亚主义与其先驱者具有相似性和继承性，却没有发现，它们在基于不同的经济和地缘政治原则上的重要差异。首先，经典的欧亚主义寄希望于寻找俄罗斯之路，找寻它在世界大国体系中的地位以及地区发展的独特性。纳扎尔巴

---

* 〔哈〕斯·日·萨巴诺夫，哈萨克斯坦阿里－法拉比国立大学汉学教研室教授，历史学博士。

耶夫的欧亚主义是依据欧亚各民族一致的广泛哲学，这些民族被地域和历史命运的同一性、维护和巩固协同行动的未来前景紧密地联系在一起。

纳扎尔巴耶夫以前阐述的欧亚主义这一概念的本质是什么？通常认为，这一前置概念的作者已经指出了曾经贯穿欧亚地区的一体化进程，然而，先驱者们提出的一体化机制完全是单向的。

特鲁别茨科认为蒙古人是一体化的代表者，而古米廖夫和杜金则认为俄罗斯人是一体化的代表者。

欧亚一体化在那些创始者们看来似乎只有一个办法，那就是建立帝国。特鲁别茨科研究的是关于蒙古帝国的传统，古米廖夫钻研的则是伟大的匈奴和突厥帝国以及这一帝国传统的继承者——俄罗斯帝国。杜金强调的是在地缘政治上与大西洋主义相对立的通过建立伟大帝国实现欧亚一体化。这样的方法可以称为"帝国主义的欧亚主义"，其中实现欧亚一体化的主要工具是帝国。

纳扎尔巴耶夫的路径完全不同。他在《独立战略》一书中形成了自己欧亚主义学说的主要思想："欧亚联盟——平等独立的国家联盟，旨在实现每一个参与国与具有共同一体化潜力国家的民族国家的利益。"[1]把欧亚联盟相互承认参与国已形成的法规制度以及边境、领土的完整，避免制造压力和武装冲突写入欧亚联盟对成员国提出的要求中。

帝国主义的欧亚主义和纳扎尔巴耶夫的欧亚主义的差异是显而易见的，可以把它们分为以下几点：

（1）在纳扎尔巴耶夫的欧亚主义的框架下所有的独立参与者在自愿和利益统一的基础上实现一体化。这是与"帝国主义欧亚主义"的最主要的区别，在这一框架下一个民族要优于和征服其他民族。

（2）纳扎尔巴耶夫提议实行的欧亚大陆一体化是基于自愿、平等，最大化地排除各种压力和使用强力。这一点与依靠武力来实现"帝国的欧亚主义"大相径庭。

（3）纳扎尔巴耶夫的欧亚一体化对每一个一体化进程的参与者都预设了有利之处，以及利用综合潜能造福于所有的参与者，而"帝国主义的欧亚主义"在这些方面却恰恰相反。在这些帝国主义国家中往往只有一个最大的受益者，而其他参与国只会遭受到各种各样的损失。综合潜力不但没有被利用，而是将它用来限制和压迫被征服民族。

（4）在纳扎尔巴耶夫的欧亚一体化中没有与任何国家或世界其他地区势力相对立的目标。

（5）根据纳扎尔巴耶夫的欧亚一体化理论，在排除其他因素的情况下，不会出现以往帝国曾经发生过的文化、语言、习俗的消融与消亡。

二 哈萨克斯坦共和国与俄罗斯联邦国家的欧亚考量

随着苏联解体和独立的主权国家哈萨克斯坦共和国的建立，国家的地缘政治状况发生了重大变化。在我们看来，对此不能简单地线性地得出一个具体的结论：对于哈萨克斯坦共和国而言这些因素中一些是正面的、有利的，还有一些是消极的；在哈萨克斯坦共和国的地缘政治的考量中各种因素数量和质量的对比关系是有差异的。基于这一点对于开展哈萨克斯坦和俄罗斯的关系和联系的全要素研究需要相对独立和细致的科学分析。

整体上哈萨克斯坦和俄罗斯在欧亚经济联盟框架下对于调整和集约发展互利的双边关系有着必要的与客观的前提条件。相当重要的是，在进行民主改革，构建公民社会和法治国家的意愿上两国有着一致性。这样一来，共同的社会发展的战略目标使它们统一起来，而对民主的追求也是达成这一目标的必要条件。并且哈萨克斯坦和俄罗斯是巨大的欧亚大陆区域，在历史上（至少自 1731 年，也就是说，从哈萨克斯坦汗国成为俄罗斯帝国的一部分开始）两国及两个民族就存在着稳定的地缘政治、经济、民族和文化联系。

当下一系列对于哈萨克斯坦重要的地缘政治因素促进了哈萨克斯坦共和国与俄罗斯联邦的接近：

（1）哈萨克斯坦共和国位于欧亚大陆的中心，幅员辽阔，与俄罗斯有着较长的接壤边界（超过 6000 千米），巩固国家和集体安全对于两国来讲具有重要意义。

（2）哈萨克斯坦拥有众多的矿物资源（实际上涵盖了门捷列夫的元素周期表上的所有元素），这为与地下资源储备占世界第一位的俄罗斯发展互利的经济合作创造了必要的前提条件。

（3）哈萨克斯坦共和国位于世界两大宗教的交接处，即具有欧亚和全人类意义上的厚重文化的基督教和伊斯兰教在此相会。

（4）哈萨克斯坦是欧洲通往亚洲，经过中国到达远东港口、太平洋国家，经过伊朗和土耳其到达地中海的贸易通道的十字路口。

（5）哈萨克斯坦是连接中亚地区的重要一环，是联合国及许多国际组织的成员国，（从 1992 年起）成为经济合作组织的成员国，这个组织有包括土耳其、巴基斯坦、伊朗在内的 10 个国家；是中亚合作发展银行的成员国；是欧亚经济联盟的成员国（包括俄罗斯、哈萨克斯坦、白俄罗斯、吉尔吉斯斯坦和亚美尼亚）。

（6）哈萨克斯坦共和国和俄罗斯联邦一样，是一个多民族国家，语言多样，这为两国提供了相互借鉴的经验和优化解决民族问题奠定了基础。居住在哈萨克斯坦的大多数民族都为欧洲人种来源（俄罗斯人、乌克兰人、德国人）——这是哈萨克斯坦与欧洲文化文明相近的因素之一。

至于谈到地缘政治因素，其中对于哈萨克斯坦不利的，在我们看来，有以下几点：

（1）哈萨克斯坦共和国没有通向世界海洋、外部暖海的出海口，这对它与现代文明的最大中心的联系造成困难，要与这些中心建立联系，就需要建设延伸的交通干线，这又需要进行巨大的投资，哈萨克斯坦地理经济基础设施发展薄弱。

（2）哈萨克斯坦与乌兹别克斯坦占有重要地位的中亚地区，仍然是不稳定且潜藏着各种动荡，乃至武装冲突的地区。况且，中亚地区的边界，从国际法的角度来看，应该是没有被划分的。实际上，哈萨克斯坦与西欧是隔绝的，按照西方民族国家的定义是一个巨大的后苏联地缘政治空间。

（3）哈萨克斯坦地区不仅是一个经济不稳定区域，而且其生态环境也不是十分良好。这削弱了它在地区与世界的地位，错过了工业快速发展的机会。

（4）中亚地区包括哈萨克斯坦在内，是可能发生人口由东向西迁移的中心和地区之一。

三　"欧亚经济联盟"的创立

建立欧亚联盟是哈萨克斯坦共和国总统纳扎尔巴耶夫的设想。早在1994年在莫斯科国立大学，他在演讲中第一次阐述了欧亚一体化的思想。

因为一体化进程缓慢，独联体的制度失效，使得1994年3月29日纳扎尔巴耶夫第一次正式访俄时，在莫斯科国立大学，在教授教师团面前的演讲变成了一体化倡议的合乎逻辑的发展。在演讲中他提议考虑由独联体成员建立新的联盟，即欧亚联盟的可行路径。

1995年白俄罗斯、哈萨克斯坦、俄罗斯，随后有吉尔吉斯斯坦和塔吉克斯坦也签署了建立关税同盟的第一批协议[2]。在这些协议的基础上，2000年建立了欧亚经济联盟共同体[3]。

为了落实相关条约，1999 年 2 月 26 日由关税同盟和统一经济空间条约确定的目标和任务在欧亚经济共同体条约中订立了紧密的和有效的经济合作条款，制定了实现所定条款和组织法律条文与同步同质履行签署的国际协定的机制以及对实施通过的决议进行监督的制度。

2010 年 1 月 1 日欧亚关税同盟（白俄罗斯、哈萨克斯坦与俄罗斯的关税联盟）开始运行。关税同盟是在为建构更广阔的欧盟类型的原苏联共和国经济联盟的道路上迈出的第一步。

从 2012 年 1 月 1 日起，三个国家建立了推动经济进一步一体化的统一经济带。这三个国家都批准了调整启动统一经济带的由 17 个协议组成的一揽子基础协定。

2014 年 5 月 29 日在阿斯塔纳（哈萨克斯坦）签署了建立欧亚经济联盟的条约。

自 2015 年 1 月 1 日起欧亚经济联盟的成员国——俄罗斯、白俄罗斯、哈萨克斯坦开始履行责任。随后，2015 年 1 月 2 日亚美尼亚成为该组织成员国。2016 年吉尔吉斯斯坦也成为欧亚经济联盟的成员国。

欧亚经济联盟是一个国际一体化的经济组织，目前正在继续落实经济一体化的俄罗斯、哈萨克斯坦、白俄罗斯、亚美尼亚和吉尔吉斯斯坦是欧亚经济联盟的成员国。

四　当下欧亚经济组织发展所存在的问题

欧亚经济联盟成员国在一体化进程发展的现阶段存在的问题主要表现为以下五个方面。

（1）从某些方面来说，俄罗斯不履行联盟范围内与经济发展关键问题相关的某些职责。这涉及对欧亚经济联盟国家的动力能源输送，无论是白俄罗斯还是哈萨克斯坦以及其他成员国都不能接受俄罗斯的国家收购。

（2）团体利益超越集体利益，而实际上应当完全相反。

（3）按照俄罗斯国家标准的价格上涨和统一，不总是符合参与一体化进程成员国的利益，尤其是哈萨克斯坦共和国。

（4）在欧亚经济联盟框架内的进口替代问题。

（5）加速一体化不符合现代一体化的要求。在欧亚经济联盟扩容及吉尔吉斯斯坦和亚美尼亚入盟后加剧了这一问题。

在欧亚经济联盟框架下解决问题的机制：

第一，所有成员国都要履行自己应当承担的职责。

第二，在欧亚经济联盟框架内，集体利益应高于团体利益。

第三，取消联盟内所有可以取消的限制。

第四，尤其重要的是，必须保证欧亚经济联盟成员国区域内的商业、能源、劳动力及资金流动的安全。

第五，在考虑到所有成员国"比较优势"的情况下，在欧亚经济联盟框架内确立经济发展的优先方向。

最后还要指出，无论是在欧亚经济联盟框架内，还是在其外部，未能解决的现存问题为怀疑论者和反一体化力量提供了批评和试图使欧亚经济联盟成员国走向集团对立的可能性，这是绝不容许的。

在当今东西方对话的条件下，世界知名的政治家纳扎尔巴耶夫在新形势下提出的欧亚观念是建立在宽容、维护和平和地区稳定及互利的伙伴关系原则上，并作为符合时代要求的跨国的政治、经济、文化相互合作的理念出现的。实质上，俄罗斯和哈萨克斯坦在欧亚国家的关系变化中起着重要作用。我们经历的历史时代把复杂的问题摆在社会面前并经受着严峻的考验。但是即将到来的一百年在持久、和平、稳定、安全的条件下正在为把巩固民族友谊视为战略目标的两个国家展现了全面发展经济和文化提升的最广阔前景。

参考文献

［1］ H. A. 纳扎尔巴耶夫：《战略独立》，阿斯塔纳—2016.// http：//www. inform. kz/ru/kniga – nursultana – nazarbaeva – strategiya – nezavisimosti_ a2927750。

［2］《关于批准白俄罗斯共和国、哈萨克斯坦共和国、俄罗斯联邦政府的〈关税同盟〉协议》，哈萨克斯坦共和国总统令，1995 年 9 月 15 日，N2461//http：//adilet. zan，kz/rus/docs/U950002461。

［3］《建立欧亚经济联盟的协议》（2006 年 1 月 26 日和 2007 年 10 月 6 日修改版）。

［4］《欧亚经济联盟协定》 （2014 年 5 月 29 日在阿斯塔纳签署）（2015 年 5 月 8 日出版）（修改版和补充版自 2017 年 2 月 12 日生效），//http：//www. consultant. ru/document/cons_ doc_ LAW_ 163855/。

第三章

"一带一路"框架下的经济合作

"丝绸之路经济带"背景下中国对中亚国家的溢出效应

——基于多国动态随机一般均衡模型的模拟分析

杨 达 曲文轶[*]

一 引言

自 1992 年中国与中亚国家建立外交关系开始，由于中国注重与中亚国家的政治外交联系、中亚国家通过对外经贸联系促进自身产业结构升级的诉求不断加强，以及双方在经贸合作方面优势互补等原因，中国与中亚国家间的经贸联系日趋紧密。20 年间，双边贸易额扩大了 100 多倍。特别是，2013 年 9 月习近平主席在访问哈萨克斯坦期间首次提出共同建设"丝绸之路经济带"的战略构想，进而 2015 年 3 月 28 日国家发改委、外交部和商务部联合发布《推动共建丝绸之路经济带和 21 世纪海上丝绸之路的愿景与行动》，为中国与中亚国家的经贸联系创造了新的契机和长久的合作构想。中亚是"丝绸之路经济带"的境外起点、核心地带和重要

* 杨达，辽宁大学转型国家经济政治研究中心研究员，辽宁大学国际关系学院讲师、博士后；曲文轶，辽宁大学转型国家经济政治研究中心研究员，辽宁大学国际关系学院教授、博士生导师。本文感谢如下基金项目：国家社会科学基金青年项目（项目编号：15CJY082）和辽宁省社会科学界联合会基金项目（项目编号：2016lslktzijjx－21）。

板块，也是中国安全的西北门户、中国大周边外交的重要区域，中国有理由将中亚作为合作共建率先启动的桥头堡（袁胜育，2015）。然而，中国仅是倡议的发起者，倡议需要沿线国家的认可与支持才能有效地推进合作。目前，中亚国家对"丝绸之路经济带"心态复杂、喜忧参半，虽然总体上欢迎并表示愿意参与"丝绸之路经济带"建设，但仍存在一些疑虑和负面认知，认为倡议的提出主要是为了配合中国完成转变为"世界工厂"和全球市场的服务供应商的目标，从而达成其排挤美国和欧洲国家的目的；为了应对中国经济进入新常态以及产能过剩、区域发展不均衡等一系列问题，即所谓的"中国自我救赎论"；为了应对美国的"亚太再平衡战略"而推出的中国版"再平衡"战略；为了扩展使用人民币进行兑换和结算的范围，从而加快人民币国际化进程（厄尔别克·萨尔帕舍夫，2015；康·瑟拉耶什金，2015）。中亚国家学术界的负面判断一定程度上影响着政府对倡议的反应。梳理相关论断不难看出，负面认知产生的原因主要在于中亚五国等沿线国家更多地注意到中国将从合作共建中获得收益，而对于自身是否也能从中获益却缺乏认知。当然，这也是国内相关研究所忽略的视角。哈萨克斯坦总统战略研究所高级研究员康·瑟拉耶什金就明确提出："对于像区域内国家会得到哪些好处和利益等这种理所当然的问题，中国学者没有做出回应。"此外，俄罗斯等地区关键大国的掣肘，以及美国等域外大国的负面情绪，包括吹风"中国自我救赎论"（科特·肯尼迪，2015；泰勒·德登，2015），甚至鼓吹"中国扩张论"（菲利普·桑德斯，2014），或中国政府用"中国梦""绑架"沿线国家（詹姆斯·霍姆斯，2015）等论调，也对中亚五国等沿线国家积极参与合作共建造成了干扰。对中国而言，如何处理同俄罗斯、美国等的关系，也将成为共建丝绸之路经济带的重要挑战。

面对来自中亚域内与域外关于"共建丝绸之路经济带"的疑虑与干扰，如何促进中亚五国等沿线国家积极响应，我们认为，中国作为倡议的发起者，有必要为中亚五国等沿线国家更加科学、客观、具体地呈现各自通过参与合作共建能够获得的收益，揭示中国与沿线国家的"鱼水关系"，以及合作共赢的经济逻辑，以此引导沿线国家对倡议形成客观、准确的认识，并认可丝路建设是"我们共同的事业"。基于上述诉求，科学评估"丝绸之路经济带"背景下中国对中亚国家的溢出效应成为一个亟待解决的问题。解决这一问题面临一个挑战，即需要建立一个具有内在一致性的全球计量经济模型，且其具有坚实的微观基础，同时，这一框架需要满足以下几个条件：（1）能够区分并同时包含中国对中亚国家的直接影响，以及中国通过其他国家或地区对中亚国家的间接影响；（2）能够包含中国影响中亚国家的贸易、投资等多种传导渠道；（3）能够反映单个国家及其微观主体在环境改变时做出的决策，包括政策机制和政策反应等。

然而，现有研究对于相关问题的分析十分不足，主要集中于定性描述。在三部委联合正式发出倡议后，国内学者首先对"丝绸之路经济带"建设的现实性和可行性进行了阐释（冯玉军，2014；何茂春、张冀兵，2013；白永秀、王颂吉，2014；王海运，2014；张秋生，2014；吴宏伟，2014）；进一步地，对"丝绸之路经济带"背景下中国和中亚国家区域经贸合作的机遇与挑战进行分析（朱瑞雪，2015；程贵、丁志杰，2015），这些主要是基于中国视角的研究，更多地明确了中国对"丝绸之路经济带"的诉求。由于倡议发出后，沿线国家及域外大国对中国推动合作共建真实意图和行动的猜忌和疑惧，中国政府更加注重向外界提供客观、真实的信息，国家领导人多次强调"中国只是倡议的发起者"、"互利共赢"和"普惠"；国内学术界也更加关注其他国家对倡议的认知与认知产生的原因，以及中国响应的策略选择（马建美，2015；李素华，2015；袁剑，2016）。同时，有研究开始从理性选择和社会心理分析等国际关系理论出发，分析指出沿线国家对中国行为与自身收益的不确定性认知，或对中国发出的信息不够了解，导致对倡议的错误知觉（黄海涛，2015）。至目前为止，仅有于翠萍、王美昌（2015）基于 GDP 溢出效应视角对中国与"一带一路"沿线国家的经济互动关系进行了实证研究。该研究采用全球向量自回归（GVAR）模型，能够同时反映经济体之间的双向直接影响与全球经济体间的多边交互影响，是继相关系数分析法（彭斯达和陈继勇，2009）和多层因子模型（袁富华，2009；杨子晖和田磊，2013）后更有效的定量分析溢出效应的工具。目前关于溢出效应的实证研究中，GVAR 模型被广泛采用（佩扎恩和徐，2011；瓦尔和伊登，2013；张延群，2014；卡欣，2014；于翠萍和王美昌，2015），但运用该方法研究本文的问题存在两点不足：第一，GVAR 模型是以双边贸易历史数据的年度平均值为权重，构建链接矩阵和国外变量，但中国与中亚国家间的经贸联系呈现不断加强的态势，且中亚国家对中国经济的风险敞口在近几年也不断加大，在这种情况下，使用 GVAR 模型会低估中国经济对中亚国家的溢出效应（德里克·安德森等，2015）。第二，GVAR 模型不能反映外在环境变化时研究对象做出的主观改变，也会造成量化溢出效应的偏误（艾伦·迪则尔雷等，2016）。

因此，本文在现有文献的基础上，对中国与中亚国家在贸易、投资、能源领域的合作进行回顾，梳理出中国经济对中亚国家产生溢出效应的传导渠道；并对"丝绸之路经济带"背景下中国与中亚国家深化合作的可能方案进行理论分析。进一步地，以理论分析为基础，建立多国动态随机一般均衡（DSGE）模型，模型既包含理论分析指出的多种传导渠道；也包含中国、中亚五国以及对中国与中亚五国合作产生影响的世界其他主要国家；同时，对于各种传导渠道，既包括中国对中亚国家的直接影响，也包括中国通过中亚地区以外的经济体对其产生的间接影响；并且，由于 DSGE 模型本身的优势，其能够刻画各国及其微观主体对外界环境变化产生的反应，因而，在多国 DSGE 模型基础上的模拟分析，能够更科学地量化分析出中国对中亚国家的溢出效应。

二　中国与中亚国家经贸联系的现状与发展

近年来，中国已成为中亚国家最主要的贸易和投资伙伴国，双方都将彼此视为经济发展战略与外交布局中的优先方向（袁胜育、汪伟民，2015）。并且，双方在能源、交通、产能、金融等领域的合作也不断升温。由于中国资本与中亚能源资源的对接性，以及双方产业升级的梯度性，双方共建"丝绸之路经济带"的合作空间与预期收益相当可观。然而，由于中亚五国资源禀赋差异、发展程度参差、与华政治关系不同，区域内各国对合作共建和认知与反应也可能各持己见，且彼此间有相互影响的可能；同时，由于中亚地区地理区位突出、资源丰富，中亚五国自独立以来一直是俄、美等世界大国竞相博弈的"主战场"，中国与中亚国家合作共建"丝绸之路经济带"必将受到俄、美等利益攸关大国的影响。

（一）中国与中亚国家经贸联系的历程与现状

1. 贸易合作

总体而言，中国与中亚国家的贸易在过去的二十多年里得到了迅速发展，双边贸易额由 1992 年的 4.6 亿美元增至 2013 年的 502.7 亿美元[①]，二十多年间双方贸易额扩大了 100 多倍。其间，2002～2008 年双边贸易额增长尤为迅猛，年均增速达到 54%，显著高于中国同期对外贸易总额的年均增速；2009 年至今，双边贸易受国际金融危机的负面冲击，增长势头有所放缓。从双方贸易地位来看，目前，中国已成为哈国、土国的第一大贸易伙伴，乌国、

---

① 数据来源：国家统计局网站。

吉国的第二大贸易伙伴，塔国的第三大贸易伙伴。而中亚国家与中国的贸易额占中国对外贸易总额的比重并不高，但呈逐年增长的态势，从 2004 年的 0.51% 增长到 2013 年的 1.11%。从中国与中亚国家的贸易依存度和贸易结合度来看，中国与中亚国家的外贸依存度都较高，且中亚国家的外贸依存度普遍高于中国，说明其对国际市场的依赖程度都较高；同时，中国与中亚国家（除土库曼斯坦以外）近年来贸易结合度都大于 1，说明中国与中亚国家贸易相互依赖程度很高（朱瑞雪，2014）。

2. 投资合作

20 世纪 90 年代，由于中亚国家刚刚独立后国内政治不稳定、经济发展相对落后、自然环境比较恶劣，进入中亚地区的外国直接投资数额较小。进入 21 世纪以来，中亚国家经济发展逐渐步入正轨，中亚各国对外开放、发展经济的诉求日趋强烈，引进外资的优惠政策也不断完善，中亚地区丰富的石油、天然气等资源逐渐被国际资本所青睐。就中国对中亚国家的直接投资而言，2003 年以来直接投资流量呈跳跃式上升态势，2003 年仅为 610 万美元，2004 年上升到 1000 万美元，2005 年跃升为 1 亿美元，到 2012 年已超过 30 亿美元；2004～2013 年的十年间，直接投资流量的年平均增长率高达 181%。截至 2013 年，哈国已成为中国第三大投资目的国。进一步地，从中国对中亚国家直接投资额占中国对外投资总额的比重来看，以 2011 年、2012 年、2013 年为例，这一比重分别只有 0.95%、1.47% 和 1.35%，说明中国对中亚国家直接投资在中国对外直接投资中的地位并不高。同时，从中国对中亚国家直接投资额占中亚国家引进外商直接投资总额的比重来看，中国已成为吉国第一大外资来源国，不过这一比重在其他中亚国家相对较小，但呈上升趋势。就中亚五国的总体情况而言，这一比重在 2011 年仅有 3.31%，2012 年和 2013 年上升到 5% 以上，可见，中亚国家还有很大的空间引进中国的外商直接投资（张文中，2015）。

3. 能源合作

1997 年，中国石油天然气集团公司收购了哈萨克斯坦阿克纠宾油气股份公司，自此拉开了中国与中亚国家能源合作的序幕。不过，合作之初，由于中亚五国间资源禀赋与发展战略的差异，尤其是独立后各国在俄美之间的徘徊选择，中国与中亚国家能源合作的规模较小，且风险较大。2005 年至今，被认为是中国与中亚国家能源合作的初步发展阶段（郭连成，2015），初具规模和稳定性。2006 年中哈全面修建石油管道；2009 年中国与土库曼斯坦修建的天然气管道全线贯通，降低了油气运输的成本和风险，能源贸易规模随之扩大。并且，与中国合作较多的哈萨克斯坦、乌兹别克斯坦和土库曼斯坦的能源法和投资法逐渐制度化和规范化，也提升了能源合作的稳定性。

中国与中亚国家在贸易、投资、能源领域合作的不断加深，形成了中国经济对中亚国家产生溢出效应的传导渠道，既可以理解为中亚国家对中国的风险敞口（艾伦·迪则尔雷等，2016），也可以理解为中亚国家搭乘中国西进快车的有效途径（德里克·安德森等，2015）。

（二）"丝绸之路经济带"背景下中国经济对中亚国家的潜在影响

1. 增加从中亚国家的油气进口

中国经济快速增长的三十年，也是大量消耗能源的三十年。一方面，经济的全面快速增长离不开能源的投入；另一方面，中国的能源利用效率低于国际水平、更低于发达国家，也增加了经济建设中对能源的需求。预期在今后相当长的一段时间里，世界能源的需求变化与发展格局还将显著受到中国的影响（冯维江，2014）。中国为了满足自身经济增长对能源的大量需求，也在不断扩大开采能源的规模，并且产量也逐年提高，但石油和天然气的供求缺口仍呈现不断扩大的态势。目前，中国的石油主要从中东地区进口，也有部分来自非洲、中亚和拉美等地区。但是，由于中东地区政局充满变数，同时经常遭受美国干扰，若过分依赖中东地区的能源进口则不利于保障中国的能源供应安全。尽管中国无法在短期内改变主要从中东进口石油的局面，但从长远来看，为保障中国能源供应安全，加快推行能源多元化战略势在必行（王志远，2014）。在这样的背景下，中亚对中国而言是一个具有吸引力的伙伴，因为中亚国家拥有丰富的能源资源，并且，中亚国家工业体系相对落后，因而对能源的需求也较少。与此同时，中亚国家有通过能源出口推动本国经济增长与增加外汇收入的诉求（程贵、丁志杰，2015），从这个意义上讲，中国对于中亚国家而言也具有一定的吸引力。

2. 制造业向中亚国家转移

随着中国最低工资的上调，企业劳动力成本不断上升，近年来的上升速度有逐渐加快的趋势（张世伟、贾朋，2014；邱俊鹏、韩清，2015）。尽管上调最低工资能够提高中国居民的生活水平，但同时也会通过影响劳动力成本从而影响中国企业的比较优势，对于制造业企业影响更大（马双等，2012）。结合其他国家的历史经验，中国企业将有动力向海外转移，尤其是对于只需要基本技能的制造业企业。预期中国企业可选择的海外转移地有撒哈拉以南非洲、中亚等（德里克·安德森等，2015）。

对于中国制造业转移，中亚国家也有承接的诉求。一方面，中亚国家人口数量庞大，其对农产品、纺织、服装和机电产品具有旺盛的需求；而另一方面，由于中亚国家受苏联时期分工体系的影响，产业结构比较单一，农业、轻工业和机电行业十分薄弱。因而，中亚国家主要依赖进口满足其对上述几类产品的需求。康·瑟拉耶什金曾坦言，"考虑到中亚国家事实上已经被破坏的轻工业和制造业、退化的农业，以及中亚国家相对较小的经济规模，目前不仅整个中国，甚至连中国新疆维吾尔自治区都能完全胜任'中亚国家工厂'的角色,这使中亚国家没有机会发展哪怕有点意义的制造业"(2015)。因而,中亚国家与其被动地接受其他国家的贸易扩张,不如主动承接中国的产业转移,以此推进经济结构转型,这样有可能更有利于经济的长期增长。

三 多国动态随机一般均衡模型

DSGE 模型能够有效地为宏观经济模型建立坚实的微观基础,同时,能够反映家庭、企业和政策决策者等微观主体面对外界环境改变时做出的反应。本文仿照安德莱等(2015)全球宏观模型的建模方法,建立半结构的多国动态随机一般均衡(DSGE)模型。限于估计方法和可得数据的约束,模型中一部分方程由微观主体最优化加总而得,一部分方程采用简化形式。

在本文建立的多国 DSGE 模型中,通过进口、出口、投资流量和石油价格四个变量,以及其所在的行为方程分别刻画中国经济对中亚五国产生溢出效应的贸易渠道、投资渠道和石油价格渠道。通过这些渠道,不仅能够反映中国与中亚五国间的双向直接影响,同时,还能够反映各经济体间的多边交互影响和动态反馈作用。模型方程设定如下。

(一)模型描述

1. 消费

选用离散时间的世代交叠(OLG)模型的设定方式:

$$\tilde{c}_t^{OLG} = \theta_t^{-1}(p_t^c \tilde{w}f_t + \tilde{w}h_t + \tilde{w}o_t) \tag{1}$$

其中,$\tilde{c}_t^{OLG}$ 表示私人消费;θ_t 表示边际消费倾向,由消费税税率决定;$p_t^c \tilde{w}f_t$、$\tilde{w}h_t$ 和 $\tilde{w}o_t$ 共同组成决定私人消费的财富,分别表示金融资产、人力资本(工资收入)和其他财富。

2. 资本和投资

企业雇用劳动力，生产产品和服务，拥有私人资本 $\tilde{k}_t$，由以下方程决定：

$$\tilde{k}_t = (1 - \delta_t) \frac{\tilde{k}_{t-1}}{g_t n_t} + \tilde{I}_t \tag{2}$$

其中，$\tilde{k}_t$ 表示 t 时期的资本存量；δ_t 表示折旧率；g_t 表示经济增长率；n_t 表示人口增长率；$\tilde{I}_t$ 表示投资流量。

3. 潜在产出

潜在产出由充分就业时的均衡产量给出：

$$\tilde{y}_t^{FE} = TFP_t^{FE} COM_t^{FE} (\frac{\tilde{k}_{t-1}}{g_t n})^{\alpha_t FE} \left[(1 - \frac{U_t^{FE}}{100}) I \tilde{f}_t^{FE} \right]^{1 - \alpha_t FE} \tag{3}$$

其中，$\tilde{y}_t^{FE}$ 表示潜在产出；TFP_t^{FE} 和 COM_t^{FE} 分别表示全要素生产率和石油冲击的影响；α_t^{FE} 表示产出的资本额份额，由外生给定；U_t^{FE} 表示非加速通货膨胀失业（non-accelerating inflation rate of unemployment，NAIRU）；$\tilde{f}_t^{FE}$ 表示均衡劳动力。

4. 劳动力市场

给定产出缺口和 NAIRU，失业率由奥肯法则决定：

$$U_t = U_t^{FE} + c_1^U (U_{t-1} - U_{t-1}^{FE}) - 100 c_2^U (1 - c_1^U) \ln(\tilde{y}_t^{\log}) + \varepsilon_t^U \tag{4}$$

5. 国内价格水平和通货膨胀

核心消费者价格指数（CPIX）通货膨胀率由货币当局调控决定：

$$\begin{aligned}
\pi_t^{cpix} &= c_1^{cpix} E_t \pi_{t+1}^{cpix} + (1 - c_1^{cpix}) \left[c_2^{cpix} \pi_{t-1}^{cpix} + (1 - c_2^{cpix}) \pi_{TAR}^{cpix} \right] \\
&+ c_3^{cpix} \log(\tilde{y}_t^{gap}) + c_4^{cpix} \Delta \log(BEER_t) \\
&+ c_5^{cpix} \{ c_6^{cpix} \Delta \log(p_t^{oil}) + [1 - c_6^{cpix} \Delta \log(p_{t-1}^{oil})] \} \\
&+ C_7^{cpix} \Delta \log(p_t^{food}) + \varepsilon_t^{cpix}
\end{aligned} \tag{5}$$

式（5）是一种简化形式的菲利普斯曲线。其中，π_{TAR}^{cpix} 表示目标通胀率；$\tilde{y}_t^{gap}$ 表示产出缺口；$BEER_t$ 表示实际有效汇率；p_t^{oil} 和 p_t^{food} 分别表示实际全球石油价格和实际全球食品价格。

6. 国际贸易

出口额由外国进口需求 $A\,\tilde{CT}_t^F$ 和反映相对价格的实际竞争力指数 RCI_t 决定：

$$\Delta\log(\tilde{x}_t^m) = c_4^x\Delta\log(A\,\tilde{CT}_t^F) + c_1^x\Delta RCI_t$$
$$+ c_2^x\left[c_3^x RCI_{t-1} + \log\left(\frac{A\,\tilde{CT}_{t-1}^F}{g_t}\right) + c_5^x - \log\left(\frac{\tilde{X}_{t-1}}{g_t}\right)\right] + \varepsilon_t^{xm} \tag{6}$$

进口额由以平均进口倾向乘以实际 GDP 得到的 $A\,\tilde{CT}_t$ 和进口价格决定：

$$\Delta\log(\tilde{m}_t^m) = c_5^m\Delta\log(A\,\tilde{CT}_t) + c_1^m\Delta\log(p_t) + c_2^m\Delta\log(\tilde{y}_t^{gap})$$
$$+ c_3^m\left[c_4^m\log(p_{t-1}^m) + \log\left(\frac{A\,\tilde{CT}_{t-1}}{g_t}\right) + c_6^m - \log\left(\frac{\tilde{m}_{t-1}}{g_t}\right)\right]\varepsilon_t^{mm} \tag{7}$$

7. 财政政策和货币政策

财政政策反应函数旨在描述一国财政当局通过调整税率或政府支出来调控财政赤字占 GDP 的比例 $gdef_t^{rat}$，使其在长期中能够收敛到目标值：

$$g\,\tilde{def}_t = -\left(\tilde{b}_t - \frac{\tilde{b}_{t-1}}{\pi_t gn}\right) = \tilde{\tau}_t - \tilde{g}_t^E \tag{8}$$

其中，$\tilde{\tau}_t$ 表示税收收入；$\tilde{g}_t^E$ 表示政府支出；$\tilde{b}_t$ 表示政府债务；$g\,\tilde{def}_t$ 表示财政赤字。

财政赤字占 GDP 的比例由式（9）给出：

$$gdef_t^{rat} = \frac{g\,\tilde{def_t}}{p_t^y\,\tilde{y}_t} \tag{9}$$

货币当局利用利率规则对宏观经济进行调控：

$$
\begin{aligned}
\log(INT_t^{MP}) = {} & \delta_i \log(INT_{t-1}^{MP}) \\
& + (1-\delta_i)\big\{ \log(r_t^{neut}) + \log(E_t \pi_{t+1}^{cpix}) \\
& + \delta_\pi \big[1-\delta_\omega \log(\pi_{t+1}^{cpix}) + \delta_\omega \log(\pi_t^{cpix}) - \log(\pi_t^{cpix}) \big] \\
& + \delta_Y \log(\tilde{y}_t^{gap}) + \delta_\varepsilon \log(\frac{\varepsilon_t}{\bar{\varepsilon}_t}) + \varepsilon_t^{INT\,MP} \big\}
\end{aligned} \tag{10}
$$

其中，$\big[1-\delta_\omega \log(\pi_{t+1}^{cpix}) + \delta_\omega \log(\pi_t^{cpix}) - \log(\pi_t^{cpix}) \big]$ 表示通胀率对通胀目标值的偏差；$\tilde{y}_t^{gap}$ 表示产出缺口；$\dfrac{\varepsilon_t}{\bar{\varepsilon}_t}$ 表示当期汇率对汇率均衡值的偏差。

（二）样本国选择

近年来，中国和俄罗斯一直是中亚五国最主要的进口来源国和出口对象国。2008～2013 年，中亚五国从中国和俄罗斯的进口额占其进口总额的 60%；相比之下，中国和俄罗斯在中亚五国的出口份额中所占比重不及进口，但仍分别占 25% 和 13%。中亚五国的其他主要出口对象国分别是法国、土耳其、加拿大和美国等。

表 1 所示为 2013 年与中亚五国进、出口贸易排序在前 12 位的进口来源国、出口去向国及相应的进、出口额。中亚五国对表 1 所示的出口去向国的出口额之和占其同年出口总额的约 98.3%；表 1 所示的进口来源国的进口额之和占其同年进口总额的约 98.1%①。

---

① 2013 年，中亚五国超过 1 亿美元的出口去向国共 14 个，除表 1 中所示的 12 个国家外，其他 2 个国家分别是泰国和格鲁吉亚，出口额分别是 1.53 亿美元和 1.21 亿美元；进口额超过 1 亿美元的进口来源国共 16 个，除表 1 中所示的 12 个国家外，其他 4 个国家分别是巴西、马来西亚、格鲁吉亚和阿尔及利亚，进口额分别是 1.73 亿美元、1.70 亿美元、1.31 亿美元、1.14 亿美元。

因而，出于中亚五国的对外贸易实践与数据可得性的考虑，模型选择中国、中亚五国（哈萨克斯坦、乌兹别克斯坦、塔吉克斯坦、土库曼斯坦、吉尔吉斯斯坦）、俄罗斯、美国、加拿大、欧盟、日本、韩国，共 12 个经济体。

表1　2013 年中亚五国主要进口来源国、出口去向国与进、出口额

单位：千美元

排序	进口来源国	进口额	出口去向国	出口额
1	俄 罗 斯	24447871	中　　国	27021853
2	中　　国	23250422	俄 罗 斯	10566792
3	土 耳 其	4235558	法　　国	7724734
4	韩　　国	3392629	土 耳 其	3637861
5	美　　国	1836102	加 拿 大	2410179
6	法　　国	1257353	美　　国	1492422
7	日　　本	979690	瑞　　士	1260039
8	英　　国	649848	英　　国	1012302
9	捷　　克	517104	葡 萄 牙	745916
10	瑞　　士	346891	日　　本	743775
11	拉脱维亚	253130	捷　　克	565986
12	加 拿 大	210118	韩　　国	303027

资料来源：International Trade Center。

（三）估计方法及数据来源

仿照马查尔·安德莱等（2015）的方法，采用两步法确定模型中的参数值。第一步，综合运用两种方法获取参数的初始值。一是运用 1993～2013 年的年度数据、借助面板数据估计方法，估计各方程中的参数，并将估计值作为各方程参数的初始值。二是尽可能搜集相关实证文献，查找现有研究中各对应参数的估计值，用于在第二步中对初始值进行修正。明显地，第一步的参数校准方法是不充分的，因为它没有考虑模型作为一个统一系统的特征和信息。

因此，在第二步中，我们使用完整的模型修正初始值。模型系统通过国际贸易相连接，即满足均衡条件：全球出口总额等于全球进口总额[①]。在此条件下，将第一步中通过不同方法得到的参数初始值代入方程中，并可对其进行适度微调，通过多次代入尝试，最终选择出对模型整体拟合效果最优的参数值。

模型涉及的主要观测变量包括消费、投资、消费者价格指数、失业率、进口、出口、实际有效汇率和利率。其中，消费、投资、消费者价格指数、失业率、实际有效汇率和利率的数据来自世界银行数据库（World Bank database）；进口和出口数据来自国际贸易中心数据库（International trade center database）。此外，其他主要指标变量包括 GDP 增长率、人口增长率、税率、全球石油价格和全球食品价格。其中，GDP 增长率、人口增长率数据来自世界银行数据库（World Bank database）；税率数据来自历年的《全球竞争力报告》；全球石油价格和全球食品价格数据来自联合国商品贸易数据库（UN comtrade database）。

四　情景模拟

（一）情景一：增加从中亚国家的油气进口

在中国—中亚石油和天然气管道建成开通前，俄罗斯是中亚国家对外出口石油和天然气的必经之地，俄罗斯凭借其对能源运输管道的垄断优势，从中亚获取价格低廉的石油等资源，或加价再转而出口到其他国家赚取利润。随着中国加入到中亚地区的能源贸易中来，尤其是在合作共建"丝绸之路经济带"的框架下，中国将为

---

① 本文模型选取了 12 个样本经济体，将不包含在模型中的其他经济体作为一个整体进行国际贸易核算，使模型所包含的经济体能够通过满足全球贸易均衡条件被连接在一个统一的系统中。

中亚国家修建能源运输管道提供技术支持和资金援助，从而使中亚国家能够摆脱对于俄罗斯及其管道的依赖，降低参与油气贸易的交易成本并获取更多的油气租金。同时，中国也将成为中亚能源潜在的强劲买家，中亚也能从俄、美等能源出口对象国之外寻找到中国这一需求稳定的大市场，从而能够保证其在相当长的时期内都能通过油气出口获得可观的收入。

借助多国 DSGE 模型，对中国增加从中亚国家的油气进口进行情景模拟，量化分析由此给中国、中亚五国及其他国家带来的影响。从现有关于国家能源潜力的研究中可以看到，中亚国家的能源储量相当可观，但分布并不均衡。其中，哈国的石油、天然气均有丰富的储量；土国天然气资源丰富，是该地区最大的天然气能源国；乌国也同时拥有石油和天然气资源，但储量均不大；塔国和吉国的油气资源相对匮乏。因而，在中国增加从中亚国家油气进口的情景模拟中，假定哈、土、乌三国的收入分别有 4 个标准差、3 个标准差和 1 个标准差的持续上升。模拟结果显示，哈、土、乌三国的实际 GDP 在模拟期的 20 年内都有所上升，且增长率逐年都有小幅提升。哈国在前 5 期实际 GDP 分别上升了 10.2%、10.5%、10.8%、11.1% 和 11.4%；土国和乌国在 20 期的实际 GDP 平均上升了 7.2% 和 3.5%。同时，哈、土、乌三国的消费和投资也都有所增加。而塔、吉和中、俄、美等其他样本国在模拟期内的实际 GDP 均有所上升，但上升幅度较小。

该结果说明，在合作共建"丝绸之路经济带"框架下，中国增加从中亚国家进口油气将不同程度地促进中亚地区油气资源富集国家的经济增长。同时，哈、土、乌三个油气资源富集国家经济增长和收入状况的改善，将通过贸易渠道促进相关国家的经济增长。由此可见，现有研究单纯强调中国从与中亚国家的能源合作中获益的观点略显片面。诚然，此举可以有效地促进中国能源进口多元化战略的实施，从长期来看将有益于保障中国的能源供应安全。但从直接经济利益来看，中亚地区油气富集国家的收益将大于中国的收益。因而，这是一项双赢的合作。并且，对于俄、美等相关国家，中国介入中亚能源市场并非零和博弈，中亚国家借助能源贸易增加收入会进一步外溢至相关国家，从而产生群体效应。此外，值得一提的是，冯伟江（2014）和程贵、丁志杰（2015）等研究认为，中国增加从中亚国家的油气进口，将有利于中亚国家提高能源销售价格，即中亚国家借由中国的帮助而打破俄罗斯的垄断，从而更加深入地参与全球能源贸易，中亚国家将拥有更强的议价能力。因而，在未来的发展中，如果中亚国家有能力影响能源价格，可以借助本文模型进一步分析其对样本国的影响。

（二）情景二：制造业向中亚地区转移

中亚国家受苏联时期"劳动分工"的影响，普遍存在经济结构单一、工业基础薄弱的问题。至今，塔吉克斯坦和吉尔吉斯斯坦仍分别以农业和农牧业为主；乌兹别克斯坦近年来通过实施"进口替代"和"出口导向"发展战略使经济获得了一定增长，但产业结构单一且企业亏损严重，经济仍面临较大困难；哈萨克斯坦和土库曼斯坦的工业化水平相对较高，但仍处于工业化进程中，且其工业仍以能源工业为主。中亚各国政府都已清楚认识到经济结构单一的弊端，并为此采取了诸多措施。但由于各国都面临资金短缺、技术落后和人才缺乏等问题，想要改变这种状况困难重重（朱瑞雪，2015）。在合作共建"丝绸之路经济带"框架下，中国制造业向中亚地区转移，能够为中亚地区带来先进的技术与资金支持，帮助中亚国家解决产业结构调整中的瓶颈问题。

这里借助多国 DSGE 模型，通过设定中亚国家全要素生产率（TFP）的上升，对中国向中亚地区转移制造业进行情景模拟，量化分析由此对中国、中亚五国和其他国家可能产生的影响。给定中亚五国 TFP 一个标准差的持续正向冲击。模拟结果显示，中亚五国的实际 GDP、投资和消费均有正向响应，前 5 年三项指标的平均响应程度分别是 3.6%、2.3% 和 0.6%，第 6 年至第 20 年三项指标的平均响应程度分别是 3.2%、2.3% 和 1.7%。中国和俄、美、日、欧盟最初几年所受影响并不明显，其后，实际 GDP 逐渐显示出变大的正向响应。

该结果说明，中亚国家如果能够通过吸收来自中国转移的制造业进而提高自身的全要素生产率（TFP），将有助于促进其国内消费、投资和经济增长。并且，经过几年的时间，中亚地区的人力资本（工资收入）也有显著上升，并能够带动其与世界其他国家的贸易。这也从一个侧面印证了，世界上落后地区生产率的提高能够促进全球经济增长。反观现有研究，其更多地关注中国制造业产能过剩的现状及过剩产能转移的诉求（程云洁，2014；戴维·帕克，2015），却忽视了中国制造业向中亚地区转移给中亚国家及全球经济带来的收益。此外，为简化起见，模拟时设定各中亚国家 TFP 都有相同程度的上升，但在实践中，中国企业会全面地考虑中亚各国的营商环境、经济规模、金融稳定状况和制度发展等因素，因而，各国因自身禀赋和优势不同获得的经济效益也会有所差别。因此，中亚国家也应注重自身制度和环境的改善，以合作共建"丝绸之路经济带"为契机，主动承接中国制造业的转移，有效提升本国 TFP 以保持经济长期增长。

五　结论与研究展望

伴随中国经济的快速增长与中亚国家对外开放程度的不断加深，中国已成为中亚国家主要的贸易伙伴国，与此同时，中国在世界经济中也扮演着越来越重要的角色。在合作共建"丝绸之路经济带"的背景下，中国与中亚五国等沿线国家的经贸合作也将更加紧密。中国经济对中亚国家的溢出效应，不仅将通过双边直接的贸易渠道、投资渠道和石油价格渠道进行传导；同时，与世界其他国家的经贸往来也将通过相关渠道产生间接的溢出效应。本文建立的多国 DSGE 模型刻画了中国经济对中亚国家产生溢出效应的三种渠道，并且包含了对中亚国家具有重要影响的其他主要经济体；并运用情景模拟分析对合作共建"丝绸之路经济带"背景下中国经济对中亚国家可能产生的溢出效应进行了量化分析。本文尝试分析了两种情景：一是中国增加从中亚国家的油气进口；二是中国制造业向中亚地区进行转移。情景一和情景二的模拟结果均表明，中国与中亚五国都将获得不同程度的经济收益。据此，我们认为，中国与中亚国家合作共建"丝绸之路经济带"确实是互利共赢的，双方完全有理由打消现有疑虑，积极参与到合作共建中来。

以多国 DSGE 模型为分析工具，可以对"丝绸之路经济带"背景下中国经济对中亚国家的溢出效应进行量化分析，科学地评估中亚国家参与合作共建能够获得的经济收益。未来，在对模型进行维护的基础上，可以针对其他不同的合作方案进行情景模拟分析，为合作共建提供科学细致的量化分析依据。当然，目前建立的模型由于数据和技术方面的限制还存在一定的不足，应对其进行进一步改进。第一，由于世界各经济体间的联系日益紧密，模型中应包含更多的经济体，尤其是土耳其等区域性大国；第二，贝叶斯方法是估计 DSGE 模型更为合理的方法，但因难度较大目前国内外应用该方法估计多国 DSGE 模型尚未取得突破性进展，因此探索运用贝叶斯方法对模型中的参数进行更为精准的估计也是我们进一步研究的方向。

参考文献

[1] Machal Andrle et al. The Flexible System of Global Models – FSGM

［J］, *IMF Working Paper*, No. 1564, 2015 (3).

［2］ Allan Dizioli et al. Spillovers from China's Growth Slowdown and Rebalancing to the ASEAN – 5 Economies ［J］. *IMF Working Paper*, No. 16170, 2016 (8).

［3］ Derek Anderson et al. Spillovers from China onto Sub-Saharan Africa: Insights from the Flexible System of Global Models (FSGM) ［J］. *IMF Working Paper*, No. 15221, 2015 (8).

［4］ 朱瑞雪:《中国与中亚五国贸易合作情况分析》,《对外经贸》 2015 年第 8 期。

［5］ 李大伟:《我国和中亚五国经贸合作现状、问题与对策》,《宏 观经济管理》2014 年第 1 期。

［6］［哈］康·瑟拉耶什金:《丝绸之路经济带构想及其对中亚的影 响》,《俄罗斯东欧中亚研究》2015 年第 4 期。

［7］ 袁胜育、汪伟民:《丝绸之路经济带与中国的中亚政策》,《世 界经济与政治》2015 年第 5 期。

［8］ 丝绸之路和平奖基金会:《"丝绸之路和平奖与丝绸之路经济 带"国际学术研讨会论文集》,世界知识出版社,2014。

［9］ 卢峰等:《为什么是中国?——"一带一路"的经济逻辑》, 《国际经济评论》2015 年第 5 期。

［10］ 于翠萍、王美昌:《中国与"一带一路"国家的经济互动关 系——基于 GDP 溢出视角的实证分析》,《亚太经济》2015 年 第 6 期。

［11］ 张文中:《中亚五国的贸易分布、对外投资与贸易政策》,《新 疆财经》2014 年第 3 期。

［12］ 程贵、丁志杰:《"丝绸之路经济带"背景下中国与中亚国家 的经贸合作》,《苏州大学学报》2015 年第 1 期。

［13］ 孙力、吴宏伟:《中亚黄皮书:中亚国家发展报告 (2013)》, 社会科学文献出版社,2013。

［14］ 黄海涛:《"一带一路":互动性本质与信任建设》,《天津社会 科学》2015 第 6 期。

［15］ 黄群慧:《"一带一路"沿线国家工业化进程报告》,社会科学 文献出版社,2015。

［16］ 马建美:《美国对中国"一带一路"倡议的认知与反应》,《世 界经济与政治》2015 年第 10 期。

辽宁自由贸易试验区大连片区与俄罗斯远东符拉迪沃斯托克自由港对接合作问题

刁秀华　郭连成*

2017年4月1日，中国（辽宁）自由贸易试验区在沈阳揭牌。4月10日，辽宁自贸试验区大连片区在金普新区揭牌，标志着大连片区由申办阶段正式转入建设阶段。辽宁自贸试验区涵盖大连片区、沈阳片区和营口片区。其中，大连片区面积最大，为59.96平方公里。按区域布局划分，大连片区重点发展港航物流、金融商贸、先进装备制造、高新技术、循环经济、航运服务等产业，推动东北亚国际航运中心、国际物流中心建设进程，形成面向东北亚开放合作的战略高地。辽宁自贸试验区大连片区的区域布局和功能划分，首先是突出并注重发挥大连作为东北亚重要港口城市、重要国际航运中心和国际物流中心的作用；其次是意在加快东北老工业基地结构调整，推进与东北亚的经济合作；最后是与中国倡导的区域全面经济伙伴关系协定（RCEP）和亚太自贸区协定（FTAAP）相契合，形成对外开放的新格局。

---

* 刁秀华，东北财经大学经济与社会发展研究院副研究员；郭连成，东北财经大学教授。

基于辽宁自贸试验区大连片区的上述功能划分、任务和发展目标，我们认为，加强与俄罗斯远东符拉迪沃斯托克自由港的对接合作不失为一种现实的选择。

一 俄罗斯符拉迪沃斯托克自由港及符拉迪沃斯托克自由港法案

俄罗斯符拉迪沃斯托克市地处俄、中、朝三国交界，是俄罗斯远东地区最大的城市，距中国绥芬河市仅有 210 公里。符拉迪沃斯托克自由港是地理位置优越的天然良港，货物吞吐量居全俄之首，是俄罗斯在太平洋沿岸最重要的港口。2015 年 7 月 13 日，俄总统普京签批了《符拉迪沃斯托克自由港法》，该法已于同年 10 月 12 日正式生效。《符拉迪沃斯托克自由港法》的适用范围涵盖了俄罗斯滨海边疆区的 15 个市（区），以及上述行政区域内的海港及其水域。这 15 个市（区）包括：兴凯区、波格拉尼奇内区、十月区、纳杰日金斯克区、奥莉加区、什卡托沃区、游击队区、哈桑区、斯帕斯克 - 达利尼市、乌苏里斯克市、阿尔乔姆市、游击队市、符拉迪沃斯托克市、大卡缅市和纳霍德卡市；港口包括了符拉迪沃斯托克港、波西耶特港、扎鲁比诺港和纳霍德卡港。符拉迪沃斯托克自由港总面积为 3.4 万平方公里，人口 140 万人，设立期限为 70 年，附展期条款。

俄罗斯符拉迪沃斯托克自由港的设立，意味着全部或绝大多数外国商品可以免税进出港口，而且可以在港内自由改装、加工、长期储存或销售。《符拉迪沃斯托克自由港法》赋予了符拉迪沃斯托克自由港以"单一窗口"办理招商引资手续；简化签证准入和过境手续；在税收、海关和检疫方面为入驻企业提供政策支持和优惠；建立自由关税区等特别权利。具体而言，该法的特殊制度安排和优惠政策主要包括以下六个方面。

①简化签证制度。外国人可获得为期 8 天的赴俄落地签证。

②加强过境服务。实行"单一窗口"过境服务和 24 小时口岸工作制。

③实行自由关税区制度。区内企业可免税运入、保存和使用外国商品，也可免税运出商品（设备）。

④实行优惠保险金率政策。按照俄罗斯现行法律，开办企业必须缴纳职工工资总额的 8% ~22% 的养老、医疗保险金。而《符拉迪沃斯托克自由港法》规定，在该法施行后的前 3 年，对缴纳 10 年保险金的入区企业实行 7.6% 的优惠保险金率。

⑤实行税收优惠政策。免除入区企业前 5 年的利润税、财产税和土地税，在 10 天内快速办理增值税退税。

⑥管理服务制度。缩短基建项目许可文件审批时间，规范对区内企业的检查，减少企业相应负担，等等。

对俄罗斯历史上第一个真正开放的自由港，俄罗斯专家学者和官员对其抱有很高的期望。他们甚至乐观地认为，符拉迪沃斯托克自由港的未来发展目标是成为下一个"香港"。虽然这是一个良好的愿望和遥远的发展目标，但从中短期看，符拉迪沃斯托克自由港的设立以及《符拉迪沃斯托克自由港法》的正式实施，的确为俄罗斯远东地区提供了前所未有的发展机遇，也会使符拉迪沃斯托克港成为东北亚地区的核心港口。而且正如俄罗斯总统普京所表示的，"外国投资者会在这里看到一片新投资热土正在形成"。

二 辽宁自贸试验区大连片区与符拉迪沃斯托克自由港对接合作的有利条件

（一）辽宁自贸试验区大连片区与俄罗斯远东符拉迪沃斯托克

自由港开展对接合作，符合辽宁自贸试验区大连片区的区域布局和功能划分，特别是重点发展港航物流和航运服务产业，推动东北亚国际航运中心、国际物流中心建设进程，形成面向东北亚开放合作的战略高地，这是辽宁自贸试验区大连片区十分明确的功能定位和发展目标。与符拉迪沃斯托克自由港开展对接合作显然有利于这一目标的实现。

（二）中国东北地区与俄罗斯远东地区毗邻，东北地区的大连市和俄罗斯远东地区的符拉迪沃斯托克市优越的地理位置为辽宁自贸试验区大连片区与俄符拉迪沃斯托克自由港开展对接合作提供了可能。大连港既是东北地区也是东北亚地区的重要港口；符拉迪沃斯托克自由港既是俄远东地区和太平洋沿岸的重要港口，也是东北亚地区的主要港口之一。这两个港口城市和港口占据了东北亚地区的优越地理位置，由海路和陆路两条通道相连接。陆路通道：大连—绥芬河—波格拉尼奇内—符拉迪沃斯托克，即在俄远东地区进入"滨海1号"国际交通走廊。大连至符拉迪沃斯托克的陆路通道全长约1500公里；海上通道：由大连港到符拉迪沃斯托克自由港的距离为1100海里。中俄陆海联运通道项目还被列入由中国政府与俄罗斯政府共同签署的《中国东北地区与俄罗斯远东及东西伯利亚地区合作规划纲要（2009～2018年）》的重点项目。

（三）辽宁自贸试验区大连片区和俄罗斯符拉迪沃斯托克自由港的功能定位有大致相同或相似之处，如都提出面向东北亚全方位开放，发展港航物流和航运服务产业等。辽宁自贸试验区大连片区将其功能定位和发展目标设定为建成东北亚国际航运中心和国际物流中心；俄罗斯符拉迪沃斯托克自由港的功能定位也是要成为东北亚地区的物流枢纽。因此，辽宁自贸试验区大连片区和俄罗斯符拉迪沃斯托克自由港有诸多对接合作的契合点。

（四）大连市与俄罗斯符拉迪沃斯托克市是友好城市。两市早在1992年就建立了友好城市关系。25年来，大连市和符拉迪沃斯托克市交往频繁，人文交流和经贸合作密切。因而辽宁自贸试验区大连片区与俄罗斯符拉迪沃斯托克自由港的对接合作具有现实基础。

三 辽宁自贸试验区大连片区与符拉迪沃斯托克自由港对接合作的对策建议

基于以上对辽宁自贸试验区大连片区与俄罗斯符拉迪沃斯托克自由港对接合作的可能性和可行性的分析，提出以下具体对策建议。

（一）实现交通互联互通。一是建立辽宁自贸试验区大连片区与俄罗斯符拉迪沃斯托克自由港的陆海联运通道，即辽宁自贸试验区大连片区—绥芬河—波格拉尼奇内—符拉迪沃斯托克（全长约 1500 公里），这条陆路通道经由俄罗斯远东"滨海 1 号"国际交通走廊进入符拉迪沃斯托克自由港，再经由自由港内的纳霍德卡港，可使陆海联远货物直达日本和美国等国家。这是辽宁自贸试验区大连片区辐射东北腹地和将触角伸向东北亚地区、向北通往国际海路的最经济最有效的直接通道。二是贯通海路，发挥海运优势。大连港到俄罗斯符拉迪沃斯托克自由港的距离为 1100 海里，一方面，辽宁自贸试验区通过这一海上通道运输货物，会大大节约运输成本并缩短运输时间；另一方面，由于符拉迪沃斯托克自由港实行"单一窗口"过境服务和 24 小时口岸工作制，实现了入关通关的便利化，通关效率大为提高。

（二）找准辽宁自贸试验区大连片区和符拉迪沃斯托克自由港功能定位中的相同点或相似之处，有的放矢地开展对接合作。俄罗斯将符拉迪沃斯托克自由港划分为四个功能区块：物流区、工业区、科技产业区和旅游商贸娱乐区，其中，物流区为四个功能区块之首，这与俄罗斯欲将符拉迪沃斯托克自由港建设成为东北亚地区物流枢纽的目标密切相关；而中国提出将辽宁自贸试验区大连片区建成东北亚地区乃至全球的国际物流中心。可见两者的这一功能定位和发展目标相似。如果符拉迪沃斯托克自由港成为东北亚地区的物流枢纽，辽宁自贸试验区大连片区成为东北亚乃至国际物流中心，就会自南向北对中国东北地区和俄罗斯远东地区的物流起到辐射带动作用。因此，辽宁自贸试验区大连片区与符拉迪沃斯托克自由港应首先从物流领域的对接合作开始，南北呼应，共同打造东北亚地区的物流中心（枢纽），辐射带动东北地区和远东地区的发展。

（三）全面推进投资合作。俄罗斯符拉迪沃斯托克自由港实行税收优惠政策，减免关税，健全管理服务制度，主要目的是吸引外资。在这一领域，辽宁自贸试验区大连片区与符拉迪沃斯托克自由港的对接合作大有可为。应发挥自身优势，启动与符拉迪沃斯托克自由港的能源、港口和渔业合作：一是以大连成熟的炼油技术优势和资金优势，在符拉迪沃斯托克自由港内的纳霍德卡港投资建设大型炼油厂，享受自由港的各种优惠政策。生产的成品油经海上运输由纳霍德卡港运至大连港，满足东北地区的需求；或满足俄罗斯远东地区的需求；或从纳霍德卡港输出到第三国。二是进一步推进港口领域的合作。2015 年 11 月 9 日，大连港集团与俄罗斯远东运输集团已在莫斯科签署了战略合作协议。2016 年 4 月双方又在大连签署了合作备忘录。根据协议，大连港集团对位于符拉迪沃斯托克自由港内的俄罗斯远东运输集团纳霍德卡港的码头堆场、港口设备、冷库等基础设施改造，以及集装箱中转站的设立和大连至纳霍德卡港海上运输航线的开辟等开展可行性研究，并就相关基础设施的经营与远东运输集团进行股权合作洽谈。鉴于辽宁自贸试验区大连片区已进入建设阶段，需要大力推动这一进程。通过对俄远东运输集团纳霍德卡港码头的改造，提升港口吞吐能力，使纳霍德卡港货物吞吐量由目前的 47 万吨提高到 300 万吨，推动远东运输集团的业务向俄远东地区、中国东北地区和欧洲延伸。三是加强与符拉迪沃斯托克自由港的渔业合作，特别是在深海捕捞和海产品加工领域的合作。实现俄罗斯远东丰富的渔业资源与大连港先进冷链体系的对接合作。

俄罗斯创新发展与中俄在
创新发展领域的合作

李建民[*]

李建民[*]

俄罗斯继承了苏联 70% 的科技潜力，被认为是世界科技大国。20 世纪 90 年代的政治经济转型严重冲击并制约了俄科学技术发展，加之高油价驱动下的能源经济发展模式拉大了其与先进国家的差距。2008 年金融危机之后，全球新一轮科技革命、产业变革和军事变革加速演进，世界大国都在寻找经济发展的新动力，创新成为各国竞相追逐的竞技场。俄罗斯也不例外，为跟上世界创新发展的大趋势，摆脱对能源出口的过度依赖，俄当局积极谋划并出台科技创新战略，提升国家创新潜力，转变经济增长方式，以期在激烈的国际竞争中保持和争取有利地位。

一　概念界定

为准确把握俄罗斯创新发展有必要对以下概念进行界定。

1. 创新驱动

这里使用的驱动概念指的是推动经济增长的主动力，所谓创新

---

* 李建民，中国社会科学院俄罗斯东欧中亚研究所研究员。

驱动就是创新成为引领发展的第一动力，科技创新与制度创新、管理创新、商业模式创新、业态创新和文化创新相结合，推动发展方式向依靠持续的知识积累、技术进步和劳动力素质提升转变，促进经济向形态更高级、分工更精细、结构更合理的阶段演进。

最早使用创新驱动概念并把它作为一个发展阶段提出来的是波特，他把经济发展划分为四个阶段：第一阶段是要素驱动阶段，第二阶段是投资驱动阶段，第三阶段是创新驱动阶段，第四阶段是财富驱动阶段。就创新驱动阶段来说，不是说创新驱动就不需要要素和投资，而是说要素和投资由创新来带动。

2. 科技创新

科技创新是创新驱动的实质，与之相区别的是技术创新，反映的是创新源头的改变。技术创新相当多的是源于生产中经验的积累、技术的改进、企业内的新技术研发。科技创新系指以科学发现为源头的科技进步模式，体现知识创新（科学发现）和技术创新的密切衔接和融合。以科学发现为源头的科技创新的路线图包括三个环节：上游环节即科学发现和知识创新环节；中游环节即科学发现和创新的知识孵化为新技术的环节；下游环节即采用新技术的环节。在科技创新体系中不是企业一个主体，而是包括不同的创新阶段和不同的创新主体，由此就提出了科技创新体系建设问题。科技创新体系涉及产、学、研、用各个环节中主体间的合作和互动。

3. 创新型国家

那些把科技创新作为经济发展基本战略的国家被称为创新型国家。创新型国家可以从定量和定性两个方面加以定义。从定量的角度，创新投入高、科技进步贡献率高、自主创新能力强和创新产出高的国家被定义为创新型国家。从定性的角度，创新型国家就是那些把科技创新作为发展的核心驱动力，通过制度和组织的创新不断地把国民经济推向从事高技术经济活动的国家。目前世界公认的创新型国家有 20 个左右，包括美国、英国、法国、日本、芬兰、爱尔兰、以色列、韩国等。创新型国家的共同特征是：创新综合指数明显高于其他国家，科技进步贡献率在70%以上，研发投入占GDP的比例一般在2%以上，对外技术依存度指标一般在30%以下。此外，创新型国家所获得的三方专利（美国、欧洲和日本授权的专利）数占世界数量的绝大多数。

4. 创新型经济

经济发展的每个阶段都需要寻求经济发展的新动力。创新型经济是经济发展的一种类型，系指以知识和人才为依托，以创新为主要驱动力，以发展拥有自主知识产权的新技术和新产品为着力点，以创新产业为标志的经济。发展创新型经济，前提是制度创新。制度创新的发动者首先是政府，政府作为社会代表来支付创新的社会成本，制订重大科技创新计划，并通过公共财政对此类创新进行直接的或引导性投入。在现代经济中，国家竞争力主要由国家创新力来衡量。国家创新力不是个体创新力的相加，而是指对科技创新的国家集成能力。

二　俄罗斯创新发展现状

（一）俄罗斯的创新发展路径

1. 逐步形成政府主导的创新发展管理体系

2011年，俄罗斯政府通过了《俄罗斯联邦至2020年创新发展战略》，提出要实现复合型的创新发展战略，到2020年使创新产业占国内生产总值（GDP）的比重超越油气行业；将发展人力资本、提高企业的创新积极性、从国家层面推进创新列为三大优先方向。2012年6月，成立隶属于总统的俄经济现代化和创新发展委员会，并在原科学、技术和教育委员会基础上成立联邦教育和科技部，负责制定和实施国家政策。2013年11月，联邦科研机构管理署下面又成立了科学协调委员会，17个联邦主体也都成立了跨部门的专家委员会或工作小组对创新活动进行协调协商。至此形成了"总统—联邦政府—地方政府—企业和科技组织"四级纵向垂直管理、部门间横向相互协调的科技管理体系,实行全方位的国家科技创新发展战略。

2. 明确科技发展和关键技术优先领域

2012～2013 年俄罗斯集中出台完善了一系列联邦和部门级别的科技创新发展专项规划,以及许多有关技术平台、大型国有参股公司和地区创新集群的战略性发展规划。2014 年批准的《俄罗斯联邦至 2030 年科技发展长期预测》报告将能源安全、信息通信技术、生物技术及医学和健康、新材料和纳米技术列为俄科技未来发展优先领域,同时重新修改《关键技术清单》,将能源安全与能效,国家安全与反恐,生物医学与生活质量,生物产业、生物资源与食品安全,信息通信技术,航空航天系统,材料与新制造技术,交通运输系统,自然资源合理利用与生态安全,先进武器装备与军用特种技术十一个领域列入清单。

3. 大幅度改革科研体系

改组俄罗斯科学院以及西西伯利亚、乌拉尔和远东三大分院,将其定位为联邦预算机构,原科学院下属研究所的管理权及财产都由联邦科研机构管理署接管。重点扶持包括莫斯科大学、圣彼得堡国立大学在内的 40 所高校,启动"千所实验室"和"俄罗斯科学地图"计划,投入大量资金帮助它们完成研发高科技产品项目和创建有知名学者带队的科学实验室。

4. 进一步完善法律保障体系

俄罗斯政府积极地制定、修改、完善一系列法律法规,为促进科技创新创造良好的法律环境。2014 年最终启动《俄罗斯联邦科学、科技和创新活动法》的立法程序,新法规更多地关注创新领域,将是对《科学和国家科技政策法》有力的补充,并有力推动科技创新活动。

5. 政府主导保障科技创新投入

虽然俄罗斯政府引入了市场机制，试图通过基金资助、银行贷款、私有资本投资，以及发展风险投资，吸引外资等途径形成科技经费来源的多元化，但是迄今为止，俄罗斯联邦政府依然在科技投入中扮演绝对主导的角色，预算资金一直在科技投入中占超过半数的比例，并呈继续上升的趋势。

（二）创新发展取得的进展

经过多年的曲折探索，俄罗斯已经逐渐形成一套既不同于苏联时期单一的计划经济模式，又不同于西方市场经济模式的科技创新制度，即在中央政府主导下的政府与市场相结合的管理模式，以及当代创新基础设施体系和高技术产业集群。其进展表现在以下三个方面。

1. 创新支持系统取得预期结果

根据俄罗斯联邦教育科学部 2016 年工作总结：五年来俄罗斯首次实现了国内研究开发经费增长，保持在国内生产总值的 1.13% 的目标。2016 年对科技的投入达到 9150 亿卢布，比上年同期增加 670 亿卢布，其中大部分增长来自实体经济的投资。从事科技研发的科研人员工资增长。青年研究人员数量自 2014 年起首次增长了 5500 人，其中，43% 的研究人员年龄不超过 39 岁。所发表的有关科学方面的文章超过 3.9 万篇，占全球刊文总量的 2.41%，接近 2012 年 5 月 7 日颁布的第 599 号俄联邦总统令规定的 2.44% 的水平。

2. 创新基础设施架构基本形成

截至目前，俄罗斯已经形成了 35 个技术平台、18 个特别经济区，累计注册了 159 家科技园、112 家技术转化中心、71 家集体利用中心、86 家科技信息中心、196 个企业孵化器、16 家中小企业扶持中心。为了帮助企业分担从事高新技术产业的金融风险，促进企业科技创新的积极性，俄政府构建了风险投资体系，如 2006 年成立了由国家参股的开放式股份公司"俄罗斯风险投资公司"，2009 年注册了俄哈纳米技术风险基金，2013 年注资 10 亿卢布成立了俄罗斯国防工业体民用技术基金等。同时，俄罗斯还成立了促进小型科技企业发展基金、国家自治机构"俄罗斯科技发展基金"、发展和对外经贸银行、俄罗斯纳米科技股份公司等创新组织机构。

3. 高技术产业集群初步形成

2012 年，俄罗斯经济发展部制定了《地区创新集群发展实验规划名单（草案）》，入选的 25 项创新集群规划集中了本地区具有较高生产力企业的竞争优势和本地区研究机构与教育组织的高水平科技潜能（见表1）。

表 1 地区创新集群发展实验规划名录

	联邦主体	集群名称	主要特色
1~14 项为享受联邦财政补助规划			
1	卡卢加州（奥布宁斯克市）	制药、生物科技和生物医学集群	医学和制药、放射技术
2	莫斯科	"小绿城"集群	信息通信和电子技术
3	莫斯科州（杜博纳市）	核物理和纳米技术集群	核技术、新材料
4	莫斯科州（普希诺市）	生物技术创新集群	医学和制药、生物技术
5	莫斯科州（长水塘市和希姆基市）	"物理技术二十一世纪"集群	新材料、医学制药、信息和通信技术
6	圣彼得堡列宁格勒州	医药工业和放射技术集群	放射技术、医学制药
7	下诺夫哥罗德州	萨洛夫创新集群	核技术、超级计算机、激光技术
8	莫尔多瓦共和国	卡姆斯基创新生产集群	石油天然气加工、石化、汽车制造
9	达吉斯坦共和国	卡姆斯基创新生产集群	石油天然气加工、石化、汽车制造
10	萨马拉州	航空航天创新集群	飞行器和航天器制造
11	乌里扬诺夫斯克州（季米特洛夫城）	核创新集群	核技术、放射技术、新材料

	联邦主体	集群名称	主要特色
12	克拉斯诺达尔边疆区(热列兹诺哥尔斯克市)	保密行政区创新技术集群	核技术、飞行器和航天器生产
13	新西伯利亚州	信息和生物制药技术创新集群	信息通信技术、医药
14	未列	未列	未列
15~25项暂不享受联邦财政补助			
15	莫斯科(特罗伊茨克市)	新材料、激光和放射技术创新集群	新材料、核技术
16	阿尔汉格尔斯克州	造船创新集群	造船业
17	圣彼得堡	发展信息技术、无线电、仪表制造、通信设备创新集群	信息通信、电子技术、仪器制造
18	下诺夫哥罗德州	汽车制造和石化产业创新集群	石油天然气加工、石化、汽车制造
19	彼尔姆边疆区	"新星"科技城:火箭发动机制造创新集群	飞行器、航天器、发动机制造,新材料
20	巴什科尔托斯坦共和国	石化地区创新集群	石油天然气加工、石化
21	乌里扬诺夫斯克州	"乌里扬诺夫斯克——航空"科教生产集群	飞行器、航天器制造,新材料
22	斯维尔德洛夫斯克州	钛集群	新材料
23	阿尔泰边疆区	阿尔泰生物制药集群	医学和制药
24	克麦罗沃州	煤和废料综合加工集群	化学工业、能源
25	哈巴罗夫斯克边疆区	航空制造和船舶制造创新集群	飞行器和航天器制造、造船业

注:第14项创新集群发展实验规划内容原文献中未列，故此表保留规划数量。

资料来源:俄罗斯经济发展部，http://economy.gov.ru/minec/main。

(三)对俄罗斯创新力的国际评估

通过政府的大力支持，近年来，俄罗斯在创新发展的制度建设中取得了一定进展，形成了一定的创新氛围，在国家创新力全球排名中的位次提高，一些创新指标如国家对创新型产品的需求、用于研发的预算支出、研究合作等均得到改善。

关于构建国家创新力的评价方式，国际上比较有影响的主要有四种，分别为：

（1）欧盟发布的评价欧盟国家创新绩效的年度报告——《创新联盟记分牌》（Innovation Union Scoreboard，IUS）；

（2）世界知识产权组织发布的全球创新评价年度报告——《全球创新指数》（Global Innovation Index，GII）；

（3）世界经济论坛每年发布的《全球竞争力报告》（The Global Competitiveness Index）；

（4）瑞士洛桑国际管理学院发布的《世界竞争力年度报告》（IMD WorldCompetitivenessYearbook）。

从2012～2017年世界知识产权组织的《全球创新指数》和世界经济论坛《全球竞争力报告》看，俄罗斯创新力排名逐年提高，但仍在世界排名第二方阵里（见表2、表3）。

表2　俄罗斯在《全球创新指数》中排名

年份	排名	参评国家数量
2012	56	125
2013	72	142
2014	49	143
2015	48	144
2016	43	128

表3　俄罗斯在《全球竞争力报告》中排名

年份	排名	参评国家数量
2011～2012	66	142
2012～2013	67	144
2013～2014	64	148
2014～2015	53	144
2015～2016	48	140
2016～2017	43	128

（四）俄罗斯在创新驱动方面存在的主要问题

1. 用于研发的费用仍低于主要国家

2002 年，俄用于研发的费用占 GDP 的 1.27%，2010 年降至 1.16%，2014 年降至 1%，世界排名第 32 位，无论是占比还是绝对值都低于西方发达国家。相比之下，欧盟的平均水平为 1.97%，OECD 国家的平均水平为 2.4%。居前三位的以色列、芬兰、韩国一直保持在 3.5%～4.5%。俄罗斯科技界人士还指出，俄创新活动缺乏金融支持与国家主导的创新支持模式有关，国家对创新的金融支持以直接投资为主，中小企业难以与大企业争夺这块资源。同时，在国外一般是中小企业创新资金主要来源的风险投资业在俄罗斯处于起步阶段，俄罗斯风投公司和天使基金的数量只及一些发达国家的十分之一。

2. 企业对创新兴趣低下

根据俄罗斯经济发展部和开放型政府联合发布的《俄罗斯创新国家报告——2016》的相关资料，在国家创新排名提高的情况下，俄罗斯企业的创新积极性未见明显提高。分析原因，大企业凭借自身的行业垄断地位和行政壁垒对创新不感兴趣，只有 16% 的企业有意参与创新活动。而本应作为创新主体的中小企业则面临税费高、融资难等问题，也不愿意参与高风险的创新活动。俄罗斯研发费用中仅有 20% 来自企业，大大低于日本的 38% 和韩国的 45% 的水平。一般而言，企业创新在国家创新系统中具有核心的地位，俄罗斯企业创新的低效性制约了国家总体创新活动的有效性。

3. 商业创新或创新成果商业转化率低

在汤森路透知识产权与科技事业部分析编制的《2015 全球创新企业百强榜单》中俄罗斯机构无一上榜，《福布斯》杂志《2015 全球最具创新力企业百强榜》出炉，俄罗斯也只有 Magnit 公司占了一席。

4. 创新对经济的影响有待时日

尽管在油价下跌和西方制裁的背景下，俄罗斯经济发展模式转型的压力增大，但创新还未成为经济发展的主动力。俄罗斯高新技术产品比重仍偏低，出口总额仅占国内生产总值的 0.31% 和全球高新技术产品出口总额的 0.03%。

三　中俄在创新发展领域的合作

中俄两国在科技发展方面的互补性为开展双边科技合作和创新合作奠定了基础。随着中俄全面战略协作伙伴关系的巩固和发展，两国科技合作日趋活跃，合作领域不断拓展，合作交流规模不断扩大，合作程度日益加深，形式和层次向更高水平发展，对促进两国外交关系发展发挥了重要作用。

1. 形成了多层次、常态化和长效性的科技创新合作机制

中俄总理定期会晤委员会科技合作分委会发挥了两国政府间科技合作主渠道的作用，至今已开展 20 次例会。自 2000 年两国正式签署《中华人民共和国科技部和俄罗斯联邦工业、科学和技术部关于在创新领域合作的谅解备忘录》以来，相继成立了专门的军转民技术合作工作组、"中俄创新工作小组"和中国重点科研院所与俄罗斯国家科学中心合作工作组。在地方一级，山东、广东等省还成立了由政府、高校、科研院所、金融机构和企业共同参与的对俄科技合作联盟，逐步形成了政、产、研、学、金、用的立体合作模式和机制。

2. 科技创新领域不断拓展

随着中俄合作的不断深化，两国合作正从传统产业技术领域向高新技术和基础研究领域拓展，合作的内容也日益从项目研发向科技企业孵化、创新创业服务、科学考察和决策咨询等方面扩展。

2015 年中俄总理定期会晤委员会科技合作分委会第十九届例会商定，在重离子超导同步加速器（NICA）、先进托卡马克装置（EAST）等大科学项目及核聚变领域开展合作，探讨建立中俄技术产权交易中心的可能性。近年来的合作项目已涉及生物技术、新材料、航空航天、纳米技术、农业技术、节能技术等多个领域。2016年 6 月 25 日，签署了《中华人民共和国科学技术部与俄罗斯纳米技术公司关于深化创新合作的谅解备忘录》。双方将支持关于建立中俄联合创新直接投资基金的倡议，在共同举办青年创新创业活动方面加强合作，共同推动中俄科技研发项目的实施，加强在技术转移、人才交流等领域的合作，推动中俄两国企业孵化器、科技园区之间的合作。

3. 科技创新合作方式多样化

中俄科技合作已从过去学习考察、联合举办国际学术会议和科技展览会等方式，发展到合作研究、联合设计、联合调查、合办实验室和研究机构、合资开展高技术研究等多种形式。特别是共建合作基地和平台，已成为中俄科技合作的重要形式。两国境内已建立多家科技合作产业化中心或基地，如烟台中俄高新技术产业化合作示范基地、浙江巨化中俄科技园、长春中俄科技园和黑龙江中俄科技与产业化合作中心；俄罗斯境内有莫斯科中俄友谊科技园等。

4. 科技创新成为经济转型的助推力

目前中俄都进入了发展模式和经济结构转型的关键时期，经济发展的驱动力从要素驱动、投资驱动转向创新驱动。近年来，互联网＋、物联网、云计算等信息技术已开始改变中俄贸易的方式。2016 年 6 月 27 日签署了《中华人民共和国科学技术部与俄罗斯联邦经济发展部关于在创新领域开展合作的谅解备忘录》，未来重点推动中小企业扩大合作，尤其是在创新领域拓展合作，为中俄务实合作提供新动力。

四 深化中俄创新合作的思路

1. 提高对俄科技合作的定位和认识

正确评价俄罗斯的科技水平和创新能力，从国际形势新发展、国家发展新需求出发，对中俄科技合作进行战略定位和顶层设计，制订中俄科技合作的中长期发展战略规划，把对俄科技合作作为我国深化对外开放、提升国际影响力的重要方面，并与国内经济社会发展任务联系起来。

2. 加强对俄科技创新合作的指导和资金投入

中俄两国同为科技大国，中国正在大力推进创新驱动发展战略，这与俄罗斯以创新为核心的现代化战略相互契合，两国都视对方发展为自己的机遇。创新合作具备天时地利人和的条件，无论是广度还是深度都大有潜力，双方把科技创新、文化创意、文明互鉴结合起来，把中方的产业、资金、市场优势与俄方的资源、科技和人才优势结合起来，会产生聚合效应，释放出创新的能量。

3. 完善中俄科技创新合作中介服务体系

中介服务机构是中俄创新合作体系的重要组成部分，对两国创新合作将起到推动作用。双方应借鉴创新型国家科技合作经纪人机构的成功经验，加强和完善中俄科技创新合作体系的基础设施建设，在发明评估、市场及技术评估、专利申请、许可协议、高端科技专家引进等方面提供全程服务。

"丝绸之路"建设中国与
白俄罗斯金融合作模式

　　当前，世界各主要国家都在大力推动信息化建设，旨在加快产业转型升级。美国"新经济政策"、德国"工业4.0战略"、日本"复兴大战略"、俄罗斯"新工业化战略"以及白俄罗斯"创新发展战略"均为本国经济积极寻找可持续发展的新途径。中国"一带一路"倡议一经提出便受到国际社会的高度关注。2014年12月22日，我国与白俄罗斯共和国在北京签署了《中国商务部和白俄罗斯经济部关于共建"丝绸之路经济带"合作议定书》。2016年9月29日，国家发改委主任徐绍史与白俄罗斯经济部部长季诺夫斯基分别代表两国政府签署了《中华人民共和国政府与白俄罗斯政府共同推进"一带一路"建设的措施清单》。两国在政府间合作的基础上，实现政策沟通、设施联通、贸易畅通、资金融通、民心相通五大领域的共同推进。其中国际区域金融合作的广度和深度直接影响中、白两国贸易投资结算的便捷性、汇率的稳定性及投融资风险的可控性。因此本文将围绕中白区域金融合作，归纳和借鉴国际金融合作经验，梳理总结中白金融合作模

---

* 于娟，河南财经政法大学金融学院讲师，经济学博士，东北财经大学博士后。

式的选择，以期促进与推动"丝绸之路"建设中国与白俄罗斯战略合作的进一步加深。

一 国际金融合作新趋势与中白投融资合作新发展

经济全球化下，金融合作成为各国谋求经济发展，共同应对危机的必然选择。在长期的实践摸索中形成了欧盟区域金融合作、东亚区域金融合作、中亚区域金融合作和拉美区域金融合作等模式。2010 年以来新兴经济体国家金融合作机制不断加强，并成立亚洲基础设施投资银行、金砖国家新开发银行等机构共同谋求新形势下的新发展。

（一）国际金融合作新趋势

在国际金融合作机制方面，随着国际金融合作的逐渐加深，国际货币合作的主要方式表现为国际融资合作、联合干预外汇市场、宏观经济政策协调、建立联合汇率、建立单一货币区等。在参与国合作程度渐次加深的过程中，货币一体化是区域经济一体化发展的重要标志。从世界主要国家的实践来看，货币一体化过程经历了周边化、区域化和国际化三个阶段，这是一个漫长而渐进的历史进程。2002 年东南亚及太平洋中央银行行长会议倡议建立的亚洲债券基金，目前已成为东亚地区金融合作的重要成果，这一合作方式正处于国际融资合作的初期。国际金融深度化发展链条的另一种崭新且重要的合作形式是金砖国家新开发银行。金砖国家已经在本币结算、贷款业务、证券市场等金融领域开展了多方面多层次的合作，但合作深度还有待加强，这主要是由于金砖国家金融合作容易受到成员国利益诉求不同而产生的阻力。

"互联网＋"成为全新的合作平台。国际商业银行拥有比较成熟的全球服务网络和 IT 运营管理体系，在借助互联网开展跨境、跨市场服务方面具有天然优势。在信息技术快速发展的背景下，国际商业银行通过服务渠道、交易处理、经营模式、客户体验、网络生态、比特币技术等维度，利用互联网开展跨境、跨市场服务，尤其是比特币是 P2P 形式的数字货币，其独有的区块链技术打破了金融和贸易地区界限，在解决跨境电子支付中具有巨大潜力。

（二）"丝绸之路" 建设我国与白俄罗斯投资金融合作

白俄罗斯地处欧洲中心，交通和区位优势明显，工业基础好。2002 年白俄罗斯政府通过渐进式改革建立起了强有力的国家政权和可调控的市场经济体制。2010 年 3 月 24 日，中白两国签署了《中白双边本币结算协议》。根据协议，凡符合两国法规的民事贸易结算均可以使用两国允许的任何货币，其中包括两国本币。这是我国与第一个非接壤的国家签订的一般贸易本币结算协议，也是人民币跨境贸易结算的重大进步。2014 年 12 月中国开通最长铁路 "义新欧" 班列，白俄罗斯是该线路的重要枢纽。2015 年 4 月开通 "北京—明斯克—布达佩斯—北京" 航线。2010 年以来两国政治关系向高水平的务实合作方向转化，中国—白俄罗斯工业园区的落成是经贸领域务实合作的重要成果，也是中白合作共建丝绸之路经济带的标志性工程。到 2017 年 8 月已有多家国内大型企业入驻，其中有华为、中国石油、"别斯拉" 汽车制造厂、河南鑫融基有限公司等。2017 年 4 月 12 日，银联国际和 Сбербанк 签署全面合作协议，双方约定共同推进银联卡在 "一带一路" 沿线国家的服务功能。

通过以上描述我们发现，中国和白俄罗斯在 "一带一路" 倡议下实现了政府间金融议事机制建立；区域金融合作交流平台增多；双边货币互换和本币结算规模不断扩大；区域金融机构合作更加紧密。

二　白俄罗斯金融发展特点与国际
合作制约因素

白俄罗斯金融体系是以银行为主体的金融体系。银行业发展方面，截至 2017 年 1 月 1 日，白俄罗斯拥有 24 家商业银行，其中 19 家系外资银行。银行业资产集中度高，TOP 5 资产占整个银行资产的 73.2%，并且银行业净收益率较高。银行信用风险在 2017 年有增长的趋势。保险业发展方面，截至 2017 年 1 月 1 日，白俄罗斯共有 19 家保险公司，其中 8 家为国有并保持着国有保险公司的主导地位。证券市场发展方面，截至 2017 年，股票交易总市值/GDP 比重为 2.3%，相对于 2016 年初的 1.1% 和 2015 年初的 0.8% 而言有较大发展，然而与新兴经济体国家相比，这一指标发展滞后许多。

从金融市场发展情况来看，白俄罗斯外汇市场容易受到国际经济影响。金融危机后，白俄罗斯卢布兑美元汇率大幅贬值，黄金和外汇储备下降。2016 年白俄罗斯国内外汇市场情况有所改善，其特征为居民外汇供给量增加，企业部门美元净需求下降，外汇供求平稳。白俄罗斯国内信贷市场方面，2016 年长期定存份额增加，同时外币存款总量开始下降。这主要是政府采取了信贷价格指导措施，允许商业银行加大长短期信贷息差，对居民存款增加产生了积极影响，促进了银行负债业务卢布供给基础稳定。同时白俄罗斯央行通过公开市场业务操作和窗口业务指导商业银行降低贷款利率，激活企业投资。白俄罗斯银行间信贷市场方面，同业拆借市场仍然是白俄罗斯境内商业银行保持流动性的主要交易平台。同业拆借市场的参与主体是本国商业银行和常驻白俄罗斯的外国银行。而市场上的金融风险类型主要为信用风险、利率风险和流动性风险。白俄罗斯央行对银行体系的流动性管理和货币市场价格指导主要是通过公开市场业务和双边业务进行，目的在于增加金融市场流动性的可预测性。白俄罗斯有价证券市场主要包括权益类的股票市场和债务类的债券市场。金融危机后境内企业的资本化率明显下降，这一状况直到 2015 年才出现回暖迹象。债券市场中交易规模最大的依然是国债，其次是企业债券，最后是地方政府债券交易。2016 年债券交易的一级发行和二级流通市场上主要交易工具种类没有发生明显变化。其外汇市场波动较大，外币债券交易比重增加，浮息收入类债券需求持续偏高，表明证券市场对未来经济有通胀和货币贬值的预期。

2008 年金融危机后，白俄罗斯金融市场与金融部门引入宏观审慎管理制度，防范和化解各类潜在的金融风险。白俄罗斯的金融体系以间接融资为主，银行业集中度高，直接融资市场薄弱，互联网金融发展滞后，不利于参与全球范围的 P2P、OTO 交易以及比特币的发展。

因此，白俄罗斯在参与国际金融合作过程中面临诸多制约因素。首先是与合作国家金融发展水平不一致。就金融市场发展情况来看，金融市场开放程度不一致是导致与合作国家间政府政策协调难度大，造成区域金融合作层次低的原因。白俄罗斯实行资本市场管制，其国内市场虽然已经实现了货币自由兑换，但是货币离岸则采用严格的登记制度和外汇管制。其次是金融合作信息交流和监管体制不完善，与合作国家间在资本自由流动方面管理程度不一导致资本跨境自由流动监管面临困难。再次是区域金融合作业务集中度高、层次低，业务多集中于贸易结算的信用证、托收和汇款类型，而投融资债券发行业务较少。最后是在汇率稳定性和银行业景气程度方面白俄罗斯的金融发展亟待完善。

三 "一带一路"框架下中国与白俄罗斯金融合作模式探索

受经济发展水平的影响，包括白俄罗斯在内的"一带一路"

沿线国家政府财力有限，难以提供融资主权担保，许多国家还存在法律法规不健全、政府效率低、信用体系不完善、汇率波动较大等问题，导致资金成本上升，信贷风险增加，整体跨境金融合作层次较低。根据前述国际金融合作类型，中国与白俄罗斯应完善金融合作模式，即一方面磋商与对话是金融合作基础，另一方面强有力的约束机制或金融监管机制是金融合作的保障，两者相辅相成，形成务实且有效的合作机制。

在"一带一路"框架下如何进行金融合作是沿线国家都十分关注的问题。中国国家主席习近平在"一带一路"国际合作高峰论坛开幕式的发言中就如此形容金融在"一带一路"中的重要地位："金融是现代经济的血液。血脉通，增长才有力。我们要建立稳定、可持续、风险可控的金融保障体系，创新投资和融资模式，推广政府和社会资本合作，建设多元化融资体系和多层次资本市场，发展普惠金融，完善金融服务网络。"为推进金融合作加深，中国正通过以上海自贸区为首的三批自贸区发展，扩大商业银行利用互联网开展跨境、跨市场服务的创新工作。

（1）以客户为中心，实现境内外多渠道一体化经营。创建物理网点与电子渠道并存，近场服务与远程服务并进，线上服务与线下服务融合；推进网上银行、手机银行服务向全球延伸，实现海内外跨渠道互联互通，为客户提供多产品、多服务、多区域的统一标准服务；探索利用直销银行等新型互联网金融模式拓展海外市场，多渠道一体化经营。

（2）围绕非居民企业自由贸易账户，为客户提供人民币结算、融资、金融市场、资金清算和托管等一站式金融服务。允许自贸区内银行为非居民企业开立非居民自由贸易账户，并提供跨境融资、担保等金融服务，丰富银行服务非居民客户的渠道，弥补银行缺乏离岸银行业务经营牌照的缺憾。

（3）依托居民自由贸易账户体系，进一步拓展区内居民跨境投融资服务，促进相关领域产品创新。拓展个人跨境人民币金融服务，优化个人经常项目项下跨境人民币结算流程，进一步便利个人客户人民币跨境汇款，提高汇款服务效率和对客户服务水平。把握包括证券投资在内的各类境内外投资政策机遇，开发境内外全套个人跨境人民币同名账户划转业务。

（4）加强跨境人民币支付创新，在风险可控范围内，提高支付效率。当前，全球跨境支付市场竞争激烈，非银行支付机构以跨境电子商务为切入点逐渐向跨境支付市场渗透。从发展趋势来看，在一定的安全边界内，跨境支付正朝着高效、便捷的方向发展。我国境内商业银行正在加强移动支付创新，在风险可控的范围内，提高支付效率。

（5）关注区块链技术给商业银行带来的革新，充分发挥金融互联网优势。区块链技术的去中心化和不可篡改、加密安全等特点，一方面能够降低商业银行跨境支付的成本并提高效率，另一方面能够提升商业银行跨境业务规则透明度，解决交易中的信任问题和风险控制等问题。对此，中国的商业银行正在关注国际同业最新创新动向。

参考文献

［1］黄志龙：《拉美国家货币与金融区域合作任重道远》，《中国金融》2007 年第 16 期。

［2］白俄罗斯中央银行：《白俄罗斯金融体稳定报告（2016）》，明斯克 2017 年。

"丝绸之路经济带"视域下中哈产业耦合与发展空间

韩　爽[*]

一　引言

2013 年 9 月，中国国家主席习近平在访问哈萨克斯坦时发表题为"弘扬人民友谊共创美好未来"的重要演讲，提出构建"丝绸之路经济带"，实现政策沟通、道路联通、贸易畅通、货币流通、民心相通，需要进一步推进更具实质意义和稳定性的国际产业合作。而作为"丝绸之路经济带"与大国战略的主要支点和枢纽，中亚经济规模和国土面积最大的哈萨克斯坦地位至关重要。因此，中国与哈萨克斯坦的经济合作迫切需要进一步发展，尤其是着重加强产业合作的规模和效益。而这应当通过消除生产要素的流动障碍，通过投资、贸易和跨国企业推动产业转移，深化产业国际分工，优化两国的产业结构和实现经济增长。中哈两国具有产业合作

*　韩爽，辽宁大学国际关系学院、转型国家经济政治研究中心教授、博士。本文受教育部"俄罗斯产业结构演进与经济增长研究"（13JJD810005）、辽宁省社科联 2015 年度辽宁经济社会发展立项课题"辽宁省吸引俄罗斯投资存在的问题与对策研究"（2015lslktzijjx-19）、辽宁省教育厅"丝绸之路经济带视域中的国际产业合作问题研究"（ZJ2015021）、辽宁省社会科学规划基金"俄罗斯生产性服务业发展对产业结构的影响及其对辽宁省的启示"（L11BGJ006）等项目的资助。

的基础和优势,在"丝绸之路经济带"建设中,两国继续稳固和加强已有产业合作的契合点,寻找产业合作新的增长点和发展空间,对于两国的产业结构转型升级,区域产业结构的协调都具有重要意义。这既需要在"丝绸之路经济带"框架中评估哈萨克斯坦的重要地位,更需要对中哈对外贸易和产业合作进行具体而深入的分析和论述,这恰是本文的主要研究内容。

二　哈萨克斯坦:中亚核心国家与大国博弈支点

哈萨克斯坦地处欧亚大陆的核心地带,是俄罗斯与中亚国家衔接的纽带,也是中国通往欧洲的桥梁。历史上,曾经有一个"哈萨克斯坦与中亚国家"的称呼,苏联解体之后,哈萨克斯坦放弃了独立于中亚的称谓,"中亚五国"概念由此确立,此举实际上意味着中亚国家整体性更加突出。苏联解体后的二十多年中,地处欧亚大陆腹地的中亚国家成为大国博弈和较量的焦点,若从中亚国家内部看,号称"中亚铁腕"的纳扎尔巴耶夫所领导的哈萨克斯坦,在其中具有较为特殊的地位和实力。同时,作为中亚地区的核心国家,哈萨克斯坦也是世界大国中亚战略的主要支点,解构分析这一问题,对于判断"丝绸之路经济带"视域下中哈产业合作的必要性与重要性,都具有一定的启示意义。

苏联解体后,哈萨克斯坦对外战略的注意力基本保持在独联体内部,不仅积极开展独联体国家之间的经济、军事、外交合作,而且与俄罗斯保持紧密联系,纳扎尔巴耶夫甚至还提出过一个哈萨克版的"欧亚联盟"设想。但由于20世纪90年代独联体国家综合国力衰退,不仅没有形成区域一体化模式,甚至导致"独立大于联合"的尴尬局面。因此,哈萨克斯坦联合俄罗斯和其他中亚国家,共同组建了很多次区域合作组织。例如,1994年哈萨克斯坦、吉尔吉斯斯坦、乌兹别克斯坦签署《统一经济空间条约》,

该组织 2002 年改为中亚合作组织；1999 年哈萨克斯坦、俄罗斯、白俄罗斯、塔吉克斯坦、吉尔吉斯斯坦签署条约，次年欧亚经济共同体成立；2004 年，俄罗斯加入了中亚合作组织，此时中亚合作组织和欧亚经济共同体之中的成员国基本相同，因此 2005 年两个组织合并。然而，这些组织并没有迈向更高层次的区域合作级别。

2011 年，在"后苏联空间"中迎来了最具实质性意义的区域合作计划，俄罗斯、白俄罗斯、哈萨克斯坦共同组建"关税同盟"，2012 年普京竞选总统期间在此基础上又提出"欧亚经济联盟"，在亚美尼亚和吉尔吉斯斯坦加入后，已经有原独联体国家成为"欧亚经济联盟"成员。哈萨克斯坦作为独联体国家中经济规模仅次于俄罗斯的第二大国，在"欧亚经济联盟"中必然扮演较为重要的角色，其经济合作与对外战略自然也与俄罗斯愈加紧密。

然而，哈萨克斯坦同时也是美国中亚战略中极为重要的一个发展对象和潜在目标，这也凸显出哈萨克斯坦在大国战略中的特殊地位。美国发动阿富汗战争之后，为了谋求更大的战略利益，曾经尝试过"大中亚计划"，这个由美国学者提出最终被上升为国家战略的计划，其范围超过了传统称呼上的"中亚五国"范围，还包括俄罗斯南部、印度北部、中国西北部、伊朗、阿富汗等地区和国家。在"大中亚计划"中，哈萨克斯坦是美国最为看重的战略目标，但由于俄罗斯与哈萨克斯坦之间的联合与合作，美国始终没有实现这一目标。此后，由于阿富汗地区形势持续动荡，美国不得不放弃了"大中亚计划"。奥巴马政府悄然将中亚战略改为"新丝绸之路计划"，主要目标是打通两条通往亚洲的战略通道，其中"北线"经过中亚，"南线"经过印度和巴基斯坦。这意味着，尽管"大中亚计划"已经从甚嚣尘上转为悄无声息，但美国仍然没有放弃争取中亚战略利益的想法，哈萨克斯坦也必然是美国运用政治、经济等综合手段继续拉拢的主要对象。

如果从中国对外战略视角看，哈萨克斯坦与中国具有绵延 1533 公里的共同边界，是中国向西开放、通往欧亚的"第一级台阶"，无论是在古代丝绸之路，还是在"丝绸之路经济带"框架中，哈萨克斯坦都是关键区域的核心国家之一。

中国在中亚的对外战略资源和优势，与美国和俄罗斯有着明显的不同。俄罗斯与中亚国家具有天然的联系，其中哈萨克斯坦更是在国际社会诸多领域拥护俄罗斯。而美国则具有强大综合国力以及国际话语权。对于中国而言，需要运用好自身经济优势，积极开展对外经济合作，秉持睦邻友好的周边国家外交理念，才能继续加深与哈萨克斯坦的合作与共赢，这也是"丝绸之路经济带"框架中的主要目标之一。

为了在更深层面上探讨中哈经济合作的具体内涵与未来前景，不仅需要对双边贸易的产业互补性进行分析，还要探讨两国产业能否在未来实现对接。前者决定了"丝绸之路经济带"视域下中哈合作的主要途径，后者决定了中哈合作的未来发展空间，需要构建一个更具实证性的分析视角和研究范式。

三　中哈双边贸易互补性与产业合作耦合性的实证评估

2014 年中哈两国之间的进出口总额达到了 171.82 亿美元（见表 1），中国是哈萨克斯坦第二大出口目标国和进口来源国。[①] 中哈两国的贸易量在近几年内已经翻番，数量增长很快。特别是建设

---

① 根据哈萨克斯坦国家统计局网站（http://www.stat.gov.kz）数据，意大利是哈萨克斯坦最大的出口目标国，2014 年哈萨克斯坦向意大利的出口额达到了 160 亿美元，占其出口总额的 20.5%；俄罗斯是哈萨克斯坦最大的进口来源国，2014 年哈萨克斯坦从俄罗斯进口了约 137 亿美元，占其进口总额的 33.3%。

"丝绸之路经济带"构想的提出，进一步带动了双边贸易发展。哈萨克斯坦从中国的进口额占其总进口额的比重更是逐年上升。日益扩大的双边贸易规模表明中哈之间的经贸联系增强，这为产业合作奠定了基础。

表1 中国与哈萨克斯坦双边贸易（2007～2015年）

年份	哈萨克斯坦向中国出口（百万美元）	哈萨克斯坦从中国进口（百万美元）	哈萨克斯坦向中国出口占出口总额比重(%)	哈萨克斯坦从中国进口占总进口额比重(%)
2007	5639.6	3507.3	11.8	10.7
2008	7676.6	4565.1	10.8	12.0
2009(1～11月)	4988.4	3261.9	13.3	12.9
2010	10122.1	3964.5	17.1	13.3
2011	16291.5	5021.1	18.5	13.2
2012	16484.4	7497.7	17.9	16.8
2013	14334.3	8192.7	17.4	16.8
2014	9815.0	7367.0	12.5	17.9
2015年(1～3月)	1287.8	1288.7	10.8	17.9

资料来源："Socio-economic development of the Republic of Kazakhstan" 2008 – 2015；http：//www. stat. gov. kz。

国家双边贸易结构的主要特点，能够反映国家间产业结构的特点，为产业合作可能的方向和可行的模式提供信息和奠定基础。中哈两国的双边贸易结构具有互补性和比较优势的特点。按照国际贸易标准分类（STIC），从细化的贸易产品分类中，可以较为准确地分析出中哈两国的贸易结构特点。根据STIC4位数产品的划分，中国向哈萨克斯坦出口的产品种类共有610种，涉及10个大门类。中国对哈萨克斯坦出口的产品主要集中在第6、第7和第8部门，即机械工业和轻工业产业，这三个部门向哈萨克斯坦出口的商品数量多达400余种，占总出口商品种类的65.7%，出口金额占到对哈萨克斯坦出口总额的90%以上（见表2）。

表2 2012年中国向哈萨克斯坦出口产品结构

SITC 部门	出口额 (百万美元)	占出口总额 比重(%)	SITC4 商品 种类(种)
第0部门——食品和活动物	375.78	2.10	50
第1部门——饮料及烟草	2.80	0.02	6
第2部门——非食用原料(不包括燃料)	17.72	0.07	46
第3部门——矿物燃料、润滑油及有关原料	104.89	0.58	8
第4部门——动植物油、脂和蜡	0.21	0.00	8
第5部门——未另列明的化学品和有关产品	754.84	4.16	90
第6部门——主要按原料分类的制成品	3624.58	20.11	172
第7部门——机械及运输设备	7460.93	41.62	143
第8部门——杂项制品	5595.61	31.18	86
第9部门——其他商品和交易	0.36	0.00	1

资料来源：根据 https://atlas.media.mit.edu 数据整理。

哈萨克斯坦出口到中国的产品主要集中在第2、第3和第6部门，即非食用原料（不包括燃料），矿物燃料、润滑油及有关原料和主要按原料分类的制成品。这三个部门产品出口额占哈萨克斯坦对中国出口总额的90%以上。其中原油的出口就占了哈萨克斯坦对中国出口总额的58%（见表3）。

表3 2012年哈萨克斯坦向中国出口产品结构

SITC 项目分类	出口额 (百万美元)	占出口总额 比重(%)	SITC4 商品 种类(种)
第0部门——食品和活动物	96.34	0.33	12
第1部门——饮料及烟草	0.04	0.00	1
第2部门——非食用原料(不包括燃料)	3926.69	13.28	33
第3部门——矿物燃料、润滑油及有关原料	17180.10	58.03	3
第4部门——动植物油、脂和蜡	0.02	0.00	2
第5部门——未另列明的化学品和有关产品	2665.95	8.99	15
第6部门——主要按原料分类的制成品	5732.72	19.36	36
第7部门——机械及运输设备	2.81	0.00	20
第8部门——杂项制品	0.32	0.00	11

资料来源：根据 https://atlas.media.mit.edu 数据整理。

从中国和哈萨克斯坦的出口产品分类来看，中哈两国出口产品的差异度大、互补性强。这从表 4 中哈两国出口到对方国家的前 10 位产品对比中，也可以得到证明。

表 4 2012 年中国与哈萨克斯坦双边贸易排名
前十的产品（STIC 4 位）

	中国向哈萨克斯坦出口排名前 10 位产品				哈萨克斯坦向中国出口排名前 10 位产品			
	SITC	名称	出口额（美元）	百分比（%）	SITC	名称	出口额（美元）	百分比（%）
1	8510	鞋	1487562231	8.29	3330	原油	17171029213	58.00
2	8459	针织及其他服装	1078077237	6.01	6821	铜	2829951914	9.56
3	7522	个人电脑	767921677	4.28	5241	放射性化学品	2592417609	8.76
4	7915	铁路运输设备	592734792	3.30	2816	结块的铁矿	1704475528	5.76
5	7821	汽车起重机	542344805	3.02	6716	铁合金	1649219249	5.57
6	6783	铁管或钢管	507075522	2.83	2871	铜矿	922711655.1	3.12
7	7239	各种机械	465172741	2.59	6861	未锻造的锌	730047530	2.47
8	8429	各种男士外衣	401140627	2.24	2815	铁矿	516498515	1.74
9	7234	建筑机械	399127218	2.23	2741	硫、硫黄	404514339	1.37
10	8451	针织外衣	350016928	1.95	6822	精炼铜	197597383	0.67

资料来源：根据 https：//atlas. media. mit. edu 数据整理。

另外，中哈两国的双边贸易主要是基于比较优势展开的。本文采用巴拉萨计算比较优势的方法，即用显性比较优势指数（RCA，Revealed Comparative Advantage）来计算中哈两国的贸易基础。[1]

$RCA = (X_{ij}/X_j) \div (X_{iw}/X_w)$，其中，$X_{ij}$ 表示 j 国 i 产品的出口额，X_j 表示 j 国的出口总额，X_{iw} 表示 i 种产品的世界出口额，X_w 表示世界出口总额。当 RCA > 1 时，说明 j 国的 i 种产品具有显性

---

[1] Balassa. B. "Trade Liberalization and Revealed Comparative Advantage", *The Manchester School of Economic and Social Studies*, 1965（2），pp. 99 – 124.

比较优势；当 RCA < 1 时，说明 j 国的 i 种产品具有显性比较劣势。

  在此仍然采用 STIC4 位产品计算 2012 年中国和哈萨克斯坦出口商品中具有比较优势的产品数量和金额。计算结果显示，中国出口到哈萨克斯坦具有比较优势的产品占对哈萨克斯坦出口总额的 54%，具有比较优势的产品数量达到了 153 种，涉及 27 个相关产业（STIC2 位），主要包括鱼；粗肥料；无机化学；医药品；初级形状的塑料；皮革和皮革制品；橡胶制品；软木及木材制品（家具除外）；纸、纸板以及纸浆、纸和纸板的制品；纺织纱（丝）、织物；非金属矿产品；钢铁；有色金属；金属制品；动力机械及设备；特种工业专用机械；通用工业机械和设备及机器零件；办公用机器及自动数据处理设备；电信、录音及重放装置和设备；电力机械、装置和器械及其电器零件；陆用车辆；预制建筑物；卫生、水道、供暖和照明设备及配件；家具及其零件；床上用品、床垫、床垫支架、软垫及类似填制家具、旅行用具；手提包及类似容器；各种服装和服饰用品和鞋类等。[①] 从中可以看出，中国具有比较优势的产业主要是劳动密集型和资本密集型产业。哈萨克斯坦出口到中国具有比较优势的产品共有 18 种，占其对中国出口总额的 96%（见表 5）。哈萨克斯坦具有比较优势的产业主要是能源密集型产业。因此可见，中哈两国之间的双边贸易主要是基于比较优势开展的，两国互相出口自己具有比较优势的产品。

  从具有互补性和比较优势特点的中哈双边贸易中，我们可以看到两国的产业结构差异性大，竞争性小，有利于开展利用自身已有优势满足相互需求型的产业合作。

---

① 按照 STIC4 位的产品计算了中国出口到哈萨克斯坦的具有比较优势的产品达到了 153 种，由于数据数量较大，因此没有列表，只是列举了 STIC2 位的比较优势产业。

表5　2012年哈萨克斯坦向中国出口的具有比较
优势的产品（SITC4位）

SITC	产品名称	金额（百万美元）	占比（%）
0412	未磨粉的小麦	84.89	0.29
2741	各种硫黄	404.51	1.37
2784	石棉	9.39	0.03
2816	结块的铁矿	1704.48	5.76
2871	铜矿	922.71	3.12
2875	锌矿	90.36	0.31
2877	锰矿及其精矿	26.35	0.09
2879	其他有色贱金属矿及精矿	97.98	0.33
3330	原油	17171.03	58.00
3413	液化石油气	9.03	0.03
5224	非金属卤素或硫化物	2.00	0.01
5241	放射性化学物	2592.42	8.76
6716	铁合金	1649.22	5.57
6747	镀锡板	3.67	0.01
6821	铜	2829.95	9.56
6841	铝	85.52	0.29
6861	未锻造的锌及锌合金	730.05	2.47
6899	未锻造的其他金属	14.17	0.05

资料来源：根据 https://atlas.media.mit.edu 数据整理。

四　中哈产业适度契合对接与未来合作空间

中国与哈萨克斯坦同处于工业化进程中。中国希望通过产业结构的调整升级成为制造业强国。哈萨克斯坦强调通过对经济进行结构性调整，实现经济的多元化发展。两国都提出了在经济发展过程中实现市场主导、政府引导和加强统筹规划的指导原则。因此，两国在不同时期都出台和发布了一些经济发展规划或者指导意见，这其中都有关于产业发展的相关政策（见表6）。比较两国的相关政策可以发现，两国在重点产业发展、吸引投融资、推进产业国际合作等方面的政策契合度较高，这非常有利于两国产业的对接与合作。

表6 中国和哈萨克斯坦相关产业政策

中国		哈萨克斯坦	
颁布时间	政策名称	颁布时间	政策名称
2013年	《国务院关于化解产能严重过剩矛盾的指导意见》	1997年	《2030计划》
2015年	《推动共建丝绸之路经济带和21世纪海上丝绸之路的愿景与行动》	2000年	《工业创新发展计划2002~2015》
2015年	《国务院关于推进国际产能和装备制造合作的指导意见》	2010年	《2010~2014年加速工业创新发展国家纲要》
2015年	《中国制造2025》	2012年	《2050计划》
2015年	《能源发展战略行动计划（2014~2020年）》	2014年	《"光明之路"新经济计划》
2015年	《关于2015年深化经济体制改革重点工作的意见》	2015年	《国家建设"百步计划"》

资料来源：根据相关政府文件整理。

中国在出台的一系列政策中都提到了推进产能性产业、装备制造业、能源产业、基础设施建设等产业的国际合作，并强调了这些产业在"一带一路"建设中的重要地位及推进计划。上述中国主推的国际合作重点产业，在哈萨克斯坦的相关政策中也被多次重点强调。哈萨克斯坦2014年11月提出的《"光明之路"新经济计划》中重点列举了17项基础设施建设项目。2015年5月20日发布的《国家建设"百步计划"》中指出道路交通基础设施建设也是重点发展项目。2010年3月提出的《2010~2014年加速工业创新发展国家纲要》除了进一步强调基础设施建设外，还强调了发展石油和天然气、冶金和金属产品、化学制药、通信基础设施等产业，而这些产业正是中国在 2015 年 5 月发布的《国务院关于推进国际产能和装备制造合作的指导意见》中的重点产业，也是《推动共建丝绸之路经济带和 21 世纪海上丝绸之路的愿景与行动》中的重点发展产业。

显然，两国政府通过顶层设计统筹规划提出的重点发展产业的重合，有利于两国政府在投资、融资、税收和行政管理方面协调相关的优惠政策和鼓励措施，对于两国政策都提到的重合产业的对接与合作提供了更大发展空间。

中国与哈萨克斯坦的优势互补的双边贸易为两国的产业合作提供了良好基础，同时两国契合的产业政策为产业对接提供了指导和支持，刚刚起步的中哈产业合作具有较好的发展空间。中哈两国在已开展的产业合作基础上，进一步提升和深化产业合作应关注以下几个问题。

第一，以优势互补为基础的产业合作应强调企业为主体，强调企业自主权。中国与哈萨克斯坦两国产业结构互补性强，竞争性小，双边贸易主要是依据资源禀赋所形成的比较优势展开。由于资源禀赋形成的比较优势具有自发性和自我选择性，过多的政府干预会造成市场扭曲，不利于长期有效的产业合作。因此，中哈两国之间基于比较优势的产业合作，应该以企业特别是私营企业为主体，由企业依据企业盈利、市场占有等企业目标选择进入、合作或者退出。企业要自主决策、自负盈亏、自担风险。政府的作用主要是宏观调控和减少企业负担等，由市场这只"看不见的手"发挥作用。

第二，资本密集型产业合作关注产业移入国已具有的产业基础，推动上下游产业链和关联产业协同发展。中国一部分具有比较优势的产业、产能过剩的产业或者能源型产业往往是资本密集型产业。在这一类产业进行国际产业合作或者产业转移时，由于前期资本投入和沉没成本很高，因此往往要求产业的移入国已具备一定的同产业基础，这是产业合作或者产业移入顺利进行的前提。以钢铁产业为例，观察日本向韩国的钢铁产业转移我们可以得到这样的印证：韩国的钢铁工业在 20 世纪 60 年代起步，起步之初都是小工厂。经过 10 多年的发展，有了初步的工业基础后，日本于 20 世纪 70 年代才开始向韩国转移钢铁产业①。哈萨克斯坦拥有铁矿和钢铁企业，具有一定的钢铁产业基础，同时国家的发展需要大量的钢材，因此中哈的钢铁产业合作有着较好的发展前景。

资本密集型产业合作投资大，因此要更加关注产业链的延伸，从而带动相关技术进步。例如，哈萨克斯坦提出 "只限于那些向我国供应最先进开采和加工技术的外国投资者。我们允许外商开采和享用我们原料的交换条件只限于那些在我国境内建设最新型生产厂的企业"②。中国也强调在石油、化工等领域的合作要向下游产业延伸，带动关联产业协同发展。嵌入了产业内分工模式的产业链式的产业合作是稳定长效的合作模式。

第三，产业合作和产业转移模式的多样化。中国是一个工业体系较为完备的制造业大国。哈萨克斯坦是工业体系不健全的资源型国家。在全球竞争力排行中，中国排名第 28 位，哈萨克斯坦排名第 50 位③。在一个旨在考察国家多元化发展、分工和专业化程度的排名中，中国排名第 22 位，哈萨克斯坦排名第 64 位。从这些指标似乎可以判断中国与哈萨克斯坦的产业合作是资源寻求型的合作，或者依照小岛清的边际产业转移理论，是中国淘汰落后产能的产业梯度转移模式。但是，哈萨克斯坦的人均 GDP 是远远高于中国的，2013 年哈萨克斯坦的人均 GNP 为 11550 美元，中国为 6560 美元④。中国和哈萨克斯坦之间的劳动力成本倒挂，很难形成日本

① 韩爽、李凯：《钢铁工业国际转移问题研究》，《东北大学学报》2005 年第 5 期。

② 哈萨克斯坦《2050 战略》。

③ World Economic Forum "The Global Competitiveness Reprot, 2014－2015".

④ 数据来源："Basic Statistic 2015", Economic Research and Regional Cooperation Department, April 2015, www. adb. org。

式的为降低劳动力成本而向东南亚国家转移边际产业的产业合作模式。"丝绸之路经济带"建设提倡包容、开放和创新,中国和哈萨克斯坦之间的产业合作应该是形式多样合作共赢的。

五 小结

在中国对外战略中,哈萨克斯坦具有重要地位,中哈两国开展务实合作,不仅是中国周边国家外交理念的贯彻和落实,也是中国在日益复杂的大国博弈中,发挥自身优势,提升国际影响力的关键抓手,更是"丝绸之路经济带"建设推行的关键环节。

在"丝绸之路经济带"建设中,要实现中哈两国稳定务实的经济合作的关键之一,是两国形成合作共赢的产业合作。目前中哈两国之间基于互补与比较优势的贸易合作既是两国产业合作的题中应有之义,也是产业合作深化的基础和选择的方向。两国产业政策的对接为发挥两国政府的调控和指导作用提供了良好基础。两国产业合作中如果能够更多地推进产业链合作和带动关联产业发展的合作,则能更好地促进合作双方高附加值产业的发展,做大利润空间。

当前,在中俄两国元首倡议下,"丝绸之路经济带"与"欧亚经济联盟"已经启动对接,既标志着中俄全面务实合作迈向新的台阶,也为中哈两国合作打下坚实基础。哈萨克斯坦提出《"光明之路"新经济计划》后,中哈两国产业合作的战略思路,有了更加一致和具体的合作方向。因此,对于中国来说,最为关键的必然是发展优势产业,带动关联产业,提升两国经济合作向纵深层面发展。

中国和哈萨克斯坦两国政府的努力推动和务实合作,为两国产业联动发展和企业自主合作打造了良好的发展空间。中国与哈萨克斯坦两国政府产业发展政策的高度契合是两国深化产业合作的政策基础，也是企业和项目合作实施的政策保证。两国产业合作具有互补的比较优势，这使得两国的产业合作具有了经济发展的自发逻辑，在两国政府开创的合作空间中，可以通过市场这只"看不见的手"的调节作用，通过企业自主的选择和对利润的追求，通过具体的项目合作和企业合作一步一步地实现产业的对接，进而带动关联产业的发展，形成具有产业链性质的稳定合作。中国驻哈萨克斯坦使馆相关报道显示，目前中国已经有超过2000家的企业在哈萨克斯坦从事商业活动，而且这一数字仍在不断地增长中。越来越多的中国企业愿意到哈萨克斯坦投资，也愿意与哈萨克斯坦的企业进行合作。

同时，可以看到哈萨克斯坦是欧亚大陆的中心，是重要的交通走廊，在中亚地区具有核心大国地位，这意味着中哈之间的产业合作在"丝绸之路经济带"中具有很强的示范作用和带动作用。在某种程度上，可以说中哈之间的合作程度决定了中国与中亚国家之间的合作深度和合作广度。

白俄罗斯、乌克兰和立陶宛在
"丝绸之路经济带"项目中的合作

〔白〕加·弗·图尔班[*]

随着全球化以及区域集团化影响的不断加深，一个国家或国家集团的运输发展水平是决定其经济竞争力的重要因素之一，其发达程度指数是反映科技进步和文明进程的最重要标志。在实现货物国际的流动与运输方面，白俄罗斯占据着十分有利的地缘战略位置，穿过其境内是欧亚互通的最短运输路线。

亚太地区国内生产总值总和占世界生产总值的三分之一，出口量占世界的四分之一，投资额大约占世界投资总额的40%。所有分析得出结论，亚太地区与欧洲的贸易往来最具活力，而能将欧亚货流转运吸引到自身市场的国家将会获得巨大的利益[1]。

欧盟－中国的货流

2015 年中国主要出口欧盟国家有德国、波兰以及英国。与

---

* 加·弗·图尔班，白俄罗斯国立经济大学副教授，经济学博士，国际贸易系主任。

2014 年相比,出口量分别扩大了 13.3%、23.9% 和 44.5%[1]。以吨来计算出口量和进口量如图 1 所示。

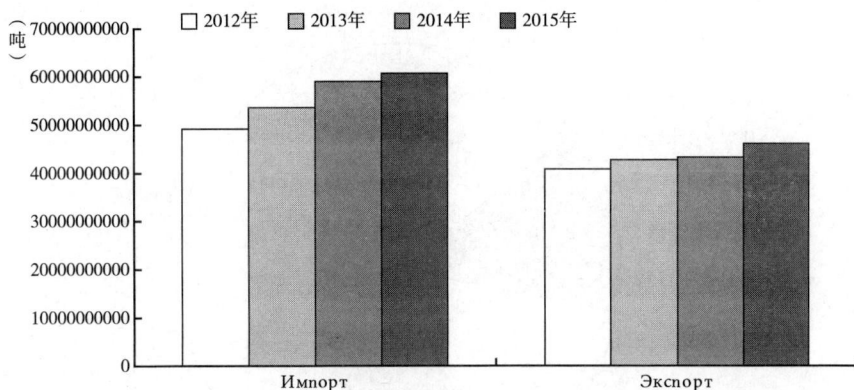

图 1　2012～2015 年欧盟－中国线路上的欧盟出口进口量

从图中可见,从 2012 年到 2015 年中国到欧盟的出口有缓慢的稳定增长。欧盟的出口虽有增长势头,但从中国的进口量仍高出欧盟的出口几倍之多。

中国的货流大都集中在其东部地区:大约总出口量的90%都经东部大港口运输。但目前中国东部地区铁路基础设施已超负荷,东部大型港口的负荷量也已接近或已超过上限。所以向新陆路路线上转移一部分出口货流是十分必要的。而且中西部工业区由于与东部港口的距离远,也已转向寻求铁路运输线路。

白俄罗斯国际货物过境运输的发展

白俄罗斯在发展国际货物过境运输,以及保障货物自由中转方面具有相当大的提升潜力。

2016 年白俄罗斯的服务出口额达到 68 亿美元(占国内生产总值的

12.1%），与 2015 年相比增长了 2.7 个百分点[2]。其中，运输服务一如既往地占据了服务出口总额的最大比重 42.9%（见图 2）。

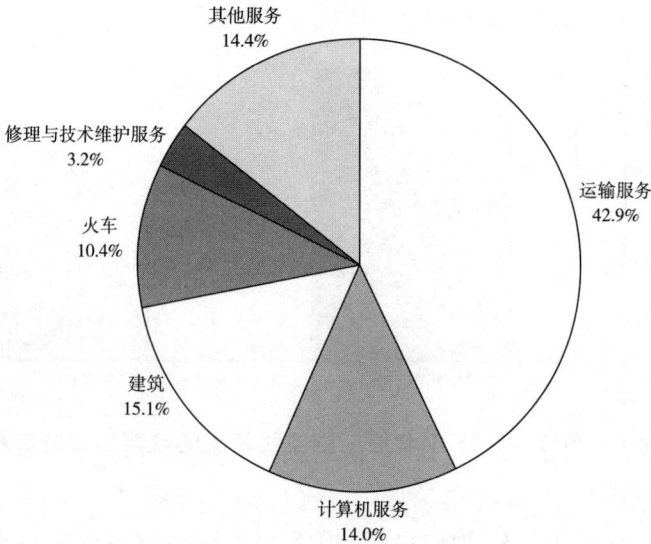

图 2　2016 年白俄罗斯服务出口结构比重

根据白俄罗斯国家统计委员会公布的数据，与 2000 年相比，在其后 15 年期间内运输服务出口额以大约每年增长 14% 的速度翻了 17 倍[3]。

从表 1 中可看出白俄罗斯货物运输服务出口增长迅速[4]。

表 1　白俄罗斯货物运输服务出口额

单位：百万美元

时间 服务类型	1996 年	2001 年	2006 年	2011 年	2016 年
货物运输服务	302	402	1133,1	2576	6900
包括:货物铁路运输	94	84	401,5	642	1700
货物汽车运输	56	115	288	617	1370
货物空中运输	16	2	13,1	20	70
管道运输	88	196	430,5	1297	3760

目前有 40 多个国家的货物运输汽车过境白俄罗斯。其中俄罗斯、土耳其、德国、匈牙利、立陶宛、波兰、哈萨克斯坦、乌克兰的运输货物占有大部分比重。

白俄罗斯国际货物过境运输潜力的提升依靠于以下几个因素：

1. 有利的地理位置：

－白俄罗斯占据着重要的地理位置。连接东西方以及南北方国家的最短线路正是途经白俄罗斯；

－白俄罗斯占有重要的战略位置。与几个欧洲西部国家接壤。

2. 较高的技术能力：

－白俄罗斯的运输网络拥有足够完善的运输基础设施。在布列斯特、格罗德诺、明斯克以及白俄其他工业中心的交通枢纽都具有足够技术潜力以提供全套的运输及运输代理服务；

－白俄罗斯高水平的社会科学技术发展也是提升其运输潜力的保障。

3. 稳定的技术结构：

－在边界的交通枢纽地区以及大的工业交通中心区域已形成足够完善的技术支撑以保证货物运输和商业运作，其中包括货物的转运以及手续的办理，已积累了相当丰富的运输过境经验，并拥有充分的人才储备，以确保在未来的几十年内高效工作；

－国内运输专业人才可提供高技能水平保障，可提供低价的、安全的、准时的运输服务。

4. 广泛的信息基础：

－计算机和远程信息处理最新技术的应用。白俄早已加入国际信息网络，并正在进行网络光纤化升级，物流公司使用的也是最现代的信息计算系统；

－高水平计算技术以及信息技术系统普遍应用于运输过程中，包括海关以及大客户间，这就保证了能最高效地解决境内、进出口以及过境转运过程中所遇到的问题。

5. 可靠的法律保障:

－白俄罗斯国家政府一直以来坚持构建与世界接轨的物流系统统一法律体系[5]。

中国－欧盟过境白俄罗斯的运输线路

中国提出的"丝绸之路经济带"框架通过加强与俄罗斯、哈萨克斯坦、乌克兰、立陶宛和其他国家的合作，集中力量扩大优势以发展国际货物运输，并可提高白俄罗斯过境运输能力。

目前白俄罗斯正在积极发展建设丝绸之路经济带的北方交通网络，即穿过哈萨克斯坦、俄罗斯、白俄罗斯连接中国与欧盟国家的贸易路线（波兰、德国以及其他国家）。事实上，中国正式提出丝绸之路经济带框架之前从中国到欧盟过境白俄罗斯的中转运输就已经开始。在 2011 年 7 月，连接中国西部、中亚以及欧洲的铁路线路就已开通。横跨亚洲的运输走廊从重庆始发，从新疆维吾尔自治区的阿拉山口进入哈萨克斯坦，再经俄罗斯、白俄罗斯、波兰到达德国，全长 10700 公里。运输时间为 16～18 天，比海上运输快 2.5～3 倍。

目前根据白俄罗斯铁路新闻部门数据，每月在中欧（波兰、德国、立陶宛、捷克）线上，有 10 列中欧集装箱班列过境白俄罗斯，并保持着高速增长。早在 2011 年运输量已达到 2500 个标准箱，2016 年达到 70700 个标准箱，就是说，5 年增长了 28.3 倍（见图 3）

建立俄白哈交通物流联合公司（UTLC），利用俄罗斯、哈萨克斯坦以及白俄罗斯的铁路线是提高中欧线上集装箱运输量的重要步骤。2013 年 6 月在彼得堡国际经济论坛框架下签署了建立联合交通物流企业的框架协议，10 月各方就公司成立和运行的基本原则达成协议。2013 年 10 月底，俄铁路公司董事会出让俄铁路子公

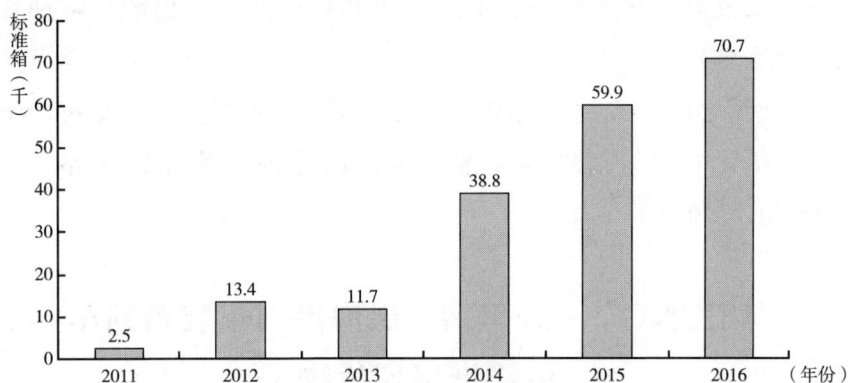

图3　中欧线过境白俄罗斯的运输量

司"集装箱货运公司"50% + 2 和"俄罗斯物流公司"100% - 1
的股份，哈萨克斯坦国家铁路公司 KTZ（哈萨克斯坦）、白俄罗斯
铁路公司（白俄罗斯）以其他形式出资。联合物流运输公司可推
动释放连接欧亚运输线路的运输潜力，加快货物的运输速度，提供
综合性运输服务，并为连接欧亚交通运输网的建立提供新的可
能性。

跨里海国际运输线路——丝绸之风

　　跨里海国际运输线路是发展中欧运输线路的另一个项目。该线
路 2013 年拟定并得名"丝绸之风"，其跨里海连接中国、哈萨克
斯坦与阿塞拜疆、格鲁吉亚，经黑海与土耳其相连，最终到达欧
洲。首航从中国于 2015 年 12 月 13 日到达格鲁吉亚的第比利斯。
跨里海国际运输线路可将货运时间实际缩短 4/5：从中国起运的货
物，走海路长则要 45 天，经跨里海国际运输通道最多仅需 9 天。
　　乌克兰也宣告加入了"丝绸之风"项目。2016 年 1 月 15 日试
运行集装箱列车从乌克兰敖德萨州的伊利切夫斯克市出发，沿乌克
兰 - 格鲁吉亚 - 阿塞拜疆 - 哈萨克斯坦到达中国，线路包括铁路运

输线，以及乘渡轮跨黑海、里海（伊利切夫斯克－巴统，阿利亚特－阿克套）。

"丝绸之风"经过乌克兰、白俄罗斯、立陶宛，连接黑海、里海，可优化中国与斯堪的纳维亚半岛国家的货物运输线路，是"VIKING"项目的一部分。

"VIKING"－经里海、黑海港口集装箱列车运输进出口货物

"VIKING"是一个复合型列车运输项目，联合了立陶宛、乌克兰、白俄罗斯铁路，以及克莱佩达、切尔诺莫斯克和敖德萨港的海运线路。项目连接了克莱佩达（立陶宛）、敖德萨以及伊利切夫斯克（乌克兰）各大港，经过敖德萨（乌克兰）－基辅（乌克兰）－高美尔（白俄罗斯）－明斯克（白俄罗斯）－维尔纽斯（立陶宛）－考纳斯（立陶宛）－克莱佩达（立陶宛）等城市。它可连接黑海和里海的运输道路，打通中国通往斯堪的纳维亚半岛国家的出口。

2003 年 2 月 6 日"VIKING"列车开始正常运行，线路总长1753 公里。也就是说，以"丝绸之风"项目为依托，途经哈萨克斯坦、阿塞拜疆、格鲁吉亚最终到达欧洲，以"VIKING"列车为基本运输方式形成穿过乌克兰、白俄罗斯、立陶宛的中－欧－中的货流线路。

此外，2008 年白俄罗斯、拉脱维亚和爱沙尼亚三国的铁路主管部门决定开通"塔林（爱沙尼亚首都）—里加（拉脱维亚首都）—明斯克（白俄罗斯首都）"的"ZUBR"集装箱列车线。

"VIKING"项目的另一个重要目标是吸引沿 TRASECA 走廊经欧洲－高加索－亚洲线路上铁路运输货物，以及承运往返于土耳其、中东国家与欧洲北部的转运货物。

复合运输型列车"VIKING"由大吨位集装箱载货台、专业卡车载货台，运送人员的客车厢组成。共有 40 个装运集装箱的载货台，总重量达到 6000 吨。列车最少可以一周运行三次，最多一天两次。1161 次列车沿切尔诺莫斯克－基辅－克莱佩达线路行驶，1162 次为返程列车。克莱佩达－基辅－切尔诺莫斯克方向的 1162 次列车在克莱佩达的德拉乌吉斯季站，或直接在克莱佩达港装车。

1161 次列车由汽车到载货台的转载，以及货物清关手续的办理在如下终端站受理：

－切尔诺莫斯克市：切尔诺莫斯克港—渡轮码头；

－基辅市：乌克兰国家运输服务中心"LISKI"。

VIKING 项目在参与国的官方运营商为：

－立陶宛－《立陶宛铁路股份公司》；

－白俄罗斯－白俄罗斯铁路子公司国家物流调配公司－《白俄罗斯国际运输公司－物流交通中心》；

－乌克兰－乌克兰国家运输服务中心"LISKI"、"乌克兰集装箱货运有限责任公司"、"PLASKE 股份公司"、"Levada cargo 有限责任公司"；

－格鲁吉亚－格鲁吉亚铁路公司（GEORGIAN RAILWAY）；

－保加利亚－保加利亚国家铁路－货物运输；

－摩尔多瓦－TRANSLOGIST SISTEM 物流交通公司；

－罗马尼亚－ROFERSPED 股份公司；

－土耳其－GEFCO；

－瑞典－STEVECO 物流公司；

－阿塞拜疆－KARVAN 物流公司。

所有运营商执行统一的价目协定，最终消费者直接受益。

"VIKING"集装箱列车货物运输量涨幅如图 4 所示。

"ZUBR"集装箱列车货物运输量涨幅如图 5 所示。

由图 4、图 5 可以看出"VIKING"与"ZUBR"列车的运输能

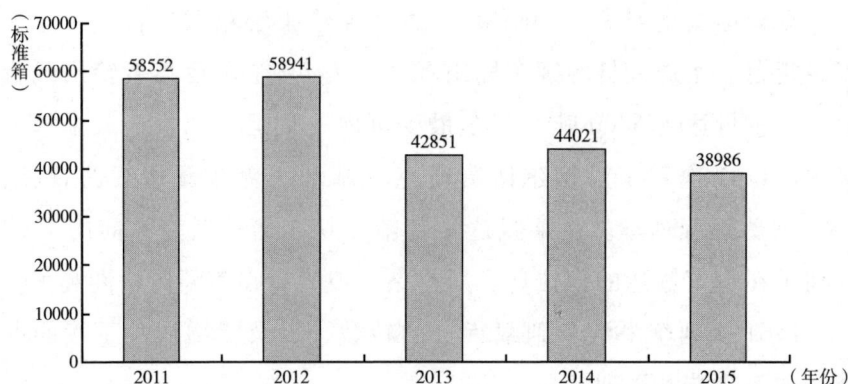

图 4 "VIKING"集装箱列车的运输量

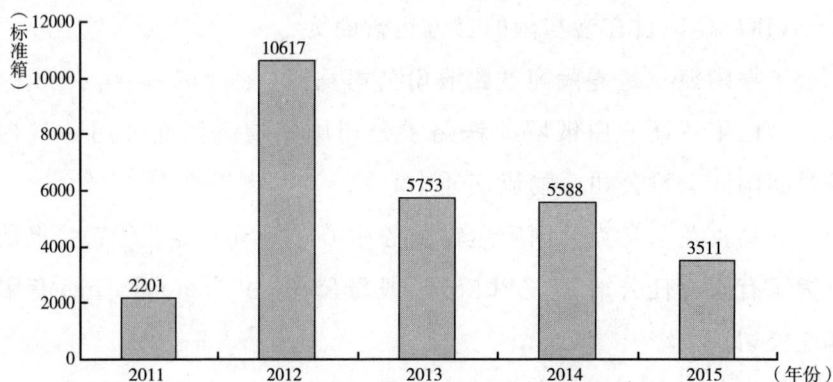

图 5 "ZUBR"集装箱列车的运输量

力未能充分利用。目前"VIKING"列车承载的大部分货物为白俄罗斯企业货物。

项目的所有成员国都在为"里海－黑海"线路上货物运输的优化做着积极努力，提出制定法律框架，打造层次混合（多式联运）和联合运输结构，制订线路上的集装箱列车、平板列车等运行方案以实现优化，并规划建立提前预订车皮制度，提升运输价目、运输时效、车次安排的公开性和透明性。尤其是在统一运单格式，并在新计算机过境转关系统中将其作为电子版运输手续方面加大了工作力度。

项目成员国（白俄罗斯、立陶宛、土耳其、乌克兰、格鲁吉亚）关于"VIKING"列车通关时单证手续的办理以及海关监管流程的简化正在进行协商，其共同合作也为各国的交通部、铁路部、海关边境管理部门的进一步协商提供了一个平台。

为吸引其他来源的货流，白俄罗斯铁路与俄罗斯、立陶宛、拉脱维亚、乌克兰、哈萨克斯坦的铁路管理部门签订了协议，并在此之下积极进行货流市场分析及监管工作，深入开展综合营销的研究和信息交流。

欧盟运输委员会肯定"VIKING"复合运输列车是2009年欧洲最佳货运项目。2014年4月在巴黎BESTFACT国际会议上"VIKING"项目被授予"2014年生态交通最佳项目"奖。

白俄罗斯推进中国丝绸之路项目在立陶宛的建设

扩大与国外铁路管理部门以及运营公司的合作，以达到集装箱列车的最大装载量，这对于提高白俄罗斯转运潜力有着重要意义。

目前白俄罗斯正积极洽谈促进中国在立陶宛丝绸之路项目的建设，其中包括在考那斯建立物流中心。

中国招商局集团（China Merchants Group）已经制定出"2234战略"，包括以下内容：

（1）2个国家的加入——白俄罗斯和立陶宛；

（2）2个经济区的融合——欧盟经济区与俄罗斯、白俄罗斯、哈萨克斯坦经济区；

（3）3点的联合，中国—白俄罗斯工业园、考那斯（立陶宛）自由经济区，以及克莱佩达港（立陶宛）。

（4）4种联合实现方式，通过4种物流方式——欧亚铁路、欧洲公路、白俄空运与陆地运输以及波罗的海海上运输,打通陆地与海上大通道,连接白俄罗斯、中亚、波罗的海。

中国招商局物流集团与"立陶宛铁路"股份公司签订了关于在立陶宛联合建立公司的协议,预计公司提供所有物流调配服务。在立陶宛考那斯的物流中心也正在积极建设中。应该强调的是,考那斯拥有重要的战略地理位置——通向4个方向:波兰、拉脱维亚、白俄罗斯以及波罗的海港克莱佩达。立陶宛可以成为中国商品和东欧货物的分拨中心。这既可以促进克莱佩达港的发展(注:港口约50%的货物为白俄罗斯的进出口货物),又可以推动多式联运终端站和集装箱列车的发展。

"一带一路"获得越来越广泛的支持是基于中国提出的构想,各国可以搭乘中国这趟快速列车,进而加快本国的经济发展,并解决发展中遇到的问题。各国的条件和情况有所不同,但发展经济的基本目标一致。并且,丝绸之路国家已经注意到,中国经济与以上国家的经济发展具有很强的互补性。

参考文献

[1] 《国际道路运输联合会(IRU)年度报告电子版》,http://www. iru - eapd. orgdetailpublicationsid. 124,访问日期:2016 年 12 月 2 日。

[2] 数字白俄:《白俄罗斯共和国国家统计委员会 2017》,http:// www. belstat. gov. by/ofitsialnaya – statistika/publications/izdania/ public_ compilation/,访问日期:2017 年 5 月 17 日。

[3] Н. Г. 济科维奇:《国际物流系统下的白俄罗斯》,Н. Г. 济科维奇:《白俄罗斯共和国总统管理学院论文集》2012 年第 2 期,第 23 ~ 29 页。

[4] 《各种运输方式的货物运输(电子版)》,http://belstat. gov. by/ ofitsialnaya – statistika/otrasli – statistiki/transport – i – svyaz/

osnovnye – pokazateli – za – period – s – 1995 – po – 2016 – gody/
perevozki – gruzov – po – vidam – transporta/，访问日期：2016 年 5
月 3 日。

[5] T. Г. 罗勒瓦：《白俄罗斯物流服务市场发展的问题与前景》，
T. Г. 罗勒瓦：《经济、法律与管理》2015 年第 4 期，第 176 ~
183 页。

图书在版编目（CIP）数据

中国与转型国家在"一带一路"框架下的合作/曲
文轶，崔铮主编. -- 北京：社会科学文献出版社，
2018.4
　　（转型国家经济政治丛书）
　　ISBN 978 - 7 - 5201 - 2507 - 9

　　Ⅰ.①中…　Ⅱ.①曲…②崔…　Ⅲ.①"一带一路"
- 国际合作 - 研究　Ⅳ.①F125

中国版本图书馆 CIP 数据核字（2018）第 059714 号

· 转型国家经济政治丛书 ·

中国与转型国家在"一带一路"框架下的合作

主　　编／曲文轶　崔　铮

出 版 人／谢寿光
项目统筹／周　丽　高　雁
责任编辑／王玉山

出　　版／社会科学文献出版社·经济与管理分社（010）59367226
　　　　　　地址：北京市北三环中路甲 29 号院华龙大厦　邮编：100029
　　　　　　网址：www.ssap.com.cn
发　　行／市场营销中心（010）59367081　59367018
印　　装／三河市龙林印务有限公司

规　　格／开 本：787mm × 1092mm　1/16
　　　　　　印 张：17.25　字 数：228 千字
版　　次／2018 年 4 月第 1 版　2018 年 4 月第 1 次印刷
书　　号／ISBN 978 - 7 - 5201 - 2507 - 9
定　　价／79.00 元

本书如有印装质量问题，请与读者服务中心（010 - 59367028）联系